bora

초등학생 보라가 쓴 일기이에요.

보라는 어떤 글을 썼을까요?

보라가 들려주는 이야기를 들어보아요.

보라의 일기

보라의 일기

초판인쇄 2025년 12월 15일
초판발행 2025년 12월 18일

글_ 이보라
발행인_ 이현자
발행처_ 도서출판 현자

신고_ 제1994-000196호 (1994.12. 26)
주소_ 서울시 중구 수표로 50-1(을지로3가, 4층)
전 화_ (02) 2278-4239
팩스_ (02) 2278-4286
E-mail_ 001hyunja@hanmail.net
값 15,000원

ISBN 979-11-24054-03-1 73810

보라의 일기

머리글

하루 한 장, 작은 기록

이 책은 보라가 초등학교 1학년부터 6학년까지 쓴 일기를 묶은 거예요. 하루하루를 기록한 일기장 속에는 보라의 키만큼, 마음도 쑥쑥 자라난 흔적이 고스란히 담겨 있어요.

처음 연필을 잡고 쓴 1학년 일기엔 그림과 짧은 글이 함께 있어요. 즐겁게 놀던 일, 좋아하는 친구 이야기, 읽은 책 이야기, 엄마 아빠랑 여행한 추억, 새해 다짐과 같은 소소한 이야기가 펼쳐지지요.

2학년이 된 보라는 일기장 줄과 칸 속에 조금 더 또박또박한 글자로, 하루 동안 행동이나 느낀 감정을 썼지요. 소풍간 날 즐거움, 이를 빼던 일, 피아노·미술·발레 학원을 다닌 이야기, 친구들과 놀던 이야기, 숙제 때문에 생긴 일과 어린 마음속에서 일어나는 크고 작은 감정들이 솔직하게 담겨 있어요.

3학년 보라는 일기 글도 더 길어지고, 하고 싶은 말도 많아졌어요. 자기 방 정리도 열심히 하겠다고 다짐하고, 아침에 일찍 일어나겠다는 결심도 하죠. 그리고 달리기, 줄넘기, 피구를 잘 하고 축구에 관심도 많지요. 엄마와 여행에서 느낀점, 손톱에 봉숭아 물들이던 일도 일기장에 남겼어요. 무언가를 더 잘해보겠다는 보라의 마음이 글 사이사이에서 느껴져요.

아쉽게도 4학년 때 쓴 일기는 책으로 엮지 못했어요. 일기장이 어디론가 사라져버렸거든요. 그래도 그 시간 속에서도 보라는 분명 열심히, 꾸준히 하루를 살아가며 또 한 뼘 자랐을 거예요.

5학년이 되면서 보라는 하루의 일을 더 자세히 기록하고, 생각도 깊어졌어요. 친구를 배려하는 마음, 하루를 되돌아보는 습관, 선생님이나 가족에게 감사하는 마음도 커졌지요.
그리고 6학년 보라의 일기엔 시도 있고, 누군가에게 보내는 편지글도 있어요. 감정을 표현하는 문장이 더 풍부해지고, 스스로를 돌아보는 글이 많아졌어요. 일기를 읽다 보면 "아, 보라가 정말 많이 자랐구나" 하는 마음이 절로 들어요. 곧 중학생이 되는 걸 앞두고, 새로운 각오도 담겨 있답니다.

이 책을 읽다 보면, 보라의 하루 일뿐만 아니라 마음의 움직임을 느낄 수 있어요. 아이의 눈으로 바라본 세상, 그 안에서 자라나는 생각과 감정들. 조용하고 솔직한 성장의 목소리가 곳곳에 담겨 있어요. 또한 1994년~1999년 초등학교의 풍경을 그려볼 수도 있어요.
이 책을 읽는 독자분들이 초등학생이든, 어른이든, 분명 마음 한쪽이 따뜻해질 거라 믿어요. 어린 날의 나를 떠올리게 할 수도 있고, 지금의 나를 돌아보는 시간이 될 수도 있을 거예요.
보라가 일기장에 한 줄 한 줄 써 내려간 이야기처럼, 우리 모두의 하루도 그 자체로 소중하다는 걸 이 책이 말해주고 있어요.
이제, 함께 보라의 일기를 따라가 볼까요?

목차

일러두기

보라가 쓴 1학년부터 6학년까지(5학년 일기 빠짐) 일기의 일부는 QR코드 속에 담았습니다. 핸드폰 카메라를 켜고 화면 안에 QR을 넣어보세요. 화면에 뜨는 링크 주소를 선택하면 일기 내용이 보입니다.

핸드폰에 따라 QR리더 앱을 깔아야 하는 경우가 있으니, 카카오톡 더보기로 들어가면 더보기 우측 상단에 큐알코드가 있습니다.

1학년

1994년

초등학생 1학년 보라의 그림일기예요.

보라는 하루를 어떻게 보냈을까요.

하루의 이야기를 그림일기로 담아놓았네요.

7월 11일 월요일 / 맑음

〈물놀이〉
나는 친구들과 물놀이를 했다.
나는 참 재미있었다.

7월 12일 화요일 / 맑음

〈도깨비방망이〉
나는 친구들과 놀았다. 만화도 보았다.
나는 참 재미있었다.

7월 20일 수요일 / 맑음

〈훌라후프〉

나는 훌라후프를 했다.
훌라후프가 참 잘 돌아갔다.
재미있었다.

7월 21일 목요일 맑음

〈재미있는 TV〉

7월 22일 금요일 / 맑음

제 목 : 〈줄넘기〉

나는 줄넘기를 했다.
몸도 마음도 건강해지
는것 같았다.

〈줄넘기〉

나는 줄넘기를 했다.

몸도 마음도 건강해지는 것 같았다.

7월 23일 토요일 / 맑음

〈바닷가에 갔다〉

나는 바닷가에 갔다. 재미있었다.
바닷가에서 놀았다. 참 재미있었다.

7월 24일 일요일 / 맑음

〈강아지〉

나는 바닷가에 갔다. 가다가 강아지를 보았다.

강아지가 귀여웠다.

7월 25일 월요일 / 맑음

〈공차기〉

나는 언니와 공차기를 했다.

나는 참 재미있었다.

8월 5일 금요일 / 맑음

〈독서〉

나는 오늘 독서를 했다.
제목은 유관순이다. 나라 사랑의 길 보여준 애국소녀.
나는 유관순 언니를 존경하게 되었다.

8월 6일 토요일 / 맑음

〈사과가 된 고양이〉

석오는 고양이를 그렸는데 이 고양이는 그림속에서 자꾸 뛰어나와 말썽을 부렸다.
그래서 석오는 고양이 그림을 빨간색으로 칠해버렸다.
고양이는 사과가 되어버렸다.

8월 8일 월요일 / 맑음

〈찰흙놀이〉

나는 찰흙을 주물렀다.

나는 찰흙으로 무엇을 만들까 생각을 했다.

예쁜 펭귄을 만들었다.

8월 9일 화요일 / 맑음

〈알리고 싶어요-우리몸〉

8월 11일 목요일 / 맑음

〈U.F.O 날리기〉

나는 오늘 UFO 날리기를 했다.
나는 참 재미있었다.
바람에 날리는 원반고리가 예쁘다.

8월 12일 금요일 / 맑음
〈경포대〉

8월 14일 일요일 / 맑음

〈경주〉

나는 경주 불국사에 갔다.

절도 보고 석가탑과 다보탑도 보았다.

현대호텔 야외 잔디에서 가수들과 함께 노래도 불렀다.

8월 16일 화요일/ 맑음

〈부산해운대〉

부산해운대를 엄마 아빠 보라, 셋이서 손잡고 행복하게 걸었다.
기분이 좋았다.

8월 18일 목요일 / 맑음

〈대전 외할머니댁〉

나는 공부를 했다. 100점을 맞았다.

외할머니가 많이 아프다. 빨리 나으셨으면 좋겠다.

8월 19일 금요일 / 맑음

〈인형놀이〉

나는 언니와 인형놀이를 했다. 이 인형의 이름은 키키이다.
우리는 옆으로 돌려서 인형을 가지고 놀았다.
키키는 예쁜인형이다.

8월 22일 월요일 / 맑음

〈피아노〉

숨겨진 그림일기

8월 25일 수요일 / 비

〈우리와 나〉

8월 26일 금요일 / 맑음

〈포도〉

9월 6일 화요일 / 맑음

〈친구〉

9월 14일 수요일 / 맑음

〈생일〉

9월 20일 화요일 / 맑음

〈추석〉

10월 15일 수요일 / 비

〈컴퓨터〉

10월 18일 화요일 / 맑음

〈피아노〉

11월 2일 수요일 / 맑음

〈가게 놀이〉

11월 8일 화요일 / 맑음

〈놀이터〉

11월 16일 수요일 / 맑음

〈엄마의 얼굴〉

11월 23일 수요일 / 맑음

〈친구〉

11월 29일 화요일 / 흐림

〈김장〉

12월 6일 화요일 / 맑음

〈얼음놀이〉

12월 13일 화요일 / 흐림

〈피아노〉

12월 21일 수요일 / 맑음

〈방학〉

12월 25일 일요일 / 흐림

〈크리스마스〉

12월 27일 화요일 / 맑음

〈눈썰매〉

1월 1일 일요일 / 맑음

〈새해 아침〉

새해를 맞이하여 좀더 열심히 공부하고 부모님 말씀 잘 듣고 착한일 많이 하겠다고 다짐했다. 엄마는 그런 내가 착하다고 양지 스키장으로 데려갔다. 갈 때는 6시간이나 걸려 힘들었지만 스키 탈 때는 너무 행복했다. 오래간만에 타니깐 조금은 무서웠지만 높은 데서 막상 타고 내려오니깐 기분이 참 좋았다.

즐거운 날이었다.

1월 9일 월요일 / 맑음

〈집안 정리〉

방안을 둘러보니 너무 지저분하였다.

책상을 정리하고 책꽂이도 차례차례 정리하고 인형들이 너무 지저분하여 정리하는데 1시간이나 걸렸다. 다 치우고 나니 깨끗해졌다. 기분이 좋았다.

1월 12일 목요일 / 눈

〈눈싸움〉

눈을 모아 재밌게 동그랗게 만들어 눈싸움도 하고 옆집에 사는 7살 먹은 민혜하고 눈사람도 만들었다. 잠깐 동안에 눈이 많이 쌓였다. 정신없이 놀다 보니 어두워졌다.

이모할머니가 야단할까 봐 빨리 집으로 들어갔다. 집안은 참 따뜻했다.

1월 18일 수요일 / 눈

〈눈썰매〉

청원학원에서 눈썰매장에 갔다. 썰매장이 매우 넓었다.

친구, 언니, 오빠들 하고 같이 재미있게 탔다. 여러 가지 놀이기구도 탔다.

식당에서 밥을 주는데 그릇도 깨끗하지 않고 수저도 깨끗하지 않아서 밥 먹기가 불편하였다. 썰매는 재미있었지만 식당이 지저분하여 기분이 안 좋았다.

1월 20일 금요일 / 맑음

〈해님과 달님〉

옛날에 오누이가 살았어요. 어머니는 일을 하러 나갔어요. 어머니가 없는 사이 호랑이가 어머니 옷을 입고 문을 열라고 했어요. 동생이 모르고 열어줬더니 무서운 호랑이는 밥을 해준다고 하면서 부엌으로 갔어요. 오누이는 무서워서 미루나무 위로 올라갔는데 호랑이가 쫓아와 잡아먹으려고 나무 위로 올라와 오누이는 하느님께 기도해 밧줄이 내려와서 하늘로 올라가 동생은 해님이 되고 오빠는 달님이 되었답니다.

못된 호랑이는 밧줄을 붙잡고 올라가다가 밧줄이 끊어져 수수밭에 떨어졌답니다.

그래서 수수가 호랑이 피가 묻어 붉게 되었답니다.

1월 23일 월요일 / 흐림

〈피자파이〉

이모할머니께서 피자파이를 맛있게 만들어 주셨다.

언니는 네 쪽 나는 두 쪽을 먹었다. 너무 맛이 있었다.

1월 24일 화요일 / 맑음

〈눈높이 선생님〉

오늘은 눈높이 선생님이 오시는 날이다. 일주일 동안 해놓은 시험지를 가지러 오시는 날이다. 선생님이 잘했다고 칭찬해주셨다.

1월 27일 금요일 / 맑다가 흐림

〈의좋은 형제〉

옛날에는 의좋은 형제가 살았어요. 농사를 지어서 다 거둬드리고 아우는 몰래 형님에게 볏짚 단을 갖다 놓고 형은 아우 집에 볏짚을 갖다 놓고 서로 그러다가 어느 날은 두 형제가 마주치게 되었어요. 서로 얼싸안고 눈물을 흘렸어요.

형제간에 우애가 얼마나 소중한 것인지 이 책을 읽고 깨달았어요.

1월 28일 토요일 / 흐림

〈비디오〉

비디오를 보았다. 비디오 제목은 용용공주와 도둑이었다.

나는 비디오를 다 보고 텔레비전도 보았다. 나는 용용공주와 도둑을 지연이한테 설명해 주었다. 줄거리는 도둑이 공주를 괴롭히는 것이었다. 참 재미있었다.

1월 29일 일요일 / 눈

〈백화점〉

백화점에서 물건을 샀다. 백화점에는 사람이 많았다.

왜냐하면 모레가 구정이라서 음식준비를 하느라고 분주했다.

우리도 제사 지낼 음식을 장만했다. 좋았다.

1월 31일 화요일 / 맑음

〈설날〉

아침에는 떡국을 많이 먹었습니다. 할아버지 아빠 엄마께 세배를 드렸다.

할아버지는 천 원을 주시고 아빠는 오천 원, 엄마는 만 원을 주셨다.

기분이 좋았다.

2월 2일 목요일 / 맑음

〈학교 갈 준비〉

내일은 개학날이다. 그동안에 숙제한 것을 검토하고 가방에다 차곡차곡 넣었다.

빨리 선생님과 친구들을 만날 생각하니 가슴이 두근거린다.

빨리 내일이 오면 좋겠다.

2월 7일 화요일

〈수수께끼 책〉

리은이가 수수께끼 책을 가지고 있었다. 재미있는 이야기가 많이 들어있었다.

이모할머니와 같이 책방에 가서 수수께끼 책을 샀다.

수수께끼 놀이를 이모할머니하고 재미있게 놀았다.

2월 13일 월요일

〈토끼와 거북이와 늑대〉

토끼와 거북이가 재미있게 놀고 있었어요. 그러자 늑대가 나타났어요. 늑대가 말하였어요. 저 나무에 먼저 못 가면 늑대가 잡아먹겠다. 토끼와 거북이가 달리기 시합을 하였습니다. 토끼가 먼저 가버렸습니다. 거북이는 엉금엉금 기어갔습니다. 그러자 토끼가 멈췄습니다. 거북이가 왔습니다. 강이 있었습니다. 거북이가 토끼한테 물었습니다. 토끼야 너 왜 서 있니? 난 강을 건너지 못해. 토끼야 내가 건네줄게. 늑대는 속이 상했답니다.

2월 16일 목요일

〈친구〉

이모할머니가 아침에 말하셨다. 보라야, 학교에서 오면 지연이네 있어라.

나는 학교가 끝나자 지연이와 같이 지연이네 집으로 갔다. 난 지연이네서 밥을 먹었다. 지연이 친구가 왔다. 지연이와 나는 피아노를 가야 해서 지연이 친구네 다시 못 갔다. 기분이 좋았다.

2학년

1995년

보라가 2학년이 되었어요.

보라는 2학년을 어떻게 보냈을까요.

하루 하루 일들이 꼭꼭 눌러 쓴 일기에 담겨 있네요.

3월 2일 목요일

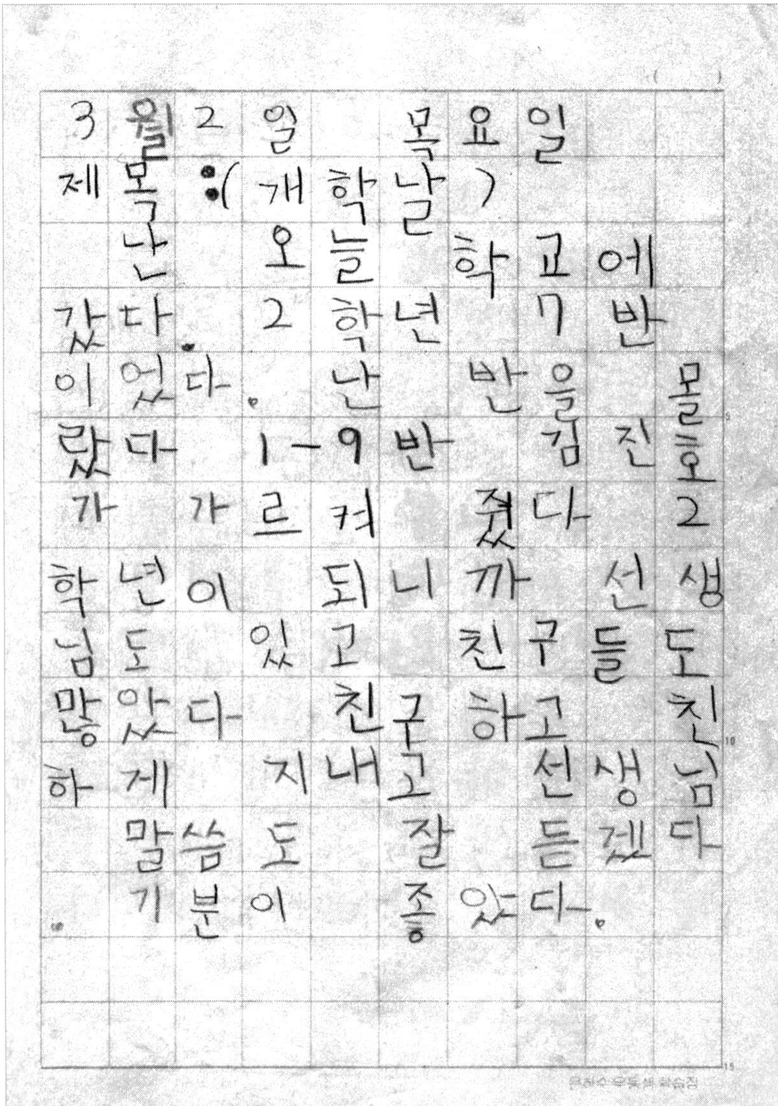
3월 2일 목요일
제목 :(개학날)
난 오늘 학교에 갔다. 2학년 7반이었다. 난 반을 몰랐다 1-9반 김진호가 가르켜 줬다 2학년이 되니까 선생님도 있고 친구들도 많았다 친구하고 친하게 지내고 선생님 말씀도 잘 듣겠다 기분이 좋았다.

〈개학날〉

난 오늘 학교에 갔다. 2학년 7반 이었다. 난 반을 몰랐다.

1-9반 김진호가 가르쳐 줬다.

2학년이 되니까 선생님도 있고 친구들도 많았다.

친구하고 친하게 지내고 선생님 말씀도 잘 듣겠다. 기분이 좋았다.

3월 3일 금요일

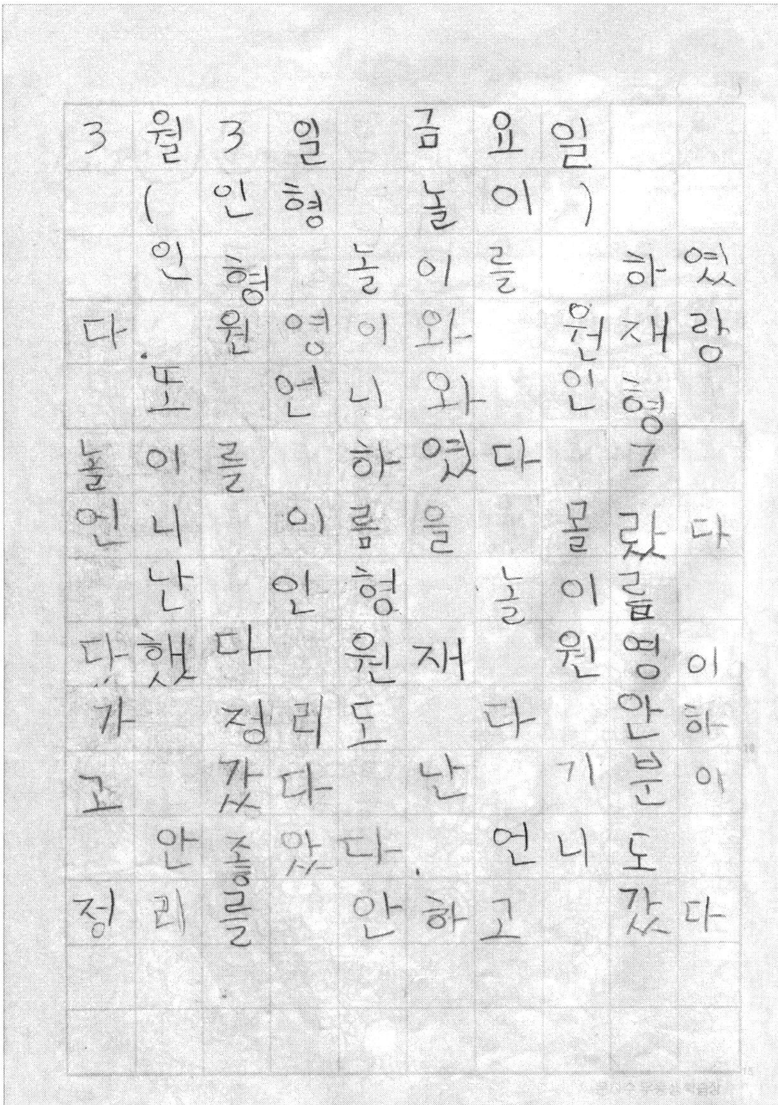
3월 3일 금요일
(인형 놀이)
인형 놀이를 하였다. 원영이와 원재랑 또 언니와 인형 놀이를 하였다 그 언니 이름을 몰랐다 난 인형 놀이를 다했다 원재 원영이가 정리도 다 안 하고 갔다 난 기분이 안 좋았다. 언니도 정리를 안 하고 갔다

〈인형 놀이〉

인형 놀이를 하였다.
원영이와 원재랑 또 언니와 인형 놀이를 하였다.
그 언니 이름을 몰랐다. 난 인형 놀이를 다했다.
원재, 원영이가 정리도 다 안 하고 갔다.
난 기분이 안 좋았다. 언니도 정리를 안 하고 갔다.

3월 4일 토요일 〈국수〉
3월 6일 화요일 〈체육복〉
3월 8일 수요일 〈미술〉

3월 9일 목요일

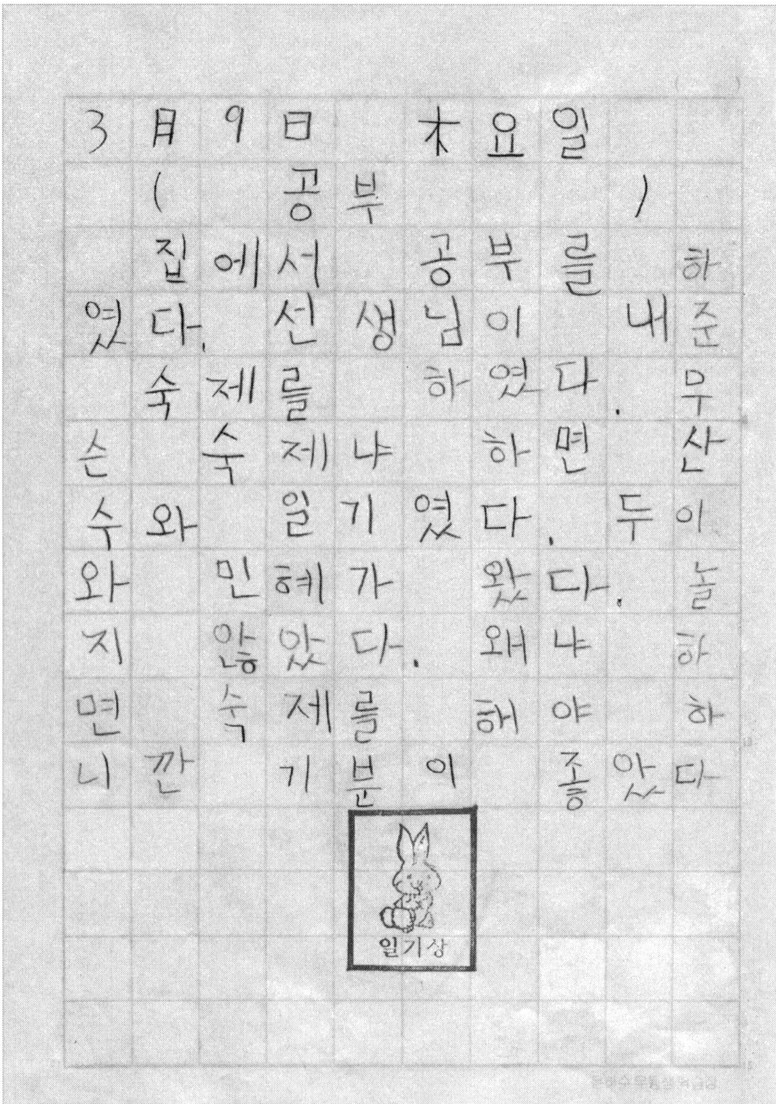
3月 9日 木요일

(공부)

집에서 공부를 하였다. 선생님이 내준 숙제를 하였다. 무슨 숙제냐 하면 산수와 일기였다. 두이와 민혜가 왔다. 놀지 않았다. 왜냐 하면 숙제를 해야 하니깐 기분이 좋았다

〈공부〉

집에서 공부를 하였다. 선생님이 내준 숙제를 하였다.

무슨 숙제냐 하면 산수와 일기였다.

두이와 민혜가 왔다. 놀지 않았다.

왜냐하면 숙제를 해야 하니깐. 기분이 좋았다.

3월 11일 토요일

〈놀기〉

신민혜랑 집에서 놀았다. 무슨 놀이냐 하면 인형놀이였다.

인형놀이도 하고 공놀이도 하였다.

3월 13일 월요일

〈놀이터〉

오래간만에 친구 지연이가 왔다. 놀이터에 가서 미끄럼틀을 타고 그네도 타고 구름다리에서 지연이랑 꽈배기 놀이를 하였는데 내가 이겼다. 기분이 좋았다.

3월 15일 수요일

〈놀기〉

내 친구 설지현이와 같이 설지현의 집에 갔다.

고양이가 있었다. 너무 귀여워 나도 집에 가서 이모할머니 보고 고양이를 기르자고 했다.

이모할머니께서는 고양이를 기를 수 없다고 하셨다. 나는 속상했다.

3월 16일 목요일

〈친구〉

이모할머니가 안 계셨다. 그래서 지연이 집에 갔다. 지연이와 내가 같이 방에서 놀았다. 가위바위보 놀이를 하고 있는데 친구 설지현이가 왔다. 나가서 무궁화꽃이 피었습니다 놀이를 재미있게 놀았다. 집에 와서 목욕을 하고 나니 기분이 상쾌하였다.

3월 17일 금요일

〈감자〉

버터에 감자를 비벼서 이모할머니께서 주셨다.

먹어보니 맛이 덜한 것 같아서 마요네즈와 케첩을 비벼서 먹어보았다. 맛이 있었다.

3월 18일 토요일

〈친구〉

공부를 하는데 설지현이가 왔다. 공부를 하고 학교 숙제도 하였다. 숙제가 다 끝났다. 지현이 하고 재미있게 인형놀이하면서 놀았다.

3월 20일 월요일

〈엄마〉

오늘 엄마가 오시는 날이다. 학교로 오시는 줄 알고 기다렸는데, 엄마가 안 오셨다. 속상해서 집으로 와 보니 집에도 안 계셨다. 이모할머니께서 점심을 주시면서 엄마가 지금 오고 있는 중이라고 하셨다. 점심을 다 먹고 나니 엄마가 오셨다. 너무 기뻐서 꼭 껴안았다. 선물도 많이 사 오셨다. 오늘은 정말 기쁜 날이다.

3월 21일 화요일

〈비디오〉

이모할머니께서 늦게까지 공부를 열심히 했다고 텔레비전에서 재미있는 만화 영화를 녹화해 주셨다. 재미있게 보았다.

3월 22일 수요일

〈엄마 교실〉

이모할머니가 학교에 오셨다. 엄마는 바빠서 못 오셨다. 엄마가 오셨으면 더 좋았을 텐데. 조금은 서운했지만 이모할머니가 오셔서 좋았다.

3월 23일 목요일

〈반성〉

집으로 오지 않고 친구네 집으로 갔다. 혼날 것 같았다. 전화를 하였다. 이모할머니께서 오늘 한 번만 용서해 주셨다. 다시 생각해 보니 다음에는 그러면 안 되겠다.

3월 24일 금요일

〈미술〉

미술학원에서 그림을 그렸다.

결혼하는 신부랑 신랑, 사람도 그리고 물감을 더 짜고 섞어서 재미있게 색칠하였다.

3월 25일 토요일

〈생일〉

수진이 생일이었다. 선물은 카드 요술 펜이었다. 지연이와 나는 주택은행에서 기다렸다. 수진이네 차가 왔다. 지연이는 선물을 안 갖고 왔다. 왜냐, 지연이 엄마한테 말 못하고 왔기 때문이다. 그래서 선물을 못 갖고 왔다. 수진이네는 강아지가 있었다. 귀여웠다. 수진이 집에 들어갔다. 색종이로 만들었는데 재미가 있었다. 다 놀고 지연이와 같이 집으로 갔다.

3월 27일 월요일

〈놀이터〉

놀이터에 가서 미끄럼틀도 타고 그네도 탔다. 구름사다리에서 4칸씩 갔다.

그러다가 손이 별로 안 닿아 구름사다리에서 3칸씩 갔다. 지연이는 2칸씩 갔다.

참 재미있는 하루였다.

3월 28일 화요일

〈이모할머니〉

이모할머니가 안 계셨다. 그래서 지연이네 갔다. 지연이는 피아노에 갔다.

나는 미술로 갔다. 갔다 와 보니 이모할머니가 전화를 해주셨다.

집으로 가서 지연이네 전화를 했다. 왜냐하면, 내 공책이 아니라 지연이 공책이었다.

다시 가서 주고 왔다. 기분이 좋았다.

3월 30일 목요일

<반성>

학교에 갔다. 폐품을 오빠들에게 주고 폐품 수집을 받았다. 반으로 들어갔다. 선생님이 오셨다. 일기를 모르고 안 써 왔다. 손바닥을 맞았다. 일기를 쓰고 공부를 많이 하고 끝냈다. 길에 가다가 지연이와 지연이 친구를 만났다. 같이 갔다. 집으로 갔는데 지연이가 심심해서 왔다. 밥 먹고 놀다가 지연이가 갔다. 기분이 안 좋았다.

3월 31일 금요일

<오늘의 하루>

톰과 제리 색종이로 예쁘게 잘랐다. 그런데 미술 준비도 안 가지고 갔다. 하지만 괜찮았다. 그림도 그리고 찍기도 하였다. 선생님이 찍기를 도와주셨다. 조금은 내가 했다. 기분이 신나고 재미있었다.

4월 2일 일요일

<책방>

책방에 들어갔다. 책 이름은 자연 교과서 만화 그림으로 알기 쉽게 만든 책을 샀다. 자연 공부가 재미있게 만들었다. 책을 많이 읽으면 머리가 똑똑해진다.

4월 3일 월요일

<발레>

발레 학원에 갔다. 발레 옷을 입었다. 2학년은 나와 채소라였다. 4학년 언니는 두 명이었다. 발레 시간은 5시 30분이고 선생님 이름은 류주연 선생님이셨다. 발레가 힘이 안 들었다. 처음이지만 재미있었다.

4월 6일 목요일

〈숙제〉

숙제가 많다. 받아쓰기, 2번 읽기, 내용 쓰기, 슬기로운 생활하기. 오늘은 왜 힘이 들까? 다른 날보다 힘이 들었다.

4월 7일 금요일

〈만들기〉

미술 학원에서 만들기를 하였다. 수수깡으로 사람 2명을 만들고 그네를 만들어 그네 위에 올려놓고 시이소 놀이하는 모습을 만들었다. 기분이 재미있었다.

4월 8일 토요일

〈레스토랑〉

엄마와 함께 송도에 갔다. 네 군데 레스토랑을 돌아다녔다. 정말 근사한 레스토랑들이었다. 엄마와 나는 그랜드피아노 있는 곳을 선택하였다. 우리는 멋진 과일 아이스크림도 먹고 와인도 마시고 양식도 먹었다. 기분이 좋았다. 행복했다.

4월 10일 월요일

〈상자〉

엄마가 사준 예쁜 상자를 가지고 왔다. 상자에다 공도 집어넣고 지우개도 집어넣었다. 상자에 많이 들어가서 좋다. 상자는 예쁜 색이다.

4월 11일 화요일

〈눈높이〉

눈높이 선생님이 오셨다. 인사를 하고 방으로 갔다. 눈높이를 하고 있을 때, 이모할머니가 들어오셨다. 이모할머니가 선생님한테 주스를 주셨다. 눈높이를 두 장 풀었다. 눈높이 선생님이 3단을 외우라고 하셨다. 눈높이는 재미있다. 눈높이 선생님이 구구단 3단을 공책에다가 써 주셨다. 선생님이 그거 보고 쓰라고 하셨다. 눈높이 선생님이 가셨다. 열심히 공부를 해야겠다.

4월 12일 수요일

〈생일〉

오늘이 내 생일이다. 언니가 선물을 주셨다. 궁금했다. 고양이 모래시계였다. 이모할머니 선물은 핀이었다. 기분이 참 좋았다. 내일은 도시락을 싸 가지고 가서 좋다.

4월 13일 목요일

〈책 정리, 학습장 책 읽기〉

책을 정리하였다. 책 정리도 하고 책도 읽고 가방에 알림장을 집어 넣었다.

책 정리를 하니 신나고 기분이 좋았다.

4월 15일 토요일

〈생일〉

3월 5일, 친구들이 못 와서 토요일로 했다. 애들이 많이 왔다. 딸기도 먹고 김밥도 먹었다. 친구들이 선물을 많이 줬다. 인형놀이도 했다. 재미있었다.

4월 16일 일요일

〈산〉

산에 올라갔다. 공기도 맑고 시원하였다. 산에 올라가면 운동도 된다. 산꼭대기까지 올라갔다. 산에 올라가서 야호 하고 외쳤다. 기분도 좋고 상쾌하였다.

4월 17일 월요일

〈소풍〉

행주산성에 차를 타고 갔다. 노래도 부르고 내 짝하고 놀았다. 행주산성에 다 왔다.
점심도 먹고 신나고 재미있는 하루였다.

4월 18일 화요일

〈달 관찰〉

어저께는 달을 못 봐서 이모할머니가 가르쳐 주시고 어느 쪽에서 떴나 가르쳐 주셨다. 오늘은 바빠서 이모할머니가 빨리 가르쳐 주셨다. 다 한 다음 발레 옷을 입고 시계를 보고 시간이 되어서 발레 학원에 갔다.

4월 19일 수요일

〈문산〉

이모할머니가 문산에 갈 준비를 하고 계셨다. 오늘은 이모할아버지의 아버지 제사였다.
그래서 문산을 가야 했다. 이모할머니가 가셨다. 나와 이모할아버지는 이따 간다.
이모할아버지가 주무신다. 공부를 하고 이모할아버지와 같이 문산에 간다. 기분이 좋다.

4월 20일 목요일

〈이빨〉

이빨이 흔들렸다. 내가 더 이빨을 흔들었다. 그래서 양장점으로 갔다. 이모할머니께서 지켜보고 계셨다. 겁이 났지만 양장점 아저씨께서 실로 이빨을 묶은 다음 눈 깜짝할 사이에 이빨을 뺐다. 하나도 아프지 않았다. 시원했다.

4월 21일 금요일

〈편지〉

숙제를 하고 지연이가 나한테 준 편지를 읽어 보고 내가 편지를 쓰기 전에 이모할머니가 방에 오셨다. 이모할머니가 주스를 주려고 오셨다.

이모할머니가 나가셨다. 내가 지연이에게 편지를 썼다. 내가 만든 카드로 지연이 한테 썼다. 기분이 신났다.

4월 22일 토요일

〈돈〉

비가 올 때 이모할머니가 말하셨다. 미술 학원에 가서 회비를 갔다 주라고 말씀하셨다.

우산을 가지고 미술 학원에 가서 미술 학원 선생님께 회비를 주고 집으로 뛰어왔다.

집에 들어가니 이모할머니가 피아노 집에 가서 돈을 주고 오라고 하셨다.

걸어가서 피아노 선생님께 회비를 주고 얼른 왔다. 기분이 좋다.

4월 23일 일요일

〈발명품〉

숙제가 발명품이라서 이모할아버지와 함께 만들었다. 이모할아버지가 말하셨다.

도화지, 가위, 풀, 칼, 담배, 라이터를 가지고 오라고 이모할아버지가 말하셨다.

나는 담배 라이터를 갖고 와서 이모할아버지에게 드렸다.

이모할아버지와 같이 발명품을 다 만들었다. 이모할머니가 발명품을 보셨다. 기분이 좋다.

4월 24일 월요일

〈우리 집 정원〉

우리 집에는 꽃이 많이 피었다. 동백꽃, 영산홍, 자산홍, 철쭉, 제비꽃이 예쁘게 피었다.

잔디도 파릇파릇 싹이 나오고 모과도 꽃이 맺혀 있다.

비가 오고 나서 모든 나무와 꽃들이 더 싱싱하게 자랐다.

4월 26일 수요일

〈치킨〉

지연이와 재미있게 놀다가 집으로 왔다. 이모할머니께서 말씀하셨다.

"얘야, 오늘 저녁은 치킨을 먹자."라고 말씀하셨다. 이모할머니께서 치킨을 가지고 오셨다. 이모할머니와 같이 치킨을 먹었다. 맛있게 먹었다.

4월 27일 목요일

〈비디오〉

이모할머니가 재미있는 만화를 녹화해 주셨다.

발레를 갔다 와서 밥을 다 먹고 비디오를 보았다. 재미있는 게 많이 나왔다.

신나고 재미있었다. 밤에는 숙제 일기만 썼다. 다른 숙제는 아침에 했다.

4월 28일 금요일

〈미술〉

미술 학원에 가서 물감으로 소풍을 갔다 오는 것을 그렸다. 그리고 색칠을 하였다.

원재랑 같이 놀았다. 원영이는 물감을 짜줬다. 나도 원영이 물감을 짜줬다.

물감을 많이 가지고 가라고 내가 말하였다. 4시가 넘어서 집으로 왔다. 기분이 신났다.

4월 29일 토요일

〈놀기〉

신민혜가 왔다. 인형놀이를 재미있게 하였다. 인형놀이가 끝나고 죠리퐁을 먹었고, 우유에다 넣어 먹었다. 참 맛있었다. 학교놀이를 하였고 낙서 책도 학교 가방에 넣고 연필도 넣고 필통도 가방에 넣었다. 신민혜가 갈 때 이모할머니가 신민혜와 나를 카메라로 사진을 찍어 주었고 신민혜가 집으로 갔다. 기분이 신났다.

4월 30일 일요일

〈씨〉

마당에 나가서 봉숭아를 보니 떡잎이 나왔다. 과꽃 잎이 많이 나오고 4개씩 잎이 나왔다. 목화는 하나가 땅을 가르고 나왔는데, 조금 나왔다. 꽃 냄새도 맡았다.

5월 1일 월요일

〈발레〉

발레 학원에 가서 시냇물 뛰기도 하고 발레 인사도 하였다. 발레 선생님께서 물을 주셨다. 다 끝났다. 발레 선생님께서 말하셨다. 내일은 다른 선생님이 오신다고 말하셨다.

우리 발레 선생님이 목요일날 오신다고 말하셨다. 기분이 신났다.

5월 2일 화요일

〈지연이 집〉

이모할머니께서 잠깐 주택은행에 가셨는지 몰랐다. 지연이와 같이 우리 집으로 왔다. 이모할머니께서 안 계셨다. 양장점으로 지연이와 같이 가서 이모할머니 계신지 물어보았다. 양장점 아저씨가 이모할머니 안 계신다고 말하셨다.

지연이와 함께 지연이 집으로 갔다. 가방을 놔두고 지연이와 옥상으로 가서 김밥을 먹고 식혜도 먹었다. 빠빠로 놀이도 하고 내려와서 재미있게 놀고 집으로 왔다.

5월 3일 수요일

〈신발과 옷〉

집에서 이모할머니께서 내 옷을 사자고 하셨다. 옷을 사러 옷집으로 갔다.

옷을 2개 사고 신발가게로 가서 이모할머니 슬리퍼도 사고 내 실내화도 사고 구두도 샀다.

집으로 와서 새 신발을 신었다. 기분이 좋다.

5월 4일 목요일

〈선물〉

학교에서 달리기를 하는데, 내가 1등이라서 끝날 때, 예쁜 공책 2개를 받았다.

숙제를 하고 저녁에 발레를 다 하고 선물을 받았다. 발레리나 포즈가 너무 예쁘고 귀여웠다. 선물을 많이 받아 기분이 좋다.

5월 5일 금요일

〈서오릉〉

지연이와 내가 공놀이를 많이 하고 있는데 이모할머니께서 서오릉에 가자고 말하셨다. 공도 가지고 갔다. 서오릉에 도착해서 밥을 다 먹고 보물 찾기를 하였다. 이모할아버지가 쪽지를 숨겨두셨다. 지연이와 나도 같이 찾았다. 보물 찾기를 다 하고 사탕을 먹었다. 참 맛있었다. 사진도 찍었다. 공놀이도 하고 4시가 돼서 차를 타고 집으로 왔다.

5월 6일 토요일

〈공부〉

이모할머니께서 1000제 해법수학하고 이달 학습을 하라고 하셨다.

하기가 싫었다. 다 하고 검사를 받았다. 많이 틀렸다. 다시 했다.

이모할머니께서 목욕을 하라고 하셨다. 목욕을 다 하고 이 닦고 잤다. 기분이 안 좋았다.

5월 7일 일요일

〈4월 초파일〉

이모할아버지와 나와 이모할머니와 차를 타고 문산으로 가서 절에 갔다.
절을 여러번 하고 이모할아버지께서 꽃이름을 가르쳐주셨다. 이모할아버지께서는 문산 형님네 먼저 가셨다. 이모할머니와 나는 조금 있다가 문산 형님네 갔다.

5월 8일 월요일

〈어버이날〉

꽃도 만들고 편지도 썼다. 이모할머니께서 내 방하고 거실을 걸레로 닦으라고 말씀하셨다. 거실을 다 닦고 걸레를 빨았다. 다 빨고 내 방을 다 닦고 걸레를 빨고 있을 때 엄마 전화가 왔다. 전화를 받으면서 걸레를 빨았다. 다 빨고 목욕을 했다.

5월 9일 화요일

〈피아노〉

피아노 학원에 가서 피아노를 쳤다. 피아노를 치고 있는데 두희가 와서 함께 쳤다.
내가 일찍 와서 끝낼 시간이 빨리 됐다. 피아노를 다 치고 피아노 책을 가방에 넣고 나왔다. 피아노 선생님께서 말씀하셨다. 목요일 때 어린이 선물을 못 줘서 오늘 주셨다.
집으로 와서 이모할머니가 안 계셨다. 양장점으로 가서 이모할머니와 함께 빵집으로 갔다. 맛있는 빵을 사 가지고 집으로 왔다. 기분이 신났다.

5월 10일 수요일

〈미술〉

미술 학원에 갔는데 스케치북을 안 갖고 가서 미술 선생님이 오백 원을 주셨다.
원재랑 같이 가서 스케치북을 사 가지고 와서 서커스를 다 그리고 크레파스로 서커스 그림을 색칠하였다. 참 예뻤다. 시계를 보니 4시가 됐다. 다 챙기고 집으로 왔다.
기분이 신나고 좋다.

5월 11일 목요일

<속셈 학원>

처음 이모할머니와 함께 속셈 학원에 갔는데 친구도 많았다. 선생님이 쉬운 것을 내 주셨다. 그 중에서 시계 문제가 쉬웠다. 선생님이 속셈 학원 가방을 주셨다.

예쁘지 않았지만 깨끗하였다. 이모할머니와 같이 집으로 왔다.

5월 12일 금요일

<이모할머니 친구>

이모할머니와 함께 이모할머니 친구, 정은이 아줌마와 이모할머니 친구네 갔는데 거기에서 금잔디도 보았다. 거기는 2층이었다. 들어가서 밥도 먹고 물도 마시고 속셈 학원 가방을 들고 2시에 속셈 학원에 갔다.

5월 13일 토요일

<핫도그>

이모할머니께서 핫도그를 주셨다. 핫도그를 먹으려고 하는데 핫도그가 갈라졌다.

그래서 손으로 들고 아주아주 맛있게 먹었다.

이모할아버지는 감자를 잡수시고 이모할머니도 감자를 잡수셨다. 기분이 좋다.

5월 14일 일요일

<선물>

오늘 우리 엄마께서 오셨다. 엄마가 학교 선생님 선물도 사 오셨다.

엄마가 나에게 준 선물이 예쁘고 귀여웠다. 엄마가 만든 새집도 있고 새도 있었다.

엄마가 참 고마웠다. 우리 학교 선생님 선물을 선생님 집에 갖다주고 와서 일기를 썼다.

5월 15일 월요일

〈발레〉

발레 학원에 가서 장미꽃 한 송이를 선생님께 드렸다.

선생님이 향기가 좋다고 말씀하셔서 기분이 좋았다. 옷을 갈아입고 발레를 했다.

시냇물 뛰기도 하고 많이 했다. 다 하고 인사를 하고 집으로 왔다.

5월 16일 화요일

〈친구〉

내 친구 엘은이와 보영이가 와서 집 구경을 하고 있는데 이모할머니가 와서 전화번호를 적어 달라고 말씀하셨다. 그래서 전화번호를 적고 집으로 갔는데 놀고 싶었다. 다음에는 공부를 빨리해야 되겠다. 기분이 좋다.

5월 17일 수요일

〈목욕〉

선생님이 깨끗이 씻으라고 하셔서 아주아주 깨끗하게 씻었다. 머리를 감고 때도 밀었다.

세수도 하고 발도 닦았다. 깨끗하게 씻었고 목욕을 해서 시원하고 상쾌하다. 기분이 좋다.

5월 18일 목요일

〈속셈 학원〉

속셈 학원에 가서 공부를 하다가 목이 말라서 선생님한테 말했더니 선생님이 물을 주셔서 다 먹고 선생님께 책값을 주었다. 새로운 책이 어려웠다. 하지만 쉬운 것도 있었다. 얼른하고 시간이 다 되어 양장점으로 갔다가 집으로 왔다.

5월 19일 금요일

〈숙제〉

숙제를 아침에 못해서 밤에 했다. 학원에 갔다 와야 해서 아침에 못했다.

점심에 숙제를 했다. 시간이 아주 많이 없어서 일기와 눈높이와 노래 부르기를 안 해서

밤에 했는데 너무 졸렸다. 하지만 꾹 참고 숙제를 하였다.

5월 20일 토요일

〈책〉

책을 읽었다. 그 책 이름은 '시간이 금이다'였다. 많이 못 읽었다.

하지만 열심히 책을 읽으니 기분이 좋다.

그 책을 월요일에 아저씨에게 갔다 주어야 한다.

그래서 이모할머니께서 책을 빨리빨리 읽으라고 하셔서 빨리 읽었다.

내일도 열심히 책을 빨리빨리 읽을 거다.

숨겨진 그림일기

5월 21일 일요일
〈민들레 꽃 씨앗〉
5월 22일 월요일
〈피아노〉

5월 23일 화요일
〈엄마 전화〉
5월 24일 수요일
〈엄마 오시는 날〉

5월 25일 목요일
〈눈높이 공부〉
5월 26일 금요일
〈병원〉
5월 27일 토요일
〈놀기〉

5월 28일 일요일
〈문방구〉
5월 29일 월요일
〈엄마 전화〉

5월 30일 화요일
〈발레〉
5월 31일 수요일
〈잠옷〉

6월 1일 목요일

〈발레 끊는 것〉

이모할머니와 함께 발레 학원에 갔다. 이모할머니가 바쁘기도 해서 발레를 끊는다고 말씀하셨다. 나는 언니와 이야기를 했는데 언니가 꼭 와야 한다고 말하였다. 내가 말했다. 시간이 없어서 못 올 거라고 말했다. 언니들 하고 헤어지기가 서운했다.
신발을 신고 선생님한테 인사를 하고 이모할머니와 함께 집으로 왔다.
기분이 좋기도 하고 안 좋기도 하다.

6월 2일 금요일

〈떡〉

이모할머니께서 말씀하셨다. 이모할머니가 태섭이 아주머니네 가서 개떡을 가지고 올테니 집에 있으라고 말씀하셨다. 내가 알았다고 말하였다. 이모할머니가 나가셨다.
숙제를 다 하고 있을 때, 이모할머니가 오셨다. 난 이모할머니께 알림을 보여 드렸다.
기분이 좋다.

6월 3일 토요일

〈눈높이 수학〉

눈높이를 5장 풀었다. 다 풀고 공책에다 선생님이 내 준 54+3을 계속이어 나가는 것이다. 계속 계속 다 하고 숙제를 하고 책을 읽었다. 기분이 좋다.

6월 4일 일요일

〈놀기〉

신민혜가 놀아도 되냐고 물었다. 이모할아버지가 된다고 말씀하셨다.
신민혜와 함께 내 방으로 들어가서 인형놀이를 하다가 나와 민혜가 재미없어서 그만하고 있을 때 신민혜가 말했다. 마당에 나가서 놀자고. 알았다고 내가 말하였다.
다 놀고 이모할머니한테 물어봤다. 지금 몇 시예요? 하니 이모할머니께서 말하셨다.
지금 6시 15분이라고. 신민혜는 집으로 갔다. 기분이 신났다.

6월 5일 월요일

〈반장〉

내가 반장인 줄 생각했는데, 반장이 아니었다. 난 내가 반장인 줄 알았는데, 그게 아니어서 기분이 안 좋았다. 7월 반장이 되고 싶고, 안 되면 8월 반장이 되고 싶다. 나는 반장이 되지 않나 보다. 난 꼭 반장이 하고 싶다. 반장이 되면 말이 잘 나올지 모르겠다. 열심히 해서 반장이 되겠다.

6월 6일 화요일

〈현충일〉

10시에 사이렌 소리가 나서 나라를 지키다 돌아가신 분들을 위하여 묵념을 하였다. 그 다음 텔레비전 하는 것도 보고 만화도 보았다. 텔레비전이 끝나고 신민혜와 놀다가 지연이가 왔다. 그래서 같이 인형 놀이도 하고 식혜도 먹었다. 기분이 신났다.

6월 7일 수요일

〈약〉

숙제를 다 하고 두드러기 약을 먹었다. 그 약은 알약이었다. 이모할머니께서 학교 갔다 와서 또 약을 먹으라고 말씀하셨다. 알았다고 내가 대답했다. 일기를 쓰고 이빨을 닦고 잘 준비를 하였다.

6월 8일 목요일

〈숙제〉

아침에 숙제를 못해서 밤에 숙제를 했다. 숙제를 밤에 하니 잠자는 시간이 지나고 받아쓰기도 써야 된다. 오래 하다가 이를 닦고 잠을 잤다. 기분이 안 좋다.

6월 9일 금요일

〈학원〉

속셈 학원을 가면서 껌을 먹으면서 왔다. 숙제도 하고 공부도 하고 곧바로 미술 학원에서 학교에서 그리다가만 것을 학원에서 예쁘게 색칠했다. 저번 주에 새끼 악어를 만들어서 예쁘게 색칠을 하였는데 집에 와 보니 악어가 부러졌다. 참 예뻤는데 속상했다.

6월 10일 토요일

〈문방구〉

이모할머니와 같이 문방구에 가서 생각해 보았다. 내 줄넘기는 너무 짧고 좋지가 않았다고 생각했다. 위에 있는 호돌이 문방구에 가서 아주머니가 잘 되고 줄일 수 있는 것을 주셔서 샀다. 길을 가면서 줄넘기를 해 보았고, 이모할머니께서 잘 한다고 하셔서 기분이 신나고 좋다.

6월 11일 일요일

〈안산〉

엄마한테 가려고 옷을 예쁘게 입었다. 차를 타고 나서 기차를 탔는데 기차 안에서 토할 것 같았는데 안 토했다. 기차를 내리고 호용이 아저씨네 가서 텔레비전도 보고 밥도 먹고 심부름도 하고 음료수도 먹고 놀이터도 가서 재미있게 놀고 엄마가 와서 세반백화점에 가서 예쁜 공도 사고 머리띠도 사고 엄마와 공놀이도 재미있게 하였다.

6월 12일 월요일

〈상장 전화〉

엄마한테 전화가 왔다. 글짓기 대회에서 은상을 받았다고 말씀드리니 너무 기쁘다고 말씀하셨다. 아버지한테도 말씀드렸더니 잘했다고 칭찬해 주셨다. 할아버지께서도 잘했다고 칭찬해 주셨다. 할아버지께서는 인천에 계시는데 일요일에 오셔서 내가 좋아하는 것을 사 주신다고 하셨다. 은상을 받아서 기분이 너무 좋다.

6월 13일 화요일

〈영어〉

유진이 언니가 영어 틀린 글자를 종이에다 써 주었다.

영어를 써 주었는데 이모할머니께서 영어공책에 영어를 읽도록 작은 글씨로 적어주시면서 외우라고 하셨다. 오늘은 바빠서 외울 시간이 없다. 내일은 외우도록 하겠다.

공부를 하고 일기를 썼다. 기분이 좋다.

6월 14일 수요일

〈도장〉

눈높이도 하고 이모할머니께서 내준 20문제를 하였다.

검사를 받고 연필을 깎았는데 걱정이 되었다. 이달 학습 못 하면 어떡하지. 그런 생각이 들었다. 이모할머니께서 안 해도 된다고 말씀하셔서 걱정을 안 해도 되겠다.

알림장에 이모할머니께서 도장을 찍어주셨다.

숙제는 다 했지만 받아쓰기는 아직 하지 않았다. 기분이 안 좋다.

6월 15일 목요일

〈책〉

'신사임당'이란 책이 있어서 학교 독후감을 하려고 읽었는데 글씨도 재미있고 내용도 좋다. 그림도 좋고 예쁘다. 모든 지 다 좋다.

신사임당은 부모님께 효도하고, 살아있는 것처럼 그림을 그리고 머리도 총명하다.

책을 많이 읽으면 좋고 머리가 똑똑해 지는 것을 알 수 있고 나도 신사임당처럼 훌륭한 사람이 되어야겠다고 생각했다.

6월 16일 금요일

〈집에 사람이 없는 날〉

이모할머니가 안 계셔서 지연이 집에서 밥을 먹고 속셈 학원에 갔다.

미술 학원이 끝나고 양장점으로 가서 가방을 내려놓고 지연이네 가서 놀다가 이모할머니가 양장점에 계시나 여기저기 많이 들려서 힘이 들었다.

지연이와 놀이터에 가서 놀았다. 지연이와 나는 지연이 집으로 가서 저녁을 먹고 이모할머니께서 오셨다. 나는 이모할머니께서 와 주셔서 '아휴! 다행이다.'하고 빠르게 말하고 약국에 갔다가 집으로 왔다. 기분이 좋다.

6월 17일 토요일

〈옥수수〉

문방구에 가서 물감도 사고 주사기도 샀다. 지연이 엄마가 있는 미용실에 가서 머리를 다듬었다. 우리 집 큰길에 옥수수가 있어서 사 가지고 집으로 왔다.

가방을 챙기고 책 정리하고 숙제하고, 나와 이모할머니는 옥수수를 먹었다. 내 생각은 옥수수가 맛있다. 기분이 좋다.

6월 18일 일요일

〈독후감〉

'신사임당'이란 책을 다 읽고 그림도 다시 보고 독후감을 썼다.

신사임당에 대한 일을 쓰고, 신사임당의 훌륭한 일도 쓰고 무엇을 했는지도 쓰고 어떻게 해서 훌륭한 사람이 되었는지 다 썼다.

알림장 도장을 찍어 달라고 말하고 독후감을 쓰니 기분이 좋다. 이모할아버지가 목욕을 하고 머리를 감으시면 나도 머리를 감을 거고 목욕도 할 거다.

6월 19일 월요일

〈일찍〉

아침에 학교 가기 전에 일찍 일어났다. 이모할머니는 언니를 학교로 데려다주느라고 나가셨다. 가방은 의자 밑에 내려놓았다. 학교 준비를 다 하고 옷을 입고 밥을 먹었다. 김도 있고 감자도 있었고 물도 있었다. 밥을 다 먹고 감자를 먹었는데 맛있었다. 이모할머니 보고 또 해달라고 했다. 학교에 갔다. 기분이 좋다.

6월 20일 화요일

〈문제〉

이모할머니께서 알림장을 보시면서 학습장에다 날짜를 썼는데 이모할머니가 학습장을 가지고 가서 문제 20문제를 내주셨다. 풀고 있는데 친구가 놀자고 하였다. 숙제를 못했기 때문에 다음에 놀자고 하였다. 이모할머니께서 내준 숙제는 다 하였다. 동화책을 재미있게 읽고 있는데 엄마 전화가 왔다. 전화 받고 문제를 다 하고 숙제와 공부를 했다. 기분이 좋다.

6월 21일 수요일

〈놀다〉

신민혜와 같이 재리재리 스켔즈를 먹었다. 참 맛있었다. 인형놀이를 많이 하고 있는데 갑자기 비가 왔다. 신민혜가 색종이로 토끼를 접어 달라고 말하였다.

접어주고 데려다 주었는데 내가 집으로 올 때 갑자기 비가 많이 쏟아졌다. 나는 깜짝 놀랐다. 집에 와서 숙제를 하고 인형 옷을 입혔다. 기분이 좋다.

6월 22일 목요일

〈시장〉

숙제를 못하고 이모할머니와 시장을 같이 갔는데 비가 왔다. 언니는 같이 가다가 장수
독서실에 가서 공부를 하고 나와 이모할머니는 서울시장에 가서 내 머리 감는 샴푸와
린스가 합쳐진 미니를 사고 이모할머니께서는 우리 먹을 반찬을 사셨다.
먹는 워터 캔디가 사과 맛인데 제리 맛 비슷한 맛이었다. 좀 시었다. 기분이 좋다.

6월 24일 토요일

〈파리〉

파리가 어느새 들어왔다. 나는 파리를 싫어한다. 기분이 안 좋다. 파리가 왜 들어왔나
궁금하다. 어떻게 재빨리 들어올까 생각 중이다. 생각이 안 났다. 파리가 왜 들어왔나.
이유가 듣고 싶다. 파리가 내 방 위에 돌아다녀서 신경질이 났다. 내 생각은 파리가 없
었으면 좋겠다 하는 생각밖에 들지 않았다.

6월 25일 일요일

〈산〉

이모할머니와 함께 산에 갈 준비를 했다. 산에 올라가 봤는데 너무 힘이 들었다.
많이 올라가다가 절에 들렸다. 부처님께 인사를 드리고 다른 쪽으로 가서 또 인사했다.
다 한 다음, 부처님 반지를 샀다. 나는 무엇을 살 때는 기분이 좋고 무조건 신난다.
약수도 먹었다. 좋았다. 다 돌아다니고 집으로 왔는데 성필이 오빠가 왔다.

6월 26일 월요일

〈책방〉

이모할머니께서 오백 원을 주셔서 책방에 갔다. 책 이름은 '심술통 만화 일기'였다. 책방 아저씨에게 오백 원을 주고 책을 빌렸다. 책을 보면서 집으로 왔다. 책이 재미있었다. 그런데 숙제가 많아서 못했다. 화도 났다. 기분이 안 좋다. 숙제는 다 못해서 내일 하기로 하고 일기만 썼는데 내일은 시험지를 한다. 숙제도 해야 한다.

6월 27일 화요일

〈휴가 온 오빠〉

성필이 오빠가 군대 갔다 휴가 나온 지 3일이 되었다. 오빠는 7월에 간다. 오빠는 12시가 되어서 일어났다. 아침밥도 먹지 않고서 오빠는 잠을 잔 것이다. 늦게 들어와서 텔레비전을 보고 아침에 잠을 자서 제일 늦게 일어났다. 밥도 꼴찌다. 다른 사람은 다 먹었는데 오빠만 지금 먹는다. 오빠가 말했다. 목요일에 컴퓨터 해준다고 약속했다.

기분이 좋다.

6월 28일 수요일

〈누구 쫓아서〉

시험지 1쪽을 하고 이모할머니와 텔레비전을 보았다. 이모할머니께서 친구를 만나기로 해서 나는 이모할머니를 따라서 외출을 했다. 밥을 먹고 사람들이 착하다고도 하고 키가 크다고도 말하셔서 기분이 좋았다. 근데 말하는 게 무슨 말인지 모르겠다. 빨리 가고 싶었는데 밖으로 나가서 유진 약국으로 가서 약을 사고 아이스크림을 가면서 먹었다.

6월 30일 금요일

〈숙제〉

민혜랑 놀다가 숙제를 또 밤에 하였다. 일기를 쓰는데 9시다. 숙제는 하기 싫다. 하지만 꾹 참고 해야 한다. 민혜는 정리하기가 싫은가 보다. 바쁘다고 그냥 가려고 그런다. 내가 정리하라고 하면 정리를 깨끗이 안 한다. 그럴 때는 화가 나고 신경질이 난다. 하지만 괜찮다. 일기상을 받으니 기분이 좋다.

7월 1일 토요일

〈호용이 아저씨〉

호용이 아저씨와 아주머니가 와서 인형놀이도 하고 머리띠도 했다. 그런데 방이 더러워지니 정리하기 싫었다. 노래를 들었다. 호용이 아저씨가 놀아주지 않는다. 그런 게 궁금하다. 밤이 되자 따로 자고 나는 아주머니와 잔다. 숙제장은 내일 할 거다.

일기를 쓰고 잔다. 빨리 자야겠다.

7월 2일 일요일

〈형준이와 준이 오빠〉

캐나다에서 형준이와 준이 오빠가 온다고 해서 일기를 쓴다. 준비도 해야 된다.

언니가 와서 좋다. 이모할머니 목소리가 들렸다. "보라야, 오징어 먹어라" 하고 말하셨다. 일기를 다 쓰고 오징어를 먹을까? 지금 먹을까? 생각하고 있다. 일기를 다 쓰고 먹을 거다.

7월 3일 월요일

〈생신〉

이모할머니 생신이었다. 아버지가 수박, 고기, 꽃, 케이크을 사 오셨다. 맛있게 먹고 이모할머니에게 선물과 편지를 드렸더니 너무 예쁘다고 말씀하셨다. 기분이 좋았다. 나만 선물을 준비하고 다 못했다. 이모할머니가 좋다고 말씀하셔서 그냥 신났다. 수영을 하고 싶다.

7월 4일 화요일

〈눈높이〉

눈높이를 하나도 안 해서 눈높이 선생님에게 손바닥을 맞았다. 그때 화가 났다. 눈높이를 끊고 싶었지만 안 된다. 눈높이는 지겹다. 하지만 해야 해서 하고 내일 또 해야 한다. 숙제는 밤에 해서 힘이 든다. 눈높이를 하면 좋을까? 생각해야 되겠다. 기분이 싫다.

7월 5일 수요일

〈약〉

약국에 가서 약을 지었다. 집에 오니 밤인데 열도 나고 몸이 아팠다. 밥 먹을 때 먹기 싫고 그대로 있으면 좋겠다. 난 괴롭다. 왜 괴로울까. 생각해도 모르겠고 아프다. 아픈 건 싫은데 아프다. 일기 쓰는데 어떻게 쓸까 생각 중이다. 아침에 미국에서 은영이 언니가 와서 재미있게 놀았다.

7월 6일 목요일

〈한문〉

내일 할 한문을 먼저 해야겠다고 생각을 했다. 한문 공책에다가 필순이라 쓰기 줄도 그어서 학교에서 한문을 할 때 안 해도 돼서 기분이 좋고 편하고 힘이 들지 않아서 먼저 하는 게 났다고 생각한다. 일기를 쓰면서 나는 경필쓰기 대회에서 금상을 받으면 좋겠다. 금상을 안 받아도 괜찮다. 난 상을 타고 싶은 마음이 든다. 일기를 쓰니 좋다.

7월 7일 금요일

〈눈높이 못해서〉

오늘 숙제는 다 했는데 일기와 눈높이는 못했다. 왜냐고요? 아프고, 돌아다니면 머리가 아파서입니다. 괴롭기도 하였다. 일기와 눈높이를 못해서 혼이 날 것 같다. 이모할머니께서 말하라고 하셨다. 혼이 날 것 같아서 학교 선생님한테 말 안 하고 아침에 쓰겠다고 했다. 기분이 안 좋다.

7월 8일 토요일

〈문산〉

문산에 형준이와 준이와 이모할머니와 이모할아버지와 같이 차를 타고 갔다. 도착해서 우리 식당에서 밥을 먹고 문정이 언니와 형준이와 준이 오빠와 오락실에 가서 오락을 했다. 이모할아버지 형님에게 인사를 하고 2층에 올라가 봤다. 형준이, 준이 오빠와 과자를 먹고 이모할머니와 작은 가방을 메고 아이스크림도 먹고 아이스크림 장난감도 사가지고 와서 이모할아버지 형님에게 인사하고 차를 타고 집으로 왔다. 기분이 좋다.

7월 9일 일요일

〈학습장〉

숙제 학습장에 이모할머니께서 내주신 것을 하고, 모르는 것은 다 하고 물어보고 했다. 쉬운 것도 있었다. 이모할머니께서 맞는 것을 틀렸다고 했다. 이모할머니께서 착각을 했다. 이모할머니께서 맞았다고 말씀하셨다. 다 하고 일기를 쓰고 엄마에게 전화할 거다. 기분이 좋다.

7월 10일 월요일

〈속셈〉

지금은 1시 48분이다. 조금 있다가 속셈에 가서 숙제를 하기로 생각했다. 받아쓰기 연습을 하면 친구와 놀 거다. 근데 못 놀지도 모른다. 시간이 되었다. 조금 더 있다 갈 거다. 왜냐, 일기를 쓰니까. 점심에 일기를 쓰니 기분이 좋다. 다 써 간다. 다 쓰고 속셈 학원에 갈 거다.

7월 11일 화요일

〈숙제〉

알림장을 속셈 학원에 가지고 가서 속셈 학원에서 다해서 기분이 좋았다, 내 생각은 선생님이 숙제를 조금만 내주시면 좋겠다, 선생님이 받아쓰기를 불러 주셔서 썼다. 시간이 다 되었다. 빨리 일기를 써야 되겠다. 이야기만 해서 시간이 다 되었다. 빨리하고 집에 가야 되겠다.

7월 12일 수요일

〈시계〉

시계를 보니 잠을 잘 시간이 지났다. 시간은 가고 나는 숙제 공부를 하니 힘이 든다. 선풍기를 트니 시원해서 기분이 좋다. 일기를 쓰는데 수영은 언제 할까? 생각 중이다. 내일 수영을 하면 정말 정말 좋겠다. 수영을 빨리하고 싶다. 내일 했으면 내 생각이 이렇다. 일기를 다 썼다.

7월 13일 목요일

〈숙제가 많다〉

속셈 학원 숙제가 많다. 학교 숙제도 있다. 학교 숙제는 다 했는데 문제는 바로 속셈학원 숙제이다. 어떻게 할까 생각 중이다. 그래도 해야지 하는 생각도 든다. 이모할머니께서 빨리 오시면 놀 거다. 난 노는 게 재밌다. 밤에 엄마가 9시에 오셨다. 피자도 먹고 기분이 좋다. 엄마가 오시는 생각만 해도 즐겁다.

7월 14일 금요일

〈방학생활〉

내일은 방학이다. 방학 생각만 해도 즐겁고 좋고 신이 난다. 언제 이렇게 시간이 빨리 가니 우리가 방학을 맞는 것 같다. 학교에서 일기를 쓰니 더욱 좋다. 힘이 들지 않고 집에서 안 써도 되니 좋다. 방학 생활 책을 주실 것 같다. 정말 기대가 된다. '방학이 돌아온다니' 하는 생각이 난다.

9월 14일 목요일

〈텔레비전〉

텔레비전을 보니 고슴도치 소닉도 하였고 삼총사도 하였고 옛날 엿보기도 하고 많은 만화를 하였다. 정신이 빠졌다. 일기를 써야 하는데 만화를 보았다. 이모할머니께서 밥 다 먹으면 일기를 쓰라고 하셨다. 텔레비전 때문에 숙제를 다 못했다. 수학 익힘 쓰는 건만 하였다. 지금은 일기를 다 쓰면 다 못한 일을 할 거라는 생각이 머리에 들어오고 있다.
눈높이도 하고 알림장 검사도 받아야겠다. 조금 있으면 엄마 전화가 올 거니깐 빨리해야겠다. 기분이 좋다.

9월 15일 금요일

〈지연이네〉

나는 학교 다 끝날 때 청소다. 지연이 2-2반에 가보니 지연이도 청소였다.
이모할머니께서 일이 있으셔서 나가셨다. 양장점에 학교 가방을 두고 무궁화 빵집에 가서 빵 두 개를 먹었고 우유를 다 먹고 시계를 보니 1시 30분이었다. 양장점에 가서 학교 숙제를 다 챙기고 속셈 학원에 가서 쓰는 숙제를 하고 선생님께 학교 아침 자습 이야기를 다 하고, 모르고 양장점에 왔다. 속셈 학원에서 곧바로 미술 학원에 가면 되는데 다시 가기가 싫었다. 가방을 놓고 미술 학원에서 미술을 다 했다. 선생님이 그림이 멋지다고 말하셔 걸어 놓고 간다고 말하고 지연이네 와서 재밌게 놀았다. 기분이 좋다.

9월 16일 토요일

〈지연이 생일〉

지연이 생일이었다. 이모할머니께서 선물을 사 오시고, 나와 같이 책 사는데 가서 시집을 사고 지연이 편지를 들고 지연이네 달려갔다. 지연이 선물을 보니 집 모양 보석 상자였다. 나도 샘이 났다. 이모할머니 보고 내 보석 상자가 이쁘냐고 물었더니, 내 것이 더 이쁘다고 말씀하셨다. 내 보석 상자가 이쁘다고 말하셔서 내 기분이 좋다고 생각한다.

9월 17일 일요일

〈엄마 아빠가 온다〉

엄마 아빠께서 오신다. 엄마 생일이 돌아오기 때문에 선물을 준비해서 드리고 보고도 싶었다. 엄마 아빠께서 6시에 오신다고 하셨다. 엄마 아빠가 오신다니 기분이 좋다. 그래서 숙제를 하고 있다. 다 하면 뭐를 할까 생각 중이다.

9월 18일 월요일

〈별로 없다〉

학교 선생님이 별로 숙제를 안 내줘서 문산에 가게 되었다. 속셈 학원에서 일기를 쓰고 수학 완성을 하고 슈퍼로 가서 눈깔 껌을 살 거다. 그리고 집으로 가서 놀고 문산에 갈 거다. 기분이 좋다.

9월 19일 화요일

〈안 계셔〉

이모할머니가 학교 가기 전에 지연이네 가라고 하셨다. 양장점에 가방을 놔두고 무궁화 빵집에 가서 우유와 빵을 먹고 속셈 가방을 챙기고 양장점에서 일기를 쓰고 시계 보니 1시 5분이었다. 속셈은 2시에 간다. 기분이 좋다.

9월 20일 수요일

〈내 친구〉

지연이네 가서 일기를 쓰고 자율학습 그림만 그릴 거고 일기만 쓰면 게임을 하게 된다. 게임을 하고 싶어 지연이와 약속했다. 지연이가 끝단까지 가면 밤을 먹게 되고, 끝까지 못하면 못 먹게 됩니다. 많이 나가면 밤 2개를 주게 됩니다. 게임을 빨리하고 싶다.
기분이 좋다.

9월 21일 목요일

〈생신〉

오늘은 이모할아버지 생신입니다. 선물과 편지를 안 사고 안 썼습니다. 학원 갔다 와서 피아노를 다 치고 눈높이를 하고 책 정리를 했다. 편지 쓰고 선물 사러 이모할머니와 같이 가려고 합니다. 밤 7시에 귀여운 다연이가 와서 놀고 텔레비전 보고 잠을 잘 거다. 얼른 선물을 준비해야겠다고 생각이 든다. 기분이 좋다.

9월 22일 금요일

〈속셈〉

속셈 학원에 가서 숙제하고 다 끝내고 미술 학원에 갔다 오면, 6시에 엄마 아빠께서 도착하신다고 해서 기분이 너무 좋을 것 같다. 언니들이 반지 2개를 선물해 준다고 해서 기분이 너무 좋은 것 같고 엄마 아빠가 오셔서 기분이 좋다. 즐거운 날이다.

9월 23일 토요일

〈호용이 아저씨〉

안산에서 호용이 아저씨가 왔다. 지금 왔다. 반갑게 맞아주고 내 방으로 들어가서 일기를 쓰고 금방 독후감을 다 끝냈다. 일기 쓰고 눈높이를 할 거다. 기분이 좋다.

9월 24일 일요일

〈민혜〉

민혜와 지혜가 왔다. 나는 일기를 쓰고 민혜와 지혜는 놀고 옷을 고르고 정리하고 있고, 민혜는 이상한 말을 하고, 나는 지금 문산에 가야 되어서 일기를 빨리 써서 기분이 좋다.

9월 25일 월요일

〈속셈〉

속셈 학원에 가서 숙제를 다 하고 끝나면 피아노에 갈 거다. 피아노를 다 치고 양장점에 가서 가방을 놓고 지연이네서 놀 수 있으면 놀고 아니면 집에 가서 허락받고 가야 하는데, 눈높이는 하고 가야 되는데, 책 정리 다 하고 가야겠다. 기분이 좋다.

9월 26일 화요일

〈코피〉

학교에서 여자 반장 심수경이랑 닭싸움을 하다가 코를 부딪쳐서 울 뻔하였다. 하지만 안 울었다. 부딪쳐서 숙경이가 넘어졌다. 내가 이겼는데 너무 힘들어서 졌다. 코를 만져보니 코피가 나서 아이들이 선생님한테 말하였다. 기분이 안 좋은 것도 같고 좋은 것도 같다.

9월 27일 수요일

〈미술〉

미술 학원에 가서 마저 못 그린 그림을 예쁜 색으로 색칠하였다. 시간을 보니 4시가 다 돼서 가겠다고 하고 양장점으로 갔다. 기분이 좋다.

9월 28일 목요일

〈일어나자〉

시끄러워서 6시에 일어나니 언니 학교 가는 것도 보고 이모할아버지가 계시는 것도 보았다. 오늘은 일찍 일어나서 세수하고 이빨 닦고 이모할머니는 언니 학교 데려다주러 가셨고 이모할아버지는 회사에 가시고 학교에 일찍 가려고 밥 먹고 있을 때 이모할머니가 오셨다. 다 먹고 시간을 보니 7시 33분 이어서 준비하고 나갔다. 수경이가 오는지 몰랐다. 수경이랑 같이 학교로 갔는데 여자는 안 오고 남자 4명만 와서 자습을 하였다. 기분이 좋았다.

9월 29일 금요일

〈스티커〉

수경이가 학교 끝나고 같이 걸어가다가 쉬었다. 수경이가 예쁜 스티커 2개를 주어서 일기장에다 붙이고 쓰지 않은 새 공책에 붙였다. 수경이는 집에 들어가고 나는 집으로 걸어왔다. 양장점에다 가방을 놓고 빵 먹고 속셈 학원에 갔다. 기분이 좋다.

9월 30일 토요일

〈숙제〉

숙제를 챙기고 지연이네 와서 숙제 하나를 다 하고 일기를 쓰는데 지연이가 화를 냈다. 독후감 쓰고 문방구에 가서 검은 도화지를 샀다. 기분이 안 좋다.

10월 일기

10월 1일 일요일 - 10월 31일 화요일

10월 1일 일요일
〈밥〉

10월 2일 월요일
〈오신다〉

10월 3일 화요일
〈개천절날 하루〉

10월 4일 수요일
〈감기약〉

10월 5일 목요일
〈미미 학습장〉

10월 6일 금요일
〈눈높이 수학〉

10월 7일 토요일
〈게임〉

10월 8일 일요일
〈배〉

10월 9일 월요일
〈인삼 사우나〉

10월 10일 화요일
〈안 계시다〉

10월 12일 목요일
〈엄마가 오시는 날〉

10월 13일 금요일
〈100점이다〉

10월 14일 토요일
〈대전 가자〉

10월 15일 일요일
〈대전에 있었다〉

10월 16일 월요일
〈사우르스 팡팡〉

10월 17일 화요일
〈안 계셔서〉

10월 18일 수요일
〈반장〉

10월 19일 목요일
〈눈높이 수학〉

10월 20일 금요일
〈일기상〉

10월 21일 토요일
〈놀이터〉

10월 22일 일요일
〈문산〉

10월 23일 월요일
〈목캔디〉

10월 24일 화요일
〈립클로즈〉

10월 25일 수요일
〈테이프 풍선껌〉

10월 26일 목요일
〈먹자〉

10월 27일 금요일
〈시간〉

10월 28일 토요일
〈집〉

10월 29일 일요일
〈게임〉

10월 30일 월요일
〈숙제〉

10월 31일 화요일
〈왔다〉

11월 1일 수요일

〈반장〉

오늘 나도 모르게 반장이 되었다. 기분이 좋았다. 어떻게 반장이 되었나? 궁금하다. 참 즐겁고 좋은 날이다. 임명장도 받고 반장이 되어서 기쁘다. 인사하는 게 떨리지만 자신감은 있다. 그리고 연습하고 있다. 내 꿈을 한 가지 풀었고, 또 한 가지 꿈은 열심히 해서 서울대를 가겠다. 그래서 속셈 학원을 일찍 가고 오고 뭐든지 잘하고 일찍 했다.

11월 2일 목요일

〈눈높이 수학〉

선생님께서 밤 7시에 오셔서 나눗셈을 더 잘하라고 구구단을 거꾸로 끝까지 매일 한 번 해야 된다고 하니 더 많이 힘들다. 그리고 오늘은 치과에서 치료하는 날이다. 치과에 가면 겁난다. 그런데 해보면 안 아프다. 속셈 학원에는 눈높이 수학을 하고 집에서는 매일 피아노를 쳐야 한다. 학교 선생님께 인사할 때 떨리겠다. 남자 반장이 목소리가 작다. 그리고 나도 겁이 나고 떨린다. 기분이 좋다. '자신감을 가져야겠다'라는 생각이 들었다.

11월 3일 금요일

〈연필〉

속셈 학원에서 인사하고 숙제를 하려는데 연필이 다 길지 않았다. 선생님께 깎아달라고 말하였더니 필통에 있는 연필 긴 것을 주셨다. 숙제를 하기 위해 연필을 받았다. 연필을 들고 숙제를 하려는데 알림장을 안 가지고 와서 선생님께 물어보았다. 검은 색을 쓰라고 하셔서 전화해서 물어보고 숙제를 하였다. 그리고 기분이 좋았다.

언니 2명이 와서 떡볶이, 오뎅이 먹고 싶다고 하니, 돈을 주고 오뎅, 떡볶이를 사 오라고 하셨다.

3학년

1996년

3학년이 된 보라에게 후배들이 생겼어요.

3학년 언니가 된거예요.

하루의 일을 공책 한 페이지에 꽉 채울 정도로

많은 일들이 생겼어요. 함께 읽어 볼까요?

3월 2일 토요일

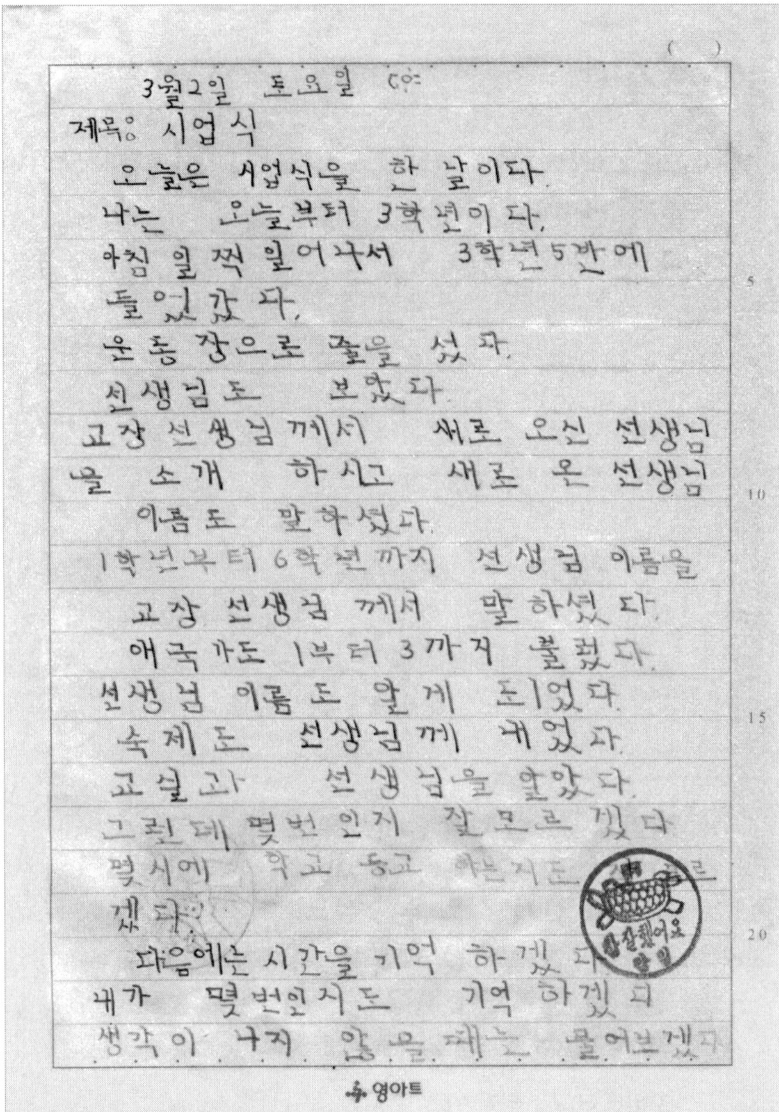
3월2일 토요일

제목: 시업식

오늘은 시업식을 한 날이다.

나는 오늘부터 3학년이다.

아침 일찍 일어나서 3학년5반에

들어갔다.

운동장으로 줄을 섰다.

선생님도 보았다.

교장 선생님께서 새로 오신 선생님

을 소개 하시고 새로 온 선생님

이름도 말하셨다.

1학년부터 6학년까지 선생님 이름을

교장 선생님 께서 말하셨다.

애국가도 1부터 3까지 불렀다.

선생님 이름도 알게 되었다.

숙제도 선생님께 내었다.

교실과 선생님을 알았다.

그런데 몇번 인지 잘 모르겠다

몇시에 학교 등교 하는지도 모르

겠다.

다음에는 시간을 기억 하겠다.

내가 몇번인지도 기억 하겠다

생각이 나지 않을 때는 물어보겠다

〈시업식〉

오늘은 시업식을 한 날이다. 나는 오늘부터 3학년이다. 아침 일찍 일어나서 3학년 5반에 들어갔다. 운동장에서 줄을 섰다. 선생님도 보았다. 교장 선생님께서 새로 오신 선생님을 소개하시고 새로 오신 선생님 이름도 말씀하셨다. 1학년부터 6학년까지 선생님 이름을 교장 선생님께서 말씀하셨다. 애국가도 1절부터 3절까지 불렀다. 선생님 이름도 알게 되었다. 숙제도 선생님께 내었다. 교실과 선생님을 알았다. 그런데 몇 번인지 잘 모르겠다. 학교에 몇 시에 등교하는지도 잘 모르겠다. 다음에는 시간을 기억하겠다. 내가 몇 번인지도 기억하겠다. 생각이 나지 않을 때는 물어보겠다.

3월 4일 월요일

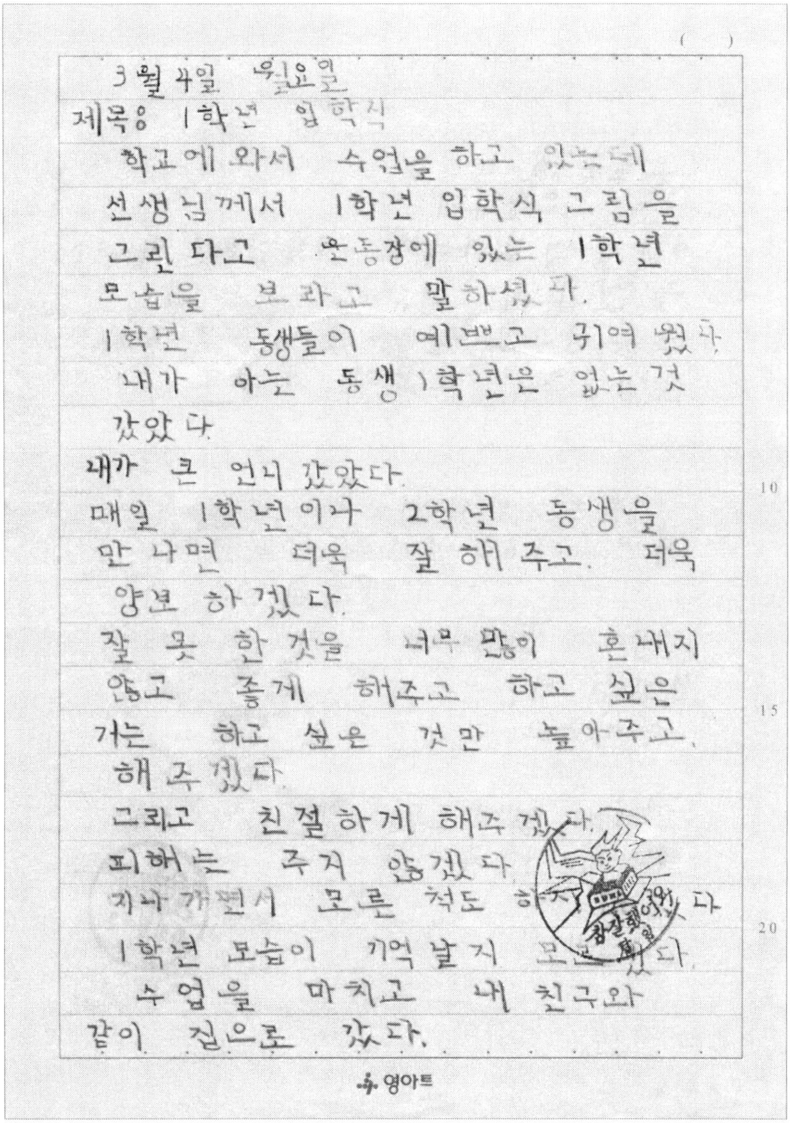

3월 4일 월요일
제목: 1학년 입학식
학교에 와서 수업을 하고 있는데
선생님께서 1학년 입학식 그림을
그린다고 운동장에 있는 1학년
모습을 보라고 말하셨다.
1학년 동생들이 예쁘고 귀여웠다.
내가 아는 동생 1학년은 없는 것
갔았다.
내가 큰 언니 갔았다.
매일 1학년이나 2학년 동생을
만나면 더욱 잘 해주고 더욱
양보 하겠다.
잘 못 한 것을 너무 많이 혼내지
않고 좋게 해주고 하고 싶은
거는 하고 싶은 것만 놀아주고.
해 주겠다.
그리고 친절하게 해주겠다.
피해는 주지 않겠다
지나가면서 모른 척도 하지 않겠다
1학년 모습이 기억날지 모르겠다.
수업을 마치고 내 친구와
같이 집으로 갔다.

〈1학년 입학식〉

학교에서 수업하고 있는데 선생님께서 1학년 입학식 그림을 그린다고 운동장에 있는 1학년 모습을 보라고 말씀하셨다. 1학년 동생들이 예쁘고 귀여웠다. 내가 아는 동생 1학년은 없는 것 같았다. 내가 큰 언니 같았다. 매일 1학년이나 2학년 동생을 만나면 더욱 잘해주고 더욱 양보하겠다. 잘못한 것을 너무 많이 혼내지 않고 좋게 해주고 하고 싶은 것은, 하고 싶은 것만 놀아주고, 해주겠다. 그리고 친절하게 해주겠다. 피해는 주지 않겠다. 지나가면서 모른 척도 하지 않겠다. 1학년 모습이 기억날지 모르겠다. 수업을 마치고 내 친구와 같이 집으로 갔다.

3월 5일 화요일

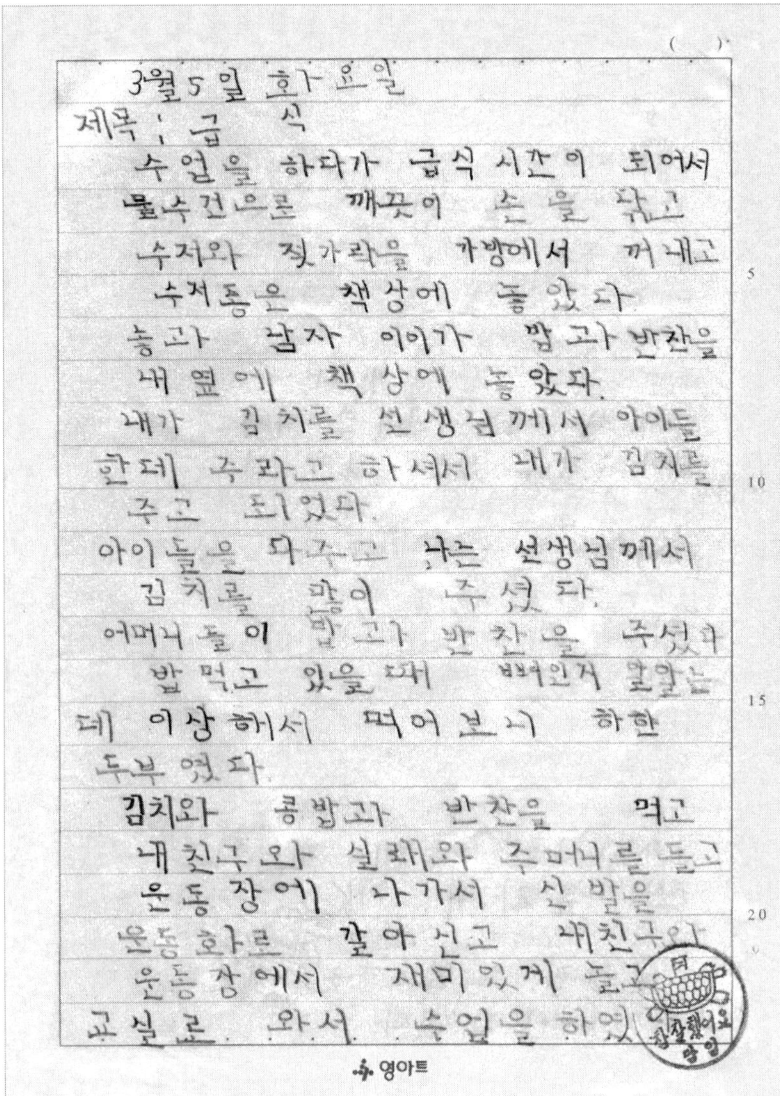

3월5일 화요일
제목 ; 급식
수업을 하다가 급식 시간이 되어서
물수건으로 깨끗이 손을 닦고
수저와 젓가락을 가방에서 꺼내고
수저통은 책상에 놓았다
놓고 남자 아이가 밥고 반찬을
내 옆에 책상에 놓았다.
내가 김치를 선생님께서 아이들
한테 주라고 하셔서 내가 김치를
주고 되었다.
아이들을 다주고 나는 선생님께서
김치를 많이 주셨다.
어머니들이 밥고 반찬을 주셨다
밥 먹고 있을때 뼈인지 알았는
데 이상해서 먹어보니 하한
두부였다.
김치와 콩밥고 반찬을 먹고
내 친구와 실래와 주머니를 들고
운동장에 나가서 신발을
운동화로 갈아신고 내친구와
운동장에서 재미있게 놀고
교실로 와서 수업을 하였

〈개학날〉

수업하다 급식 시간이 되어서 물수건으로 깨끗이 손을 닦고 수저와 젓가락을 가방에서 꺼내고 수저통은 책상에 놓았다. 놓고 남자아이가 밥과 반찬을 내 옆 책상에 놓았다. 선생님은 나 보고 아이들에게 김치를 나눠주라고 하셨다. 아이들에게 다 나눠주니 선생님이 내게 김치를 많이 주셨다. 어머니들이 밥과 반찬을 주셨다. 밥 먹고 있을 때, 뼈인지 알았는데 이상해서 먹어보니 하얀 두부였다. 김치와 콩밥과 반찬을 먹고 내 친구와 실내화 주머니를 들고 운동장에 나가서 운동화로 갈아신고 재미있게 놀고 교실로 들어와 수업하였다.

3월 6일 수요일

〈나의 다짐〉

새 학년이 되었다. 나는 내 방을 깨끗이 걸레로 닦겠다. 내 일을 내가 다 알아서 하겠다. 나는 더 일찍 일어나고 더 빨리 가겠다. 나는 말을 잘 듣겠다. 공부할 때는 공부만 하겠다. 내가 할 수 있는 일만 하겠다. 못 지킬 약속은 하지 않겠다. 내가 한 다짐은 꼭 해야 하겠다. 더 할 수 있는 다짐하겠다. 좋은 다짐을 하겠다. 좋은 다짐을 하여서 어머니 아버지를 좋게 해드리고 깜짝 놀라게 해 드려야겠다. 설거지, 집 청소 같은 것은 힘이 드니까 안 하겠다.

3월 7일 목요일

〈우리 식구 소개〉

우리 집 주소는 서울시 은평구 역촌 0동 00~00호입니다. 어머니 직업은 서울, 인천, 부천, 안양, 안산에 있는 00 백화점에서 여러 가지 물건을 파는 가게를 하고 있습니다. 어머니, 아버지는 너무 바쁘셔서 저는 이모할머니네서 살고, 서울 역촌초등학교에 다니고 있습니다. 이모할아버지는 경찰서에서 일하십니다. 이모할머니께서는 집에서 살림하십니다. 성필이 오빠는 포항에서 씩씩한 해병으로 근무하고 있습니다. 유진이 언니는 대학을 가기 위해 열심히 공부합니다.

3월 8일 금요일

〈체육 시간〉

수업이 끝나려고 할 때 운동장에 나가 놀고 있는데 선생님이 오셔서 체조하시며 따라 하라고 말씀하셨다. 그래서 아이들과 내가 따라 하였다. 내가 좋아하는 달리기를 하였다. 체육 시간은 참 즐거웠다. 체육이 끝나고 수경이 반에 가서 내 친구와 집으로 왔다. 내 친구와 집에 와서 학교 숙제를 함께 하였다. 내 친구는 자기 숙제하고 나는 수경이 집에서 숙제하였다. 내 친구와 콜라를 많이 마셨다. 그리고 숙제를 마치고 맛있는 밥과 반찬을 먹고 깨끗이 하였다. 그리고 잠을 잤다.

3월 9일 토요일

〈건강〉

우리 학교에서 선생님이 비디오를 보여주셨다. 두 개를 보여주셨다. 비디오는 골고루 먹자는 내용이었다. 건강이 얼마나 중요한 것인지 알았다. 밥과 반찬을 남기지 않고 많이많이 먹겠다. 왜 많이 먹냐면, 튼튼해지기 때문이다. 너무 많이 먹어도 안 된다. 왜냐면, 배탈이 나기 때문이다. 이제부터는 내가 조금 많이 먹겠다. 왜냐면 나는 매일 조금 먹는 성질이라서 그렇다. 너무 많이 먹으면 배가 아파서 그런다. 다음엔 조금 많이 먹겠다.

3월 11일 월요일

〈나의 자랑〉

나는 달리기를 아주 잘한다. 줄넘기도 잘한다. 연습을 안 하여서 잘 모르겠다. 못하는 것도 많다. 만들기나 접기는 소질이 없다. 미술, 피아노는 하긴 하는데 그렇게 잘하지는 않는 것 같다. 난 운동을 좋아한다. 난 왜 잘하는 게 조금일까? 정말 궁금하다. 더욱 노력해야겠다. 노력해서 더욱 잘해야겠다. 못하는 과목을 고치고 잘해야겠다. 컴퓨터를 잘 다룰 줄 안다. 그리고 스키를 고급 코스에서 탄다. 수영도 잘한다. 산에 잘 올라간다. 공놀이나 배구 같은 것을 잘한다. 나는 엽서를 많이 모으고 있다. 정리는 아주 잘 한다.

3월 12일 화요일

〈임원선거〉

학교에서 임원선거를 하였다. 나는 안 되었다. 다른 아이들이 회장, 반장, 부회장, 부반장을 하였다. 나는 김재민이가 회장을 한 게 너무나 기뻤다. 재민이는 친구니깐? 참 좋았다. 재민이가 반장을 했으면 좋은데 회장이 되었다. 반장이 안 되어서 섭섭 하지만 회장이라도 되었으니 기쁘고 축하할 일이다. 정승연은 안 되었다고 울었다. 회장, 반장, 부반장, 부회장은 아무나 하는 게 아닌가 보다. 좋고 친절하고 말 잘하는 사람만 되나 보다. 임원선거는 재미있다. 회장 반장 등을 다 하고 수업을 끝마치고 집으로 오다가 선생님을 만났다.

3월 13일 수요일

〈진단평가〉

두 번째 시간에 진단평가를 보았다. 선생님께서 아이들에게 국어 시험지를 나누어주셨다. 모르는 국어 문제는 생각하면서 한 개씩 풀면서 하였다. 국어 시험지를 다 하고 검토해 보았다. 또 검토하고 많이 검토하였다. 그리고 김재인 뒤에 있는 아이가 국어진단평가 시험지를 걷어 선생님께 드렸다. 또 선생님께서 수학 시험지를 나누어주셨다. 수학 시험지를 하고 3번 검토하였다. 뒷사람이 시험지를 걷어 선생님께 드렸다. 선생님께서 국어, 수학 시험지를 주셔서 채점하였다.

3월 14일 목요일

〈축구〉

선생님께서 운동장에 나가라고 말씀하셨다. 운동장에 나가서 친구들과 놀다가 선생님이 부르셔서 홀수는 홀수끼리 줄을 섰다. 짝수는 짝수끼리 줄을 섰다. 나는 홀수라서 홀수 줄에 섰다. 선생님께서 여자 남자 운동장 두 바퀴를 돌라고 하셨다. 힘들지만 뛰어갔다. 걸어가고도 싶었다. 하지만 참고 뛰었다. 두 바퀴를 다 뛰고 축구를 하기로 하였다. 선생님께서 나는 골대를 지키는 사람이라고 하셨다. 4명이 짝수 편 공을 막았다. 막으며 뛰어다니니 너무 힘이 들었다. 홀수는 소매를 걷고 짝수는 안 걷었다.

3월 15일 금요일

〈23회 개교기념일〉

내일이 23회 개교기념일이라서 학교에 안 간다. 토요일은 쉴 수가 있겠다. 23회 개교기념일이라서 참 좋다. 안 좋을 수도 있고 좋을 수도 있겠다. 집에 있으니 힘들게 학교까지 갔다 오지 않아도 되겠다. 23회 개교기념일이 오늘이라면 좋겠다. 그러면 토요일에 학교 가야 하니 일요일은 쉬니까? 토요일이 쉬는 것이 낳겠다. 금요일에 학교 가는 것은 취소이고 토요일로 하겠다. 얼른 내일이 오면 좋겠다. 내일은 할 일이 많아 힘이 들 것 같다. 놀러 어디를 가니 힘이 들겠다. 하지만 힘이 안 들고 재미있게 놀 수도 있고 내일 좋은 날이 될 수도 있겠다. 기분이 좋다.

3월 16일 토요일

〈어머니 오시는 날〉

오늘 아침 일찍 일어나 아침밥을 먹고 목욕탕에 갈 준비를 하고 목욕탕에 갔다. 목욕탕에 가서 샤워하고, 깨끗이 하고, 옷을 입고 밖으로 나가서 시원한 공기를 마셨다. 상쾌하였다. 집에 와서 윙크에 가려고 하였다. 이모할머니가 윙크에 가서 학 담을 예쁜 유리병을 사 주셨다. 1개를 사주셨다. 그리고 구경도 하였다. 차를 타고 언니 학원 쪽으로 데리러 갔다. 집에 오면서 김밥 파는 곳에서 김밥을 샀다. 집에 와서 이모할머니와 유진이 언니와 맛있게 김밥을 먹었다. 어머니가 1시 30분에 오셨다. 어머니와 이야기도 나누고 같이 게임도 하였다.

3월 18일 월요일

〈교장 선생님 말씀〉

신문을 하고 있는데 선생님이 교실로 들어오셔서 애국 조회하였다. 선생님께서 반장, 부반장이 나와서 지휘하라고 하여서 임원들이 지휘하였다. 애국 조회가 끝나고 임원들은 자기 자리로 들어가고 교가를 불렀다. 인사를 하였다. 교장 선생님께서 책임완수를 잘하자고 말씀하셨다. 교장 선생님 말씀이 끝나자 회장이 자기소개를 하고 나서 우리가 지켜야 할 일에 관해서 이야기하였다. 이야기하고 방송이 끝났다. 그리고 선생님과 수업을 시작하였다. 선생님께서 임원들에게 임명장을 주셨다. 수업이 끝나고 이모할머니가 오셨다.

3월 19일 화요일

〈우리 김명자 선생님〉

우리 선생님은 체육을 좋아하시고 자주 하신다. 나도 체육을 좋아한다. 체육은 힘이 든다. 하지만 재미있다. 우리 선생님 이름은 김명자 선생님이다. 선생님은 아이들에게 잘해주시고 잘 가르쳐 주셔서 좋다. 1, 2, 3학년까지 좋은 선생님을 만났다. 나는 김명자 선생님과 같이 공부도 하고 체육도 하는 것이 매우 즐겁다. 처음에는 공부와 숙제 등을 하기 싫었지만 하기 시작하면 재미있고 보람 있다. 체육을 자주, 많이 하고 싶다. 공부를 열심히 해야겠다. 그리고 숙제도 열심히 해야겠다. 그래서 선생님을 기쁘게 해드려야겠다. 더욱 선생님과 친해지고 싶다. 이제부터 열심히 해야겠다.

3월 20일 수요일

〈봄〉

봄이 오면 날씨가 아주 춥지 않고 따뜻하다. 봄이 오면 새싹과 꽃이 피어난다. 봄은 춥지도 않고 아주 덥지도 않은가 보다. 봄은 춥지 않으니 체육을 많이 할 것 같다. 왜냐하면 아주 춥지 않기 때문이다. 자세한 것은 잘 모르겠다. 봄이 오면 꽃의 향기를 맡아 볼 수 있겠다. 새싹이 나는 것을 조사하기도 하고 관찰할 수 있겠다. 향기로운 꽃을 조사하고 관찰할 수 있겠다. 봄이 오면 꽃과 나무와 새싹이 많이 자랄 것 같다. 봄이 춥기도 하고 따뜻하기도 할 것 같다. 해가 많이 비칠 것 같다. 봄에는 할 일이 많을 것 같다.

3월 21일 목요일

〈봄비〉

학교 수업 시간에 창문을 통해 밖을 보니 오빠들이 축구를 하고 있었다. 쉬는 시간에 창문을 통해 운동장을 보았다. 봄비가 왔다. 우산을 안 가지고 와서 걱정되었다. 수업이 끝나고 나가 보니 봄비가 조금씩 내렸다. 내 친구와 같이 가는데 비가 가면 갈수록 더 많이 왔다. 내 친구 안슬기가 우산을 가지고 왔는데, 예은이만 비를 안 맞게 해주고, 나는 우산을 씌워주지 않았다. 안슬기가 미웠다. 그리고 속상하였다. 안슬기는 생일 때, 친구가 하고 싶다는 것을 안 해주었다. 그때도 속상하였다. 봄비를 맞으며 집으로 와서 옷을 갈아입고 피아노 학원에 갔다

3월 22일 금요일

〈어머니와 통화〉

학교와 피아노 학원에 가면 논다. 숙제를 먼저 해야만 놀 수 있다. 과외 선생님이 오시는 날인데 집안일이 있으셔서 우리 집에 못 오신다. 그래서 학교를 갔다 오고 피아노도 갔다 오고, 학교 숙제와 과외 선생님이 내 준 숙제를 하면 내 친구 심수경과 신나게 놀 수 있다. 어머니하고 이모할머니가 전화로 말씀하시고 계셨다. 이모할머니께서 어머니와 통화를 하라! 말씀하셔서 통화를 하였다. 이모할머니께서 어머니와 중요한 말씀 있으시다고 통화를 하셨다. 통화를 마치시고 끊으셨다. 학교 숙제와 과외 선생님이 내 주신 숙제를 다 하고 준비물을 사고 내 친구 심수경을 만나서 누구 집에 갈 것인지 생각하고 재미있게 놀았다.

3월 23일 토요일

〈판화〉

선생님께서 미술 시간이라고 말씀하셨다. 선생님께서 어제 미술 준비물을 갖고 오늘 오라고 하셨다. 골판지, 도화지, 가위, 풀을 책상에 놓아두라고 말씀하셨다. 도화지에 골판지를 오려 붙였다. 예쁘고 멋있게 오려서 도화지에 많이많이 붙였다. 열심히 노력하여 도화지에 붙였다. 많이 다 붙이고 물감 같은 것으로 예쁘게 모양낸 골판지를 칠하였다. 다 칠하고 종이로 찍어 보았다. 한 개는 학교에 낼 것이고 또 한 개는 집에 가지고 가서 구경하고 볼 것이다. 잘한 것은 학교에 내고 나머지는 집에 가지고 갈 거다.

3월 25일 월요일

〈자리 바꾸기〉

선생님이 지난번 월요일에, 월요일마다 자리를 바꾼다고 말씀하셨다. 오늘은 자리를 바꾸라고 말씀 안 하셨어도 자리를 바꾸어야 해서 바꾸었다. 4분단은 1분단으로 왔다. 1분단 여자들은 1분단 오른쪽으로 오고 4분단 남자들은 1분단 왼쪽으로 왔다. 자리를 월요일마다 바꾸니 참 기분이 좋다. 내가 4분단 때는 짝꿍이 없었고 4분단 남자들이 1분단으로 왔다. 지금도 없다. 짝꿍이 없어서 좋기도 하고 짝꿍이 없어서 나쁘기도 하다. 좋기도 하고 나쁘기도 하다. 청소할 때는 혼자 하니 심심하고 빨리빨리 쓸지 못한다. 어머니들이 오실 때는 도와주니 조금 편리하다.

3월 26일 화요일

〈올림픽 축구 본선〉

우리나라가 일본과 결승전을 남겨 놓고, 아시아 최강의 축구 솜씨를 이라크와 축구 경기에서 보여주었다. 우리나라는 이제 올림픽 축구 본선 진출권을 따낸 것이다. 뉴스나 신문에서는 우리나라가 올림픽에 나가기가 어려울 것 같다고 했었다. 하지만 우리나라 축구선수들의 강한 정신력과 노력이 이렇게 기쁜 소식을 주었다. 사람들은 모두 신문을 보고 좋아서 손뼉을 치고, 남은 일본과의 축구 경기를 매우 기대하고 있다. 나는 우리나라가 열심히 해서 좋은 결과를 보면 좋겠다. 꼭 일본을 이겨서 모두가 기뻐하면 좋겠다. 우리나라 선수들이 매우 힘들 것 같다. 우리나라 축구가 최선을 다해서 기쁜 소식이 오면 좋겠다.

3월 28일 목요일

〈올림픽 축구 우승〉

어제 우리나라가 일본과 축구를 하였다. 우리나라가 1골을 넣었다. 우리나라가 화가 나서 1골을 더 넣었다. 그래서 우리나라 축구팀이 일본보다 공을 많이 넣어서 2:1로 우리나라가 축구 시합에서 이겼다. 우리나라 축구선수들이 좋아서 어쩔 줄을 몰랐다. 많은 어린이와 어른들이 응원했을 것 같은 생각이 든다. 여자 축구 할 때 나도 잘해야 하겠다. 우리나라가 일본과 싸워서 이겼다는 것에 더욱 기분이 좋았던 것 같다. 이마가 찢어져서 6바늘이나 꿰맸다고 하는 선수가 헤딩으로 1골을 넣었을 때는 기분이 좋기도 했지만 불쌍하게 보였다. 재미있는 축구였다.

3월 29일 금요일

〈착한 일〉

학교 수업이 끝나고 나서 집으로 와서 가방과 실내화 가방, 자율 학습지를 내려놓고 피아노 학원에 가서 피아노를 쳤다. 피아노를 치고 집에 와서 보니 과외선생님이 오셨다. 과외선생님 말씀을 잘 들었다. 선생님이 칭찬해 주셨다. 더욱 신이 났다. 그리고 기분이 좋았다. 선생님이 하라고 하는 것도 잘하였다. 공부를 열심히 하였다. 숙제도 열심히 하였다. 그래서 또 칭찬받았다. 뜨거운 고구마를 먹었다. 물도 마셨다. 그리고 스프도 먹었다. 그리고 선생님께 우유를 드렸다. 즐겁고 보람 있는 하루였다.

3월 30일 토요일

〈'디즈니 명작 페스티벌' 감상〉

학교에 오니 수업하고 선생님이 비디오를 보여주셨다. 주인공들은 미키, 도널드, 플루토 등이 나왔다. 주인공들이 재미있었다. 재미있는 비디오다. 볼 때 아이들이 떠들었다. 나도 아이들과 이야기도 하며 비디오를 보았다. 재미있는 비디오를 열심히 보았더니 비디오가 끝나고 나서 아무 생각이 안 났다. 그중에서 주인공 도널드가 하는 것이 가장 재미있었다. 비디오를 다 보고 선생님께서 영어 비디오를 보여주셨다. 조금 많이 보고 수업이 끝나서 내 친구 수경이와 수경이 집에 가서 많이많이 놀았다. 기분이 좋았다.

4월 1일 월요일

〈영어 공부〉

영어 공부는 참 재미있다. 왜냐면 어려운 것을 외우면 재미있고 어렵지 않게 되니 신난다. 구슬 찾기 같은 재미있는 놀이도 하며 논다. 재미없는 놀이 같아도 해보면 재미있다. 자꾸만 하다 보면 빨리 외울 수 있고 쉽기도 하다. 모르는 것을 자꾸 하면 재미있다. 쓰는 것도 어렵게 보이지만 하면 신이 나고 재미있다. 신기하고 재미있고 신나는 영어다. 왜냐면 배우면 배울수록 신이 나기 때문이다. 여러 가지 영어가 있다. 내가 쓰기에 어렵지 않고 쉬운 영어들이 많다. 어려운 영어를 자꾸자꾸 쓰고 외우면 나도 좋고 영어를 잘 말할 수 있기 때문이다.

4월 2일 화요일

〈받아쓰기〉

오늘 학교에서 받아쓰기하였다. 받아쓰기한 것을 선생님께 드렸다. 몇 점일까? 궁금하였다. 70점이나 40점인 줄 알았다. 받아쓰기를 확인해 보니 90점이었다. 100점은 안 되었지만 90점이니 기뻤다. 많이많이 틀린 줄 알았다. 다음에는 100점을 맞아야겠다. 100점을 맞으려면 노력해야 한다. 미리 복습하고 검토하면 100점을 맞기 쉽다. 미리 해보면 하기 쉽다. 왜냐하면 복습하면 머리가 더 좋아지고 잘 알기 쉽고 틀리지 않기 때문이다. 받아쓰기 50점은 맞지 않아서 참 다행이다.

4월 3일 수요일

〈문방구〉

알림장에 학교 준비물이 쓰여 있었다. 집에는 알림장에 쓰여 있는 준비물이 없다. 문방구에 가려고 돈을 준비해서 지갑에 넣었다. 밖에 나갈 준비를 하고 나가 문방구 앞 찻길을 건너 호돌이 문방구에 갔다. 학교 준비물 마분지, 공책을 돈을 내고 샀다. 학교 준비물 중에 풀이 있었는데 집에 있어서 사지 않았다. 문방구 아저씨 보고 16칸 공책을 달라고 하였는데 20칸짜리 공책을 주셨다. 내가 가서 16칸 공책을 달라고 크게 말하니 16칸 공책을 1권 주셨다. 돈을 문방구 아저씨한테 냈다. 마분지와 16칸 공책을 들고 집으로 왔다.

4월 4일 목요일

〈체육〉

오늘이 합체라서 체육을 하는 날이다. 가방을 내려놓고 줄을 섰다. 국민체조를 하였다. 국민체조와 체육이 끝나고 가방을 메고 집으로 가려고 줄을 섰다. 나는 친구를 기다려야 하니까 줄을 서지 못하였다. 다음에는 꼭 줄을 서야겠다. 바람이 많이 불었다. 운동장에서 수경이를 기다렸다. 수경이 반이 끝날 동안 놀이기구에서 재미있게 놀았다. 오빠들이 놀이기구에 와서 많이 놀지 못하였다. 수경이가 가방을 메고 나와 집으로 갔다. 수경이는 친구와 놀고 나는 따돌림을 받았다. 체육은 좋았는데 따돌림을 받아 기분이 좋지 않았다.

4월 5일 금요일

〈나쁜 참새들〉

목욕탕을 갔다. 집에 와서 밥을 먹었다. 밥을 다 먹고 게임을 하였다. 여러 가지 게임을 하였다. 창문으로 밖을 보았다. 참새들이 가족 모두가 아끼는 단풍 나뭇잎을 먹고 있었다. 내가 밖에 나가서 참새가 단풍 나뭇잎을 못 먹게 해주었다. 이모할아버지가 나오셔서 새끼 단풍나무를 온실로 옮겨 주셨다. 그래서 참새들이 단풍잎을 못 먹고 떨어져 있는 것을 먹었다. 다른 단풍잎이 있는데 왜 아끼는 단풍잎을 먹을까? 참 궁금하다. 새끼 단풍나무가 참 불쌍하다. 참새들이 좋은 줄 알았는데 참 나쁘다. 다음에는 참새들에게 놀라게 하지 않겠다.

4월 일기

4월 6일 토요일 - 4월 30일 화요일

4월 6일 토요일
〈과학책을 읽고〉

4월 8일 월요일
〈올챙이〉

4월 9일 화요일
〈도서실〉

4월 10일 수요일
〈국회의원 선거〉

4월 11일 목요일
〈친구 지연이〉

4월 12일 금요일
〈내 생일〉

4월 13일 토요일
〈문산〉

4월 15일 월요일
〈소풍 민속촌〉

4월 16일 화요일
〈정리〉

4월 17일 수요일
〈개구리 비디오〉

4월 18일 목요일
〈체력검사〉

4월 19일 금요일
〈양파〉

4월 20일 토요일
〈성필이 오빠〉

4월 22일 월요일
〈훈화〉

4월 23일 화요일
〈신한은행〉

4월 24일 수요일
〈눈높이 수학〉

4월 25일 목요일
〈4월호 문제집〉

4월 26일 금요일
〈풀〉

4월 27일 토요일
〈훈화〉

4월 29일 월요일
〈새 공책〉

4월 30일 화요일
〈올챙이〉

5월 1일 수요일

<오징어>

내가 피아노학원을 갔다 오자마자 이모할머니께서 맛있는 인절미를 주셨다. 설탕도 있었다. 참 맛있었다. 맛있는 인절미를 다 먹고 배가 불렀다. 오징어 냄새가 나서 이모할머니 보고 오징어가 있냐고 물어보았다. 이모할머니께서 오징어가 1개 있다고 말씀하셨다. 나는 오징어가 많은 줄 알았는데… 하지만 오징어가 1개 있어서 없는 것보다 나았다. 오징어나 인절미가 없었다면 맛있는 것을 먹지 못했을 것이다. 오징어와 인절미를 다 먹고 방울토마토를 먹었다. 참 맛이 있었다. 방울토마토는 귀엽다. 큰 토마토는 귀엽지 않다. 귀여운 방울토마토가 좋다. 그런데 큰 토마토는 방울토마토보다 커 양이 많아서 좋다. 양이 많은 토마토는 많이 먹을 수 있어서 좋다.

5월 2일 목요일

<영어>

난 영어가 싫다. 왜 싫냐면 못하기 때문이다. 좋기는 좋은데 자꾸자꾸 까먹기 때문에 싫다. 왜 자꾸 까먹을까? 참 궁금하다. 난 영어를 많이 알고 싶다. 하지만 잘 안된다. 왜 영어는 어려울까? 궁금하다. 다음부터는 영어 연습을 많이 하겠다. 내가 영어를 잘하고 잘 쓰면 좋겠는데. 연습하면 잘 될 텐데. 그리고 나는 영어에 자신이 없다. 꼭 못할 것 같다. 자신감 갖고 해보겠다. 나도 정승연처럼 영어를 잘하고 싶다. 어떨 때는 아이들이 영어를 잘한다고 생각한다. 영어는 어렵지만 재미있기도 하다. 영어는 별로 어렵지 않다. 우리 집에 오는 선생님은 초등학교 때 영어시험을 보지 않으셨다고 하신다. 참 좋겠다고 생각한다.

5월 3일 금요일

<피아노 파티>

피아노학원에서 오늘 파티를 하기로 한 날이다. 피아노를 빨리 치고 만화책도 보았다. 재미있고 신났다. 맛있는 떡볶이도 먹었다. 참 맛있었다. 물도 마셨다. 유진이 언니는 집에 없어서 떡볶이를 못 먹었다. 피아노가 끝나고 선생님께서 맛있고 달콤한 초콜릿을 주셨다. 초콜릿을 먹었다. 초콜릿 이름은 가나 밀크 초콜릿이다. 소비자 가격은 1,000원이다. 나는 피아노 선생님이 좋다. 왜 선물을 오늘 주실까? 떡볶이 먹을 때는 선물을 더 많이 주셨는데? 선생님이 바쁘셔서 그런가 보다. 선물을 주시면 좋은데? 떡볶이 파티는 어쩌다 1번 하고 선물도 주신다. 선물을 안 주실 때도 많이 있다. 선물을 사려면 돈이 많이 들기 때문에 사지 않는 것이 났다. 즐거운 하루다.

5월 4일 토요일

〈표창장〉

학교에 왔다. 정상수업을 하는 줄 알았는데 정상수업은 안 하였다. 선생님께서 비디오를 보여주셨다. 제목은 드래곤볼이다. 여러 비디오가 있는데 왜 드래곤볼을 보여주셨을까? 참 궁금하다. 선생님께서 저에게 표창장을 주셨다. 다른 아이들도 주셨다. 표창장을 받으니 신이 나고 기분이 좋았다. 선생님께서 아이들에게 공책과 메모지, 칼, 초콜릿, 자, 지우개, 사탕, 빵, 음료수, 요구르트를 주셨다. 우유도 마셨다. 우유를 안 먹는 아이들이 많았다. 상도 많이 받겠다. 그리고 열심히 노력하겠다. 오늘은 선물도 받고 상도 받고 참 즐겁고 신나는 날이다. 수업이 끝나고 친구와 집으로 와서 밥을 먹고 놀았다. 이모할머니께서 상을 받았다고 칭찬해 주셨다. 내 친구도 표창장을 받았다.

5월 5일 일요일

〈어린이날 어머니의 선물〉

오늘은 어린이날이다. 일찍 새벽에 일어나서 거북탕을 갔다. 거북탕을 갔다 오니 어머니와 아버지가 오셨다. 오셔서 기쁘고 기분이 좋았다. 어머니와 아버지께서 나에게 선물을 주셨다. 어머니, 아버지께서 내 표창장을 보셨고 나는 집에 가지고 가라고 말하였다. 어머니, 아버지가 가셔서 인사를 하였다. 민혜가 와서 먹기도 하고 선생님 놀이도 하고 은행 놀이도 하고 한 칸 뛰기도 하고 경찰 놀이하였다. 그중에서 은행 놀이가 제일 재미있고 신나고 기분이 좋았다. 민혜는 아버지가 불러 집에 갔다가 놀려고 다시 왔다. 그런데 민혜는 엄마 따라 놀러 가서 많이 못 놀았다. 나는 민혜에게 상도 주고 선물도 주었다. 그리고 책도 읽어주면서 재미있게 놀았다.

5월 6일 월요일

〈훈화〉

교장 선생님께서 예절 바른 생활을 하자고 말씀하셨다. 그 밖에도 여러 가지를 말씀하셨다. 교장 선생님 말씀은 매일 꼭! 지키겠다. 그리고 명심하겠다. 교장 선생님 말씀이 끝나고 애국 조회하였다. 애국 조회가 끝난 후 아침 자습을 마저 하였다. 학교 수업이 끝나고 청소하였다. 청소가 끝나고 집으로 왔는데 아무도 없었다. 양장점에 가서 가방과 실내화 주머니를 놓고 내 친구 집에 가서 놀다가 3시 30분이 되어서 피아노학원에 갔다. 내 친구 지연이는 나와 같은 길이라 같이 갔다. 피아노학원에 도착하였는데 내가 천천히 가지 않아서 강아지한테 물릴 뻔하였다. 다행히도 물리지 않았다. 깜짝 놀랐다. 다음에는 아주 천천히 가고 빨리 가지 않겠다. 물리지 않게 주의하겠다.

5월 7일 화요일

〈문산에 가고 싶어라!〉

문산에 가기로 하였다. 12시에 집으로 온다. 12시에 오면 늦는다. 그리고 힘이 든다. 그러니 못 간다. 가고 싶은데… 가고 싶어도 언니와 있기로 했다. 문산에 전화할 때, 보고하려고 전화번호를 적었다. 전화해서 이모할머니와 통화를 하였지만 보고 싶다. 무엇을 하고 계실까? 아마 제사를 지내고 계실 거다. 그래도 궁금하다. 문산에서 이모할아버지, 이모할머니가 아주 빨리 오시면 좋겠다. 왜 빨리 안 오실까? 제사가 늦게 끝나나 보다. 전화 좀 해 주시지. 내가 전화해야 한다. 내가 전화를 안 하면 통화 못 한다. 어쩌면 이모할머니께서 나한테 전화할지도 모른다. 바쁘신가 보다. 바쁘시지 않으면 전화 하실텐데….

5월 8일 수요일

〈어버이날 선물〉

오늘은 어버이날이다. 부모님들이 기쁘고 좋아하는 날이다. 내가 어제 사 온 선물을 이모할머니께 드렸다. 너무 기뻐하셨다. 이모할머니 선물은 매니큐어이다. 이모할아버지 선물은 로션이다. 어머니 선물은 스킨이고, 아버지와 할아버지 선물은 하얀 양말이다. 이모할아버지도 기뻐하셨다. 어머니, 아버지, 할아버지께서도 아마 기뻐하실 거라고 생각한다. 어머니, 아버지와 할아버지 선물과 카네이션과 편지는 소포로 부칠 거다. 오늘은 부모님을 기쁘게 해드리는 날이다. 어른들이 아마 오늘은 즐겁게 보내실 거라고 생각한다. 기분이 좋다.

5월 9일 목요일

〈책〉

모르고 피아노 책을 안 가져왔다. 집에 가려고 했더니 집에는 아무도 없다. 그래서 선생님께 혼났다. 선생님이 다른 아이 피아노 책을 보고 하라고 말씀하셨다. 음악 공부를 하는 줄 알았는데… 음악 공부는 안 하였다. 그리고 피아노 책을 보고 피아노를 쳤다. 내가 두희라는 아이보다 늦게 쳤는데… 내가 열심히 치고 빨리 쳐서 두희라는 아이보다 더 빨리 끝났다. 그래서 기분이 좋았다. 두희라는 아이를 내가 기다려 주었다. 인현과 두희와 술래잡기, '무궁화꽃이 피었습니다' 잡기 놀이하였다. 두희는 1학년이다. 내 말을 잘 듣는다. 하지만 장난을 잘 친다. 두희는 다 놀고 갔다.

5월 10일 금요일

〈아~ 아파라〉

친구들과 학교 운동장에서 놀다가 부딪쳤다. 너무나 아팠다. 이빨 한 개가 흔들렸다. 그리고 입술 속이 붓고 살이 갈라졌다. 무릎은 까지고 피가 났다. 너무나 아팠지만 꾹! 참았다. 다음부터는 주의하겠다. 그리고 노는 생각만 하지 않겠다. 왜 내가 모르고 부딪쳤을까? 주의할걸! 노는데 정신이 팔려서 그런다. 양호실에 가려고 하다가 가지 않았다. 집에 가서 약을 바르고 쉬었다. 이 정도 아픈 것은 참을 수 있다. 다행히도 내가 빼려고 하는 이가 부딪쳐서 더 많이 흔들리게 되었다. 이빨이 흔들리는 것은 좋은데 다친 것은 아파서 싫다. 그리고 아프니 기분이 안 좋다. 꾹! 주의하여야겠다.

5월 11일 토요일

〈올챙이가 아니고?〉

올챙이 한 마리는 뒷다리만 나왔다. 뒷다리만 나온 올챙이는 밥을 잘 먹지 않는다. 그래서 조그맣고 크지 않다. 또 한 마리는 뒷다리가 나오고 앞다리도 나왔다. 한 마리는 개구리다. 꼬리가 짧아지고 있다. 알에서 올챙이가 되고 올챙이가 개구리로 변하는 모습이 참 신기하다. 그리고 재미있다. 개구리가 되려면 정말 힘들겠다. 한 마리라도 빨리 개구리가 되면 좋겠다. 언제 앞다리가 나올까? 참 궁금하다. 개구리가 된 한 마리는 다른 병으로 바꾸어 주어야겠다. 한 마리가 빨리 개구리가 되도록 물을 자주자주 갈아 주어야지!

5월 13일 월요일

〈엄마와 매일 전화 통화〉

오늘은 전화 통화를 많이 하였다. 숙제를 다 하고 통화할걸! 꾹! 숙제를 다 하고 통화를 하겠다. 숙제할 때는 숙제를 빨리하고, 전화 통화할 때는 전화 통화를 하겠다. 난 왜 전화 통화를 많이 할까? 참 궁금하다. 다음부터는 전화 통화를 조금만 하겠다. 그리고 필요 없는 이야기는 하지 않도록 노력해야겠다고 생각했다. 중요한 이야기만 하겠다. 왜냐면 돈이 많이 나오기 때문이다. 그리고 필요 없는 이야기를 하면 시간이 아주 빨리 간다. 내가 엄마와 10시간 동안 통화하고 더 많이 통화한 날들이 여러 번 있다. 아침 학교 갈 때만 10분 통화한다. 다음에는 간단하게 통화해야지!

5월 14일 화요일

〈어항〉

개구리가 되어서 어항으로 바꾸어 주었다. 어항이 넓고 크다. 조그만 병보다 커서 좋고 개구리와 올챙이가 있기에 좋은 곳이라고 생각한다. 개구리가 올챙이였을 때는 올챙이와 친구였는데 밥을 잘 먹어서 빨리 개구리가 되었다. 개구리가 너무나 조그마하다. 돌에 있으면 눈에 잘 보이지 않는다. 그래서 못 찾을 때도 있었다. 언니가 가르쳐주어서 알게 되었다. 올챙이가 얼른 개구리가 되면 좋겠다. 정말 신기하다. 그리고 헤엄치는 모습이 귀엽고 재미있다. 관찰을 더 해 봐야겠다. 기분이 좋다.

5월 16일 목요일

〈중간고사〉

학교에서 중간고사를 보았다. 4과목을 보았다. 옆 사람이 안 보이게 가림판으로 가리고 선생님께서 시험지를 아이들에게 주셨다. 시험지 1장을 풀고 선생님께서 또 시험지 3장을 주셨다. 또 풀었다. 시험지를 나중에 채점하였다. 자연 시험지가 많이 틀린 것 같다. 몇 점을 맞을까? 참 궁금하다. 다음부터는 더욱 열심히 하고 노력하여서 점수는 몰라도 점수를 올리겠다. 중간고사를 잘 보았을까? 궁금하다. 몇 점인가? 시험지를 빨리 보면 좋겠다. 4과목을 다 보고 알림장을 쓰고 정리하고 급식을 먹었다. 급식을 먹고 집에 왔다. 집에 와서 두희라는 아이랑 놀았다. 인형 놀이도 하면서 즐겁게 놀았다. 기분이 좋다.

5월 17일 금요일

〈눈높이 수학〉

난 수요일마다 눈높이 수학을 한다. 하루에 5장씩 한다. 눈높이 수학은 재미있고 쉽다. 더욱 열심히 해야겠다. 시험도 본다. 어떤 때는 캔디를 준다. 그리고 책을 줄 때도 있다. 눈높이는 먹을 것이나 선물을 준다. 눈높이에서는 20주년을 맞으면 선생님께서 종이를 주시면 거기 쓰여 있는 것 중에 1가지를 고르면 오래 지나서 준다. 100점을 맞을 때는 기분이 좋고 신이 난다. 틀리면 화가 나고 더욱 잘해야지 하는 생각이 들고 기분이 안 좋다. 그리고 시간은 2분까지이다. 시험지에 이름, 날짜를 적는다. 선생님께서 채점하신 후 시간과 채점을 써 주신다. 그 이름을 쓴 종이는 선생님께서 주신다. 시험지는 선생님이 가지고 가신다.

5월 18일 토요일

<송아의 생일>

오늘은 송아의 생일이다. 송아와 아동 대기실에서 만나서 송아와 아이들이랑 아이스크림과 껌을 사 먹었다. 아이들이랑 다 모여서 도널드 햄버거집에 갔다. 사람들이 많았다. 사람들이 조금 가고 자리에 앉았다. 햄버거, 아이스크림, 감자, 콜라, 옥수수, 치킨을 먹었다. 그리고 그 자리에서 생일잔치를 하였다. 그리고 송아에게 선물을 주었다. 송아 아버지께서 돈을 내시고 사진도 찍어 주셨다. 생일파티가 끝난 후, 남자아이들은 가고 여자아이들끼리만 송아 집으로 가서 놀았다. 이승렬이 자꾸 따라왔다. 문을 안 열어 주다가 할 수 없이 열어 주었다. 이승렬이 가고 여자들끼리 재미있게 놀았다. 송아는 내가 집으로 가려니깐 선물을 주었다. 선물을 가지고 집으로 왔다. 참 재미있었다.

5월 20일 월요일

<훈화>

'자기의 소질을 찾아 열심히 하자'라고 교장 선생님께서 말씀하셨다. 교장 선생님 말씀이 끝나자마자 아침 자습하고 선생님 오시기 전에 자리를 바꾸었다. 옆으로 한 칸이 갔기 때문에 짝꿍이 바뀌었다. 교장 선생님 말씀을 종이에 적을걸! 왜 안 적었지? 참 궁금하다. 다음부터는 꼭! 연습장에 적어야지. 교장 선생님 말씀을 꼭 지키고 잘 알아두겠다. 훈화를 적지 않으니 잘 모르겠다. 그리고 생각이 나지 않는다. 어떻게 하면 생각이 나지? 참 궁금하다. 교장 선생님께서 말씀하셨는데, 공부하고 학교가 끝났다. 기분이 좋기도 하고 별로 이기도 하다.

5월 21일 화요일

<지우개를 찾아라>

숙제하다가 글씨가 틀려서 지우개를 찾아보았다. 책상에는 지우개가 없었다. 주변을 두리번거렸다. 필통에 있을 텐데… 어디에 있지? 내가 어디에 놓았더라? 잘 찾아봐야지. 지우개가 없다고 생각하고 정리하였다. 그런데 인형 상자 위에 있는 게 아니겠어요. 찾는 건 헛수고였네! 에이, 빨리 찾을걸. 왜 못 찾았을까? 궁금하다. 바로 옆에, 옆에, 옆에 있는데… 다음에는 내 앞에 물건들이 잘 보이는 데 놓아야겠다. 그 지우개로 틀린 글자를 깨끗이 지웠다. 지우개를 잃어버렸을 때는 기분이 안 좋았는데 지금은 좋다.

5월 22일 수요일

〈열무 씨〉

오늘 집에서 까만 봉투에 열무 씨 심은 것을 넣었다. 실내화와 열무 씨 심은 것을 들고 학교에 갔다. 열무 씨는 맨 뒤에 갖다 놓았다. 그리고 선생님께 열무 씨를 가지고 왔다고 말하였다. 선생님께서 열무 씨에 물을 주셨다. 열무가 잘 자랄 것 같다고 생각한다. 아마도 잘 자라겠지! 잘 자라주면 좋겠는데… 열무가 예쁘고 귀여웠다. 그런데 솜으로 깔지 않았다. 그냥 휴지로 깔았다. 집에 있을 때는 휴지가 가운데 있었는데, 학교에 와 보니 가운데 있지 않았다. 집에서 학교 오는 길에 그랬나 보다. 조심 할 걸! 다음에 심은 열무를 학교에 가지고 갈 때는 조심해서 오겠다. 그리고 봉투나 화분에서 물이 흐르지 않게 조심스럽게 하겠다. 나는 강낭콩보다 열무 씨가 좋다. 왜냐면 열무 씨는 작기 때문이다. 강낭콩은 크기 때문에 싫다. 기분이 좋다.

5월 23일 목요일

〈지연이〉

운동장에서 지연이를 만나 우리 집으로 왔다. 집에 도착해서 가방을 내려놓고 지연이와 컴퓨터를 하였다. 그리고 물도 마셨다. 꽈배기도 먹었다. 언니, 이모할머니, 지연이에게 아이스크림을 컵에 담아 주었다. 나도 먹었다. 참 맛있었고 차가웠다. 차가우니까 시원해서 좋았다. 아이스크림이 별로 없다. 내가 아이스크림을 제일 많이 준 사람은 바로 이모할머니이다. 두 번째는 언니와 지연이다. 세 번째는 바로 나이다. 다 먹고 또 컴퓨터 게임을 하였다. 참 재미있어서 좋다. 혼자 있으면 심심한데 게임을 하면 심심하지 않다. 그리고 게임기에는 여러 가지 게임이 있어서 지루하지 않다. 그리고 즐겁다. 게임기가 있는 게 낫다고 생각한다. 지연이는 속셈학원에 갔고 나는 피아노학원으로 갔다. 지연이와 조금 더 놀 수 있는데 지연이가 가야 한다고 빨리 갔다.

5월 24일 금요일

〈부처님 오신 날〉

오늘은 부처님이 태어나신 날이다. 그래서 문산으로 가기로 하였다. 문산에 와서 이모할머니, 이모할아버지와 수국사로 갔다. 수국사에 와서 메주를 한 개씩 넘기며 소원을 빌었다.

절을 하고 점심밥을 먹고 카네이션을 받았다. 우리는 식당에 가서 이모할머니를 기다렸다. 왜냐면 이모할머니께서 차를 타고 통일로로 가셨기 때문이다. 나는 멀미가 나서 가지 않았다. 가고는 싶었는데··· 왜 멀미가 날까? 참 궁금하다. 아이스크림을 사 먹었다. 차에서 오징어를 먹으면서 우리 집으로 왔다. 먹은 밥이 참 맛있었다. 절에서 놀기도 하였다. 절을 많이 할걸. 왜 절을 안 했지? 참 궁금하다. 자주자주 절을 가야지. 난 어렸을 때부터 하나님을 믿었다. 이제는 아니다. 부처님을 믿는다. 이모할머니께서 부처님을 믿으시니 나도 부처님을 믿게 되었다. 난 부처님이 좋다.

5월 25일 토요일

〈산에서 배드민턴〉

이모할머니와 친구 수경이와 산에 올라가서 시원한 공기를 마셨다. 산에 올라가서 수경이와 배드민턴을 쳤다. 참 재미있었다. 계속 배드민턴을 이모할머니와 치기도 하였다. 수경이는 처음 왔지만 잘하였다. 조금만 연습하면 잘하였을 텐데. 옆에 있던 아저씨들이 배드민턴을 치셨다. 정말 빠르고 아주 잘하신다. 다음에는 또 와서 배드민턴을 치지 않고 운동을 열심히 하겠다. 이제부터 산에 자주자주 가겠다. 빨리 가겠다. 산을 내려오면서 꽃을 보았다. 냄새가 아주 향기롭다. 음료수도 사 먹었다. 그리고 우리 집으로 와서 농심가로 갔다. 농심가에서 필요한 음식이나 먹을 것을 샀다. 수경이는 가고 나는 이모할머니와 우리 집으로 왔다. 기분이 좋다.

5월 26일 일요일

〈말썽꾸러기 두희〉

오늘 심심해서 친구랑 놀려고 밖으로 나갈 때 두희가 왔다. 두희는 1학년이다. 똑똑한데 말썽이 너무 심하다. 그래서 난 두희가 싫다. 두희와 게임기로 게임하고 컴퓨터 게임도 하고 인형 놀이도 하고 잡기 놀이도 하였다. 두희와 색칠 공부하였다. 내가 1학년 때 1–9반이었다. 두희는 지금 1–9반이다. 그래서 내가 선배다. 두희는 후배다. 두희는 왜 말썽을 부릴까? 참 궁금하다. 두희가 내 말을 잘 들으면 참 좋겠다. 두희는 내 말을 잘 듣지 않는다. 두희는 대문도 닫지 않고 그냥 간다. 인사도 안 한다. 그래서 식구들이 두희를 싫어한다. 두희는 혼날 짓만 해서 혼난다. 두희는 왜 그럴까? 두희가 말썽을 부리지 않으면 좋겠다. 그리고 말을 잘 들으면 좋겠다.

5월 27일 월요일

〈새우깡 과자〉

내가 이모할머니께 언니 데리러 갈 때, 아이스크림이 있으면 사 오시라고 말하였다. 이모할머니께서 못 사 오셨다. 그 대신 맛이 있는 과자를 사 오셨다. 과자의 이름은 새우깡이다. 참 맛있다. 아이스크림은 못 먹었지만 맛있는 새우깡 과자를 먹었다. 아이스크림을 못 먹었다고 섭섭하지는 않다. 아이스크림은 차가워서 싫지만 맛있다. 아이스크림은 녹지만 과자는 녹지 않는다. 그래서 과자가 좋다. 과자만 사서 집에 과자만 있다. 아이스크림을 사려고 하였다. 그런데 녹을 것 같아 이모할머니께서 사지 않으셨다. 살 수는 있었는데… 사지 않기를 잘하였다. 아이스크림은 빨리 먹는다. 그래서 싫다.

5월 28일 화요일

〈피구〉

오늘 오래간만에 피구를 하였다. 남자 부회장이 공으로 나를 때려 내가 밖으로 나가게 되었다. 첫 번째에서는 짝수 팀이 이겼다. 두 번째에서는 우리 홀수 팀이 이겼다. 그래서 홀수, 짝수가 1:1이다. 홀수가 이길 수 있었는데… 피구는 우리 홀수 팀이 잘 못한다. 하지만 축구는 홀수 팀이 잘한다. 우리 팀도 노력만 하면 피구를 잘할 수 있는데… 더욱 노력하겠다. 피구가 끝나고 교실에 들어가서 공부하였다. 급식을 먹고 나서 운동장에서 아이들과 놀았다. 아이들 하고 재미있게 어른 놀이를 하면서 놀았다. 집에 와서 수박을 먹었다. 그리고 오징어도 먹었다. 이모할머니 친구분 집에 가서 수박을 먹고 우유를 먹고 설탕을 먹었다. 그리고 나는 피아노학원에 가서 피아노를 치고 이모할머니 친구분 집에 가서 이모할머니와 집으로 왔다.

5월 29일 수요일

〈강아지〉

마당에 언니와 같이 옆집에 있는 강아지를 보려고 찾아보았다. 강아지는 없었다. 방울 소리가 나서 보니 거기에 강아지가 있었다. 난 강아지를 좋아한다. 그런데 짖는 소리는 듣기가 싫다. 왜냐면 시끄럽기 때문이다. 옆집에 있는 개는 작고 귀엽다. 내가 보지 않는 사이에 많이 컸다. 그 개의 종류는 똥개인 것 같다. 못생겼지만 귀엽다. 옆집 개는 귀를 올렸다가 자꾸 내린다. 비정상인가 보다. 옆집 개는 사람들을 아무나 좋아하는 것 같다. 그리고 난 개가 물 때가 제일 싫다. 왜냐면 아프기 때문이다. 난 아픈 것을 싫어한다. 강아지를 다 보고 집 안으로 들어왔다. 들어와서 숙제하였다. 과외선생님이 오셨다. 과외를 마치고 가실 때 눈높이 선생님이 오셨다. 시험을 보고 선생님과 눈높이를 하였다. 오늘은 기분이 좋다.

5월 30일 목요일

〈달리기〉

학교 수업이 끝나고 이어달리기하였다. 내가 맨 나중이었다. 아이들이 달리기를 잘하였다. 나도 잘 달렸다. 내가 아이들보다 먼저 뛰어서 이겼다. 우리 반이 1등인데 이은주가 달리지 않았다. 우리 반이 1등을 하니 기분이 좋았다. 은주는 왜 달리지 않았을까? 참 궁금하다. 오늘 1등을 했으니 다음에도 꼭! 1등을 하겠다. 난 달리기가 재미있다. 1등을 하면 기분이 아주 좋고 신이 난다. 꼴찌를 하면 기분이 나쁘고 속이 상하다. 자주자주 달리기를 학교에서 하면 좋겠다. 느리게 가다가 결승점에서 아주 빨리 달리는 아이가 있고, 늦게 달리는 아이도 있다. 결승점에서는 빨리 달려야 한다. 결승점은 빨리 달리는 사람이 1등이 된다. 다음부터는 달리기 연습을 많이 하겠다. 학교 운동장처럼 길이 크면 달리기 연습하기 쉬운데… 기분이 좋다.

5월 31일 금요일

〈아빠 사랑〉

우리 아빠는 운동을 잘하십니다. 그리고 몸이 튼튼하십니다. 운동 중 제일 잘하시는 운동은 달리기입니다. 운동을 열심히 하십니다. 회사도 열심히 다니십니다. 그리고 열심히 회사에서 일하십니다. 여행도 다니시고 자주 산에 가서 약수를 떠 오십니다. 그리고 요리도 자주자주 해 주시고, 자주 옛날이야기를 해 주시고, 여행 간 이야기도 자주 말해 주십니다. 내가 어렸을 때의 이야기도 해 주시고, 어릴 때 사진도 많이 보여주시며 이야기해 주셨습니다. 바쁘셔도 어렸을 때 자주 놀아주셨습니다. 우리 아빠는 모르는 숙제도 잘 가르쳐주셨습니다. 내가 화를 내면 잘 달래주셨습니다. 아빠는 저를 잘 보살펴 주셨습니다. 그리고 잘 키워주셨습니다. 그래서 나는 아빠가 좋습니다. 커서 아빠한테 잘해드리겠습니다. 기분이 좋습니다.

6월 일기

6월 1일 토요일 - 6월 29일 토요일

6월 1일 토요일
〈놀까? 말까?〉

6월 3일 월요일
〈훈화〉

6월 4일 화요일
〈맛있는 치킨〉

6월 5일 수요일
〈만들기〉

6월 6일 목요일
〈현충일〉

6월 7일 금요일
〈우산, 문산〉

6월 8일 토요일
〈엄마가 왔어요!〉

6월 10일 월요일
〈훈화〉

6월 11일 화요일
〈피구 시합〉

6월 12일 수요일
〈엄마와매일긴전화통화〉

6월 13일 목요일
〈놀기〉

6월 14일 금요일
〈과외 선생님 안 오시네!〉

6월 15일 토요일
〈시장조사 못했어!〉

6월 17일 월요일
〈훈화〉

6월 18일 화요일
〈옥수수와 아이스크림〉

6월 20일 목요일
〈기말고사〉

6월 21일 금요일
〈이모할머니의 외출〉

6월 22일 토요일
〈놀기〉

6월 24일 월요일
〈훈화〉

6월 25일 화요일
〈6.25〉

6월 26일 수요일
〈친구와 함께〉

6월 27일 목요일
〈음식〉

6월 28일 금요일
〈정혜수〉

6월 29일 토요일
〈훈화〉

7월 1일 월요일

〈훈화〉

교장 선생님 말씀. 1. 남은 두 주일 동안 정리 정돈을 잘하자. 2. 두 주일 동안 공부를 잘하자. 3. 배가 아프지 않게 조심하자. 오늘의 훈화 말씀이다. 여름방학이 얼마 남지 않았다. 그래서 더욱 열심히 하겠다. 교실에서 교장 선생님 말씀이 잘 들리지 않았다. 왜냐면 아이들이 시끄럽게 하기 때문이다. 양호실에 들어가서 약 바르고 약을 먹은 적은 한 번도 없다. 난 별로 아프지 않다. 달릴 때 좀 배가 아프다. 하지만 조금 있으면 별로 아프지 않다. 난 운동을 다 좋아한다. 그중에서 내가 제일 좋아하는 운동은 달리기다. 운동은 참 재미있다. 안 좋은 운동이 없고 다 좋다. 난 집에서나 학교에서 정리 정돈을 잘한다. 교장 선생님 말씀을 꼭! 지키겠다. 기분이 좋다.

7월 2일 화요일

〈향수〉

피아노학원에 가기 전에 이모할머니한테 향수 좀 주세요. 하고 말하였다. 장미 냄새로 달라고 말하였다. 이모할머니께는 향수가 아주 많으시다. 이모할머니께서 향수를 주셨다. 장미 냄새도 났다. 아직 쓰지 않았다. 난 장미 냄새가 좋다. 왜냐하면 향기롭고 장미꽃이 예쁘기 때문이다. 꽃 중에서 내가 좋아하는 꽃은 장미꽃이다. 향수 한 개는 냄새가 독하다. 냄새가 좀 이상하고 싫다. 이모할머니께서 주신 향수는 아주 작다. 냄새는 참 좋다. 향수를 할 때는 연한 것으로 사겠다. 그리고 싸고 좋은 것으로만 사야겠다. 돈을 함부로 쓰지 않겠다. 이모할머니께서 주신 향수를 들고 내 방에 와서 향수를 놓고 3시 30분 되어서 피아노학원에 가서 피아노를 쳤다. 향수를 한 개 받아서 좋다.

7월 3일 수요일

〈신발〉

새 신발을 사려고 위에 있는 신발가게에 갔다. 한번 구경했다. 많은 신발이 있었다. 그중 샌들을 샀다. 옆에 2개의 샌들이 있었다. 검은색이고 모양이 별로 없었다. 그 옆에 있는 신발은 노란색이고 모양도 예뻤다. 2개의 검은샌들 보다 노란샌들이 참 예뻤다. 그래서 노란샌들로 샀다. 발에 꼭! 맞았다. 지금 신고 있는 신발은 봉투에 집어넣고 새 신발을 신었다. 아저씨께서 이모할머니에게 1,000원을 더 주셨다. 왜냐하면 신발을 사서 고맙다는 뜻이나 자주 오라고 하는 것 같다. 새 신발을 신고 옷 가게에 가서 양말 2개를 샀다. 누구의 양말이냐면 바로 이모할머니의 양말이다. 새 신발을 사서 참 기분이 좋다.

7월 4일 목요일

〈농심가〉

이모할머니와 농심가에 갔다. 과자 3개, 아이스크림, 음료수 등을 샀다. 칸츄리콘 과자, 썬 터짓 바나나킥을 샀다. 딸기 아이스크림 큰 것을 1개 샀다. 언니가 비닐봉지에 산 것을 넣어 주고 돈을 이모할머니께서 내셨다. 좀 무거웠다. 농심가에서 나와서 고기를 사려고 정육점에 갔다. 무거운 짐을 좀 내려놓았다. 비가 와 우산을 썼다. 우산을 들어야 하니 짐이 더욱 무거웠다. 집에 와서 아이스크림을 먹었다. 차갑고 달콤하였다. 조금 있다가 과자를 먹었다. 시간을 보니 3시 35분 이어서 과자를 그만 먹고 피아노학원에 갔다. 피아노 책을 가지고 가지 않았다.

7월 5일 금요일

〈피아노〉

혜수가 초코파이를 사 주었다. 혜수는 초코파이를 2개 먹고 나는 1개를 주었다. 또 1개는 혜수와 나랑 반을 잘라 먹었다. 반을 잘랐는데… 혜수는 큰 것을 먹고 나에게는 작은 것을 주었다. 참 속이 상하였다. 혜수가 아이스크림을 사 주었다. 200원짜리이다. 우리 집에서 노는데, 혜수는 컴퓨터만 한다. 피아노학원에 갈 때, 혜수도 내가 가는 피아노학원에 따라가겠다고 하였다. 혜수가 책을 보면서 내가 피아노 치는 모습을 보았다. 선생님께서 오셨다. 어제 친 곡으로 넘어갔다. 피아노 연습이 끝나고 밖으로 나가서 혜수와 한발 뛰기를 하였다. 이야기도 나누었다. 혜수가 기다려 주어서 고마웠다. 나는 시간이 늦어서 간 줄 알았는데… 기다려 주었다. 나는 내 집으로 가고 혜수는 혜수 집으로 갔다.

7월 6일 토요일

〈홍상은 친구 생일〉

오늘은 홍상은의 생일이다. 난 잊어버리고 있었는데… 지연이가 학교 갈 때 이야기해 주어서 생각이 났다. 지연이는 수경이를 싫어한다. 수경이가 홍상은 생일날 간다면 지연이는 상은이 생일날 안 가겠다고 하였다. 이게 웬일? 수경이는 지선이 생일에 간다. 수경이가 안 가니 지연이가 가겠다고 하였다. 학교가 끝나고 집에 와서 윙크에 가서 선물을 고르고 편지도 썼다. 지연이는 먼저 가 있었다. 상은이한테 물어보았더니 수경이는 초대하지 않았다고 말하였다. 선물을 상은이에게 주고 버스를 타고, 서오릉으로 가서 갈비를 먹고, 놀이기구 구름 타고, 물놀이하며 뛰어놀았다. 가면서 이야기도 나누고 아이스크림을 먹었다. 맛이 있었다. 비가 와서 우산을 썼다가 안 썼다가 하였다. 오면서 무당벌레를 잡았다. 1마리는 귤색이고 1마리는 빨간색이었다. 참 즐거운 하루다.

7월 8일 월요일

〈훈화〉

교장 선생님 말씀. 1. 자율 학습지를 집에 가서 나의 힘으로 스스로 하자. 2. 여러 사람에게 봉사하자. 3. 자율 학습지도 잘하고 봉사하고 2학기 때 열심히 해서 상을 받자.

오늘의 훈화 말씀이다. 내가 혼자 찾아서 자율 학습지를 하겠다. 2학기 때는 상을 많이 타겠다. 표창장 상을 받았다. 겨우 1개 받았다. 2학기 때 노력하여서 아무 상이나 2개나 3개를 받겠다. 5개 받는 아이도 있는데… 하지만 더더욱 더 열심히 하면 되지! 여름방학이 얼마 남지 않았으니 그동안 상을 조금이라도 받아야겠다. 난 달리기 상을 받으면 좋겠는데… 달리기는 열심히 뛰고, 자신감을 가지고 뛰어야 하는데… 많은 상이 있었는데 못 받았다. 하지만 1개는 받았다. 더욱 열심히 해야겠다. 기분이 좋다.

7월 9일 화요일

〈혜수〉

학교에서 혜수와 오는 길에 광용이를 만났다. 그런데 광용이는 혜수에게 욕을 하더니 발로 혜수의 얼굴을 찼다. 눈 쪽과 볼을 차서 볼에 상처가 났고 벽에 부딪쳤다. 광용이가 그랬다. 얼마나 아팠을까? 얼굴에 신발 자국이 조금 있었다. 혜수는 조그만 소리로 울었다. 까졌다. 혜수와 500원짜리 아이스크림을 사서 맛있게 먹었다. 이야기도 나누었다. 혜수네 집에 가서 내가 책 정리해 주고 가방을 내려놓았다. 나는 가방을 메고 집으로 오고 혜수는 생일잔치에 갔다. 많이 놀지 못한 것은 혜수가 생일잔치에 가기 때문이다. 더 놀고 싶었는데… 집에 와 보니 아무도 없었다. 양장점에 가니 이모할머니께서 계셨다. 나는 이모할머니와 셰이크, 옥수수, 빵을 사서 집으로 왔다.

7월 10일 수요일

〈도서실〉

학교에서 도서실에 가기로 하였다. 도서실에 가서 '한국을 빛낸 100명의 위인'을 읽으려고 생각하였다. 32번을 골랐다. '한국을 빛낸 100명의 위인'을 보았다. 노래도 있었다. 단군 할아버지의 이야기 등이 있었다. 환웅 왕자는 땅에 내려갔다. 곰과 호랑이는 사람이 되고 싶다고 환웅에게 말하였다. 환웅은 쑥, 마늘을 먹고 살라고 숙제를 내주었다. 호랑이는 못 참고 나가고, 곰은 계속 먹어 예쁜 여자로 변하였다. 환웅은 사람이 된 곰을 아내로 맞아 드렸다. 그 둘 사이에서 태어난 아들이 단군이다. 나도 단군 할아버지처럼 커서 훌륭한 사람이 되겠다. 곰처럼 용기와 자신감을 가지고 포기하지 않겠다. 참 재미있는 책이었다. 시간이 나면 도서실에 자주 오겠다.

7월 11일 목요일

〈어머니의 생활 계획서〉

어머니께서 생활 계획서를 짜서 좀 쉬어야겠다고 하셨다. 그런데 레코드를 아주 잘하는 언니가 빠지게 되었는데… 언니가 늦게 말해 주셔서 어머니께서 생활 계획서를 다 한 다음에 전화가 와서 그런다. 어머니께서 쉬려고 하셨는데… 언니 때문에 어머니께서 일하셔야 한다. 그런데 왜 잘하는 언니가 안 왔을까? 참 궁금하다. 어디를 가는지 바빠서 그랬나 보다. 어머니께서 왜 힘들게 근무해야 할까? 참 궁금하다. 잘하는 언니가 하였으면 좋을 텐데… 잘하는 언니가 하필 안 와서 왜 이런 일이 생길까? 어머니께서 전화로 말씀해 주셨다. 전화를 끊고 정리하였다. 불을 끄고 잤다. 엄마가 오지 않아 기분이 별로 안 좋다.

7월 12일 금요일

〈수박, 삼계탕, 쥐포〉

복날이어서 점심때 삼계탕을 먹었다. 닭고기에 대추, 쌀, 마늘을 넣어 끓였다. 이모할머니께서 해주셨다. 참 맛이 있었다. 참 오래간만에 먹어본다. 삼계탕을 먹으니 배가 너무 불렀다. 이모할머니의 심부름으로 양장점에 가서 이모할아버지 양복을 받아 집으로 왔다. 이모할머니께서 내가 좋아하는 쥐포를 사 주셨다. 오늘은 2개를 먹었다. 이모할머니께서 슈퍼에 가실 때마다 꼭 사 주신다. 1개에 200원이다. 커다란 수박을 잘라 먹었다. 이모할머니께서 잘라주셨다. 언니 것도 이모할머니께서 잘라주셨다. 수박이 참 달고 맛이 있었다.

7월 13일 토요일

〈김현태 교감 선생님 훈화〉

1. 교통질서 잘 지키기 2. 자신을 지키자. 3. 자기 스스로 하는 마음을 갖자. 오늘의 훈화 말씀이시다. 매일 교장 선생님이 훈화를 말씀해 주셨는데… 오늘은 김현태 교감 선생님이 훈화를 말씀해 주셨다. 내주 생활 목표를 적으려고 하였는데… 적지 못하였다.

다음에는 꼭! 적겠다. 훈화 말씀이 끝나고 조금 있다가 수경이가 찾아왔다. 왜 왔냐고 물어보니 300원이 필요하다고 돈 좀 빌려달라고 온 것이었다. 알뜰시장을 한다고 돈을 가지고 왔는데… 수경이한테 돈을 빌려주었다. 수경이 반이 파티 때문에 풍선이 필요하다고 돈을 빌려달라고 한 것이다. 수경이는 풍선을 사고 우리 반은 알뜰시장을 하였다.

7월 15일 월요일

〈편지지〉

과외 선생님께서 편지지 8장을 주셨다. 1장은 스마일 편지지고 또 1장은 오렌지 그림이고 또 남자와 여자가 있는 그림이다. 다 1장인데 오렌지 그림은 6장이 있다. 편지 봉투는 4장 있다. 선생님 가방에는 여러 가지 편지지가 많이 있었다. 그 편지지 중에서 스마일 편지지가 예쁘다. 다른 것도 예쁘지만 스마일 편지지는 예쁘고 귀엽다. 노란색이고 환하게 웃고 있는 그림이다. 스마일 편지지는 선생님께서 봉투가 별로 예쁘지 않아서 안 가지고 다니신다고 한다. 내일 봉투를 주시겠다고 말씀하셨다. 그림은 어느 쪽에 그리셨는지 궁금하다. 숙제가 조금이니 참 좋다. 일기만 쓰면 숙제가 끝난다.

7월 16일 화요일

〈여름방학〉

여름방학이 오늘이다. 아이들과 선생님을, 헤어질 생각을 하니 섭섭하였다. 하지만 여름방학이니 참 좋기도 하였다. 몸살이 나서 학교에 가기 싫었다. 그래도 학교에 갔다. 머리가 자꾸 아팠다. 강현진이라는 남자아이가 전학을 왔다. 어제 청소하다 보았다. 그래서 얼굴을 알고 있었다. 현진이는 안산에서 왔다고 한다. 빈자리에 가서 앉았다. 현진이는 승열이랑 짝꿍이 되었다. 통지표를 받고 보조 가방에 넣었다. 수경이는 하가 2개이고 상은 4개이고 중도 4개이다. 난 하가 없는데… 상은 8개이고 중도 2개이다. 청소 분단이어서 청소를 하고 집으로 왔다. 밥을 먹고 아파서 쉬었다. 약을 사서 먹고 낮잠을 잤다. 일어나니 기운이 나서 뛰어다녔다. 몸살이 다 나은 것 같았다.

7월 17일 수요일

〈제헌절〉

오늘은 국기 다는 날이다. 우리 집에는 국기를 못 단다. 왜냐면 꽂는 데가 없기 때문이다. 우리 집도 곧 할 거다. 그래도 국기를 달려고 하였는데… 아침에 갑자기 비가 오고 말았다. 비가 와서 산에도 못 가고 태극기도 달지 못하였다. 속상하였다. 비가 오는 것은 좋은데, 왜 중요한 날에 올까? 왜 오늘 올까? 참 궁금하다. 비가 사람이었다면 물어볼 텐데… 하지만 비도 우리에게 큰 도움을 주기도 해서 좋기도 하고 태극기 다는 날에 오면 좀 불편하기도 하다. 내가 왜 그런가 하면 (나의 하루 계획표)에 엑스를 해야 하기 때문이다. 태극기를 달아 계획표에 동그라미를 하고 싶기 때문이다. 너무 속상하지는 않다. 어떨 때는 기쁜 일이 있을 때도 있고 속상할 때도 있기 때문이다.

7월 18일 목요일

〈등산〉

등산을 10시에 가기로 하였다. 일찍 일어나 등산 갈 준비를 하였다. 이모할머니와 같이 산에 올라갔다. 공기도 맑고 상쾌하였다. 이모할머니와 배드민턴을 쳤다. 난 연습하러 왔을 뿐 시합하러 온 게 아니다. 내가 질 때가 있고 내가 이길 때도 있었다. 내가 처음보다는 훨씬 잘한다. 잘할 수 있는 자신감이 생겼다. 힘이 들면 잘하지 못하겠다. 조금 쉬다가 계속 배드민턴을 친다. 쉬다가 예쁜 다람쥐를 보았다. 정말 귀여웠다. 새끼 다람쥐였다. 다람쥐 집도 보았다. 내가 앉아 있는 의자 앞이 다람쥐 집이었다. 다람쥐가 구멍으로 들어가는 걸 보고 알았다. 배드민턴은 많이 치면 힘이 들지만 재미있었다. 배드민턴을 다 치고 운동하고 갈 준비하고 시원한 물을 마시고 집으로 왔다.

7월 19일 금요일

〈성당〉

난 성당에 다니려고 한다. 혜수도 다니고, 성당이 좋으니까? 절도 좋은데, 한번 성당에 가 보고 싶기 때문이다. 성당에 저번에 가 보니 참 좋았다. 내일은 캠프에 가기 때문에 준비해야 한다. 오늘은 선생님이 준비물을 가르쳐 주시는 날이다. 선생님은 유진이 언니 친구다. 선생님은 나를 잘 아신다. 성당에서 노래도 불렀다. 선생님 본명이 실비아다. 혜수는 본명이 있는데… 난 새로 들어온 지 얼마 안 되어서 아직 본명이 없다. 혜수 본명은 마리아다. 혜수는 내가 모르는 길을 잘 가르쳐 준다. 혜수는 조금이라도 틀리면 종이를 찢고 다시 한다. 시간이 너무 많이 걸린다. 난 빨리 집에 가야 하는데 혜수는 꼭 기다려 준다. 혜수랑 나랑은 같이 앉고 같이 좋아하고 친한 친구다. 혜수는 성당에 대해서 많이 알고 있어서 나에게 가르쳐 주기 때문에 혜수가 좋다.

7월 20일 토요일

〈강원도 캠프〉

성당에서 차를 타고 무지개 동산으로 출발하였다. 그런데 비가 많이 왔다. 성당에서 쿵다리 샤바라를 줄여 쿵샤라고 지었다. 쿵샤에 간다고 한다. 멀미약을 집에서 먹어서 차 안에서 멀미가 나지 않았다. 휴게소에서 김밥과 포도 음료수를 맛이 있게 먹었다. 언니들 몇 명은 돈을 가지고 와서 사 먹었다. 난 돈을 안 갖고 와서 못 사 먹었다. 다시 차를 타고 출발하였다. 혜수와 같이 껌을 씹었다. 많은 시간을 거쳐 강원도에 도착하였다. 너무 떠들어서 혼나기도 하였다. 만들기도 하였다. 십자가에 예수님을 테이프로 붙였다. 신문지로 하였다. 장식으로 예쁜 꽃을 테이프로 붙였다. 수영장도 구경하였다. 밤에 야광 추적 놀이 하였다. 처음에는 무서웠는데 이제는 무섭지 않았다. 한 코스를 못 갔다. 안타까웠다. 밤이라서 캄캄해 앞이 잘 안 보였다.

7월 22일 월요일

〈캠프 마지막 날〉

캠프가 끝나는 날이다. 모르는 언니들도 많이 생겼는데… 성당 캠프가 끝나면 만나지 못한다. 이름과 학년은 아는데 선생님이 누군지 몰라 찾아보기 힘이 든다. 선생님께서 집에 가고 싶다고 말씀하셨는데… 언니 오빠들도 모두 가고 싶다고 말하였다. 오늘 캠프가 끝나서 그런지 아침밥은 맛이 있는 것만 주셨다. 게임을 하였는데… 왕꼼틀이를 먹으면 이기는 것이다. 게임이 끝나고 꼼틀이와 왕꼼틀이를 먹는 거다. 나와 혜수도 왕꼼틀이를 못 먹고 그냥 꼼틀이를 먹었다. 우리 편이 게임에서 졌지만 맛있는 꼼틀이를 먹었다. 여러 게임을 하였다. 민지 언니가 게임을 잘하여서 떡을 타 왔다. 혜수와 나 그리고 언니 3명이 맛있게 먹었다. 집으로 가려고 준비하다가 차를 타고 성당으로 출발하였다. 가면서 선생님께서 과자, 초코파이, 음료수를 주셔서 맛이 있게 먹었다.

7월 23일 화요일

〈우리는 요리사〉

지연이와 같이 지연이 집에 가서 자기로 하였다. 지연이 집에 와서 샤워하고 지연이와 토스트를 만들려고 하였다. 프라이팬에 버터를 넣고 녹였다. 불을 켜고 식빵을 프라이팬에 넣었다. 지연이는 손을 데었다. 지연이가 빵을 굽다가 데어서 나도 조심해야겠다는 생각이 들었다. 프라이팬에 4개의 식빵을 버터에 구웠다. 지연이가 계란을 맡았는데… 계란을 익히다가 데었다. 잘 안되는 것 같았다. 버터가 많이 없어져 아주 많이 필요하였다. 아주 맛이 있었다. 우유를 컵에 따라 마셨다. 차갑지 않아도 맛이 있었다. 몇 번 먹어 본 적은 있지만 한 번도 만들어 먹어보지는 못하였다. 오늘 처음으로 나와 지연이가 토스트를 만들어 먹었다.

7월 24일 수요일

〈향수 컬러 풍선〉

지연이와 아이스크림을 1개 사 먹었다. 난 200원짜리 아이스크림을 사 먹으려고 하였는데… 지연이가 300원짜리 아이스크림을 사 먹길래 나도 300원짜리 아이스크림을 사 먹었다. 그 언니가 아이스크림을 많이 퍼 주었다. 그 언니가 200원을 내었는지 알고 200원 아이스크림을 주었다. 그 언니가 "300원 내었니?"라고 말하며 300원 아이스크림으로 다시 주었다. 200원, 300원, 400원, 500원까지 아이스크림이 있다. 빨리 녹는다. 그래서 빨리 먹어야 한다. 아이스크림을 다 먹고 호돌이 문방구에 가서 100원짜리 컬러 풍선을 샀다. 노란색, 빨간색이 있었는데, 빨간색으로 골랐다. 그것보다 더 작은 게 많았다. 지연이랑 나는 크고 많이 들어 있는 것으로 샀다. 구멍을 뚫고 빨대 같은 것으로 불으니 풍선이 되었다.

7월 25일 목요일

〈학교 수영장〉

지연이와 아침에 수영장에 가기로 하였다. 지연이가 우리 집에 왔다. 학교 수영장에 지연이와 가려고 수영복을 속에 입고 학교 수영장으로 갔다. 난 아이들이 다 와 있겠지! 생각하였는데… 가 보니 별로 와 있지 않았다. 지연이와 나는 여름방학 때는 한 번도 오지 않았는데… 오늘 한번 가 보았다. 우리 반 아이들이 많이 있고 내가 아는 아이들도 있었다. 지연이가 남자, 여자가 따로 하면 좋겠다고 말하였다. 나도 지연이 말대로 하면 좋겠다. 수영장에 들어가 신발을 벗고, 바구니를 꺼내 옷을 벗어 정리해 놓고 지연이와 준비 체조를 하였다. 물속에 들어갔는데… 차가웠다. 추웠지만 재미있었다. 헤엄을 치니 별로 춥지는 않았다.

7월 26일 금요일

〈군대에서 온 성필이 오빠〉

성필이 오빠가 군대에서 왔다. 이모할머니께서는 너무 기뻐하시고 깜짝 놀라셨다. 난 공부를 하고 있었다. 난 성필이 오빠가 오늘 올 것이라고는 생각도 안 하였는데… 오빠가 여름방학 때 올 것이라는 말은 전화로 해본 적이 있었다. 오늘 밥은 맛이 있고 이모할머니께서 오빠가 와서 그런지 많이 차려주셨다. 밥을 먹고 오빠는 2층으로 올라갔다. 내려와서 바람을 쐰다고 나가버렸다. 난 오빠보고 게임하게 해달라고 하였는데… 안 해주고 나가버렸다. 오빠가 나갈 때는 비가 오지 안 왔는데, 오빠가 나가고 조금 있다가 비가 아주 많이 내렸다. 이모할머니와 오빠를 한참 기다렸는데… 오빠는 오지 않았다. 어디에 갔을까? 요 앞에 나간다고 하더니 내 생각은 오빠가 당구장에 간 것 같았다. 이모할머니의 생각도 나와 똑같은 생각이다.

7월 27일 토요일

〈왜 비가 많이 올까?〉

요즈음 비가 너무 많이 온다. 뉴스에 산사태가 일어나 군인 20명이 죽었다고 하였다. 비는 무섭다. 비는 변덕쟁이다. 비가 오다가 안 오고 한다. 우산을 꼭 가지고 다녀야 한다. 왜냐면 언제 어디에서 비가 올지 모르기 때문이다. 방학 생활에 비가 와야지만 할 수 있는 게 있다. 사람들이 너무 피해를 본다. 그리고 불편하다. 비가 조금 오면 좋겠다. 비가 오는 것은 좋은데… 너무 많이 오는 것은 싫다. 하지만 숙제는 한다. 내일만 비가 오면 내 숙제는 끝난다. 비가 왜 이렇게 많이 와서 피해를 줄까? 조금만 오지. 비가 너무 많이 와서 문제라고 생각한다. 아침에는 비가 많이 왔는데… 저녁이 되니 비가 안 온다. 비가 많이 오니까 나가지 못하는 것 같다. 준비할 것도 많은데… 왜 비가 온담. 하지만 비도 좋다.

7월 29일 월요일

〈문산〉

오빠, 이모할아버지, 이모할머니와 같이 문산에 갈 준비를 하였다. 너무 더워서 부채를 들고 왔다. 차 안은 무지 더울 거라고 생각하였다. 들어가 보니 뜨겁지 않았다. 차 의자는 뜨거웠다. 에어컨을 틀었다. 앞에서는 시원하다고 말씀하신다. 뒤에는 시원하지 않아서 부채질한다. 문산에는 못 가는 길이 많고, 막혀서 못 가는 길이 있었다. 거기서는 잠깐 비가 왔었다. 고생하였다. 시간은 많이 걸렸다. 문산에 도착해서 인사하고 밥 먹고 이모할머니와 백화점에도 갔다. 공짜로 부채를 줬다. 차를 타고 집으로 왔다. 깜박 잊고 부채 4개를 안 가지고 왔다. 자꾸만 부채 걱정이 된다. 부채를 가지고 올 걸 하고 생각이 난다. 다음에 문산에 가면 꼭 가지고 올 거다. 어제 문산에 물이 많이 들어와 지금도 물을 치우고 있는 사람들도 보았다. 물이 안 나온다. 그것을 보고 물이 그렇게 소중한 것을 깨달았다.

7월 30일 화요일

〈더~워라〉

날씨가 덥다. 집에 오면 선풍기를 켜 놓아야 시원하다. 바람이 조금 많이 불면 좋겠다. 날씨가 왜 이럴까? 참 궁금하다. 뉴스에 많은 사람이 해수욕장에 가서 물놀이도 하며 놀고 있는 것을 보았다. 부채질하면 힘이 들어도 조금 시원하다. 서울은 32도이다. 아주 시원하면 좋겠다. 더우면 차가운 수박과 참외가 생각나고 해수욕장, 수영장이 생각이 난다. 원두막도 생각난다. 난 더운 것이 싫다. 너무 추운 것도 싫다. 시원하고 따뜻한 것이 좋다. 더우니까 아이스크림을 자주 먹는다. 그래도 많이 먹지는 않는다. 한 개쯤은 먹는다. 에어컨이나 선풍기가 있고 시원한 곳에 있으면 밖에 나가기 싫다. 시원한 곳이면 좋다. 밖에 돌아다니면 더우니까. 집에 있으면 별로 안 덥고 선풍기를 틀어 놓으면 시원하다.

7월 31일 수요일

〈선물과 그림〉

책방에 가니 특별 부록이라 쓰여 있었고 내가 산 책에 선물이 그려져 있어 물어보았다. 아줌마께서 선물로 주시는 거라고 말씀하시고 밍크, 나나, 점프, 윙크 선물을 주셨다. 이모할머니와 농심가를 갔다. 이모할머니께서 방울이 예쁘다고 하시면서 사주셨다. 우리 집에는 내 방울이 많이 있는데… 또 사주셨다. 그래서 기분이 좋았다. 아이스크림, 음료수, 과자를 사고 싶었는데 집에 있어 사지 않았다. 집에 있는 것을 다 먹은 후 사려고 결정하였다. 치약을 다 써서 치약을 샀다. 피망과 버섯은 많은 것으로 샀다. 농심가에서 나와 집으로 왔다. 집에 와서 샤워하고 공부했다. 캄캄한 밤이 되자 책을 보고 그림을 그렸다. 사인도 하고 이름, 날짜, 말을 썼다. 공책에 마찬가지로 또 그렸다. 이모할머니께서는 잘 그렸다고 칭찬해 주셨다. 더 잘 그릴 거라고 생각하였다.

8월 1일 목요일

〈우리 집 가는 날〉

이모할머니와 밖에 나가 차를 타고 옷과 양말을 샀다. 아빠가 오셨다. 문 열어 드리고 계시라고 말하고 이모할머니와 수영복을 사러 갔다. 저번에 수영복을 잃어버려서 이모할머니께 미안해서 반성했다. 예쁜 수영복을 샀다. 이모할머니께 감사하다. 기분이 좋았다. 집에 와 우리 집에 갈 준비를 하여 아빠랑 차를 탔다. 이모할머니와 더 있으면 좋겠다는 생각이 들었다. 하지만 집에 가야 하니 기분이 좋기도 하였다. 이모할머니께서 옷, 양말을 사주시니 감사하고 좋았다. 아빠와 차를 타고 집에 왔다. 아빠는 회사에 가고 할아버지와 조금 있다가 백화점에 가서 반찬거리를 샀다. 아이스크림을 사 주셨다. 달콤하고 맛이 있었다. 집에 와 숙제 조금하고 아줌마도 보았다. 아줌마는 일 다 하고 가셨다. 밤이 되자 엄마가 일찍 오셨다. 엄마가 슈퍼에 가 필요한 물건을 다 사고 차를 타고 집에 왔다.

8월 2일 금요일

〈엄마와 일본 여행〉

엄마와 비행기를 타고 일본으로 갔다. 스튜어디스 언니가 음식을 갖다주었다. 음식을 먹고 엄마와 책을 보았다. 엄마와 이야기도 나누었다. 창문으로 하늘을 보았다. 아름다웠다. 구름이 많이 있고 집, 차, 나무, 길이 있었는데… 내려다보니 너무 작고 장난감 같았다. 일본에 2시간 걸렸다. 일본 집을 보았는데 논과 나무들이 많았다. 집들이 다 붙어 있었고 2층집이 많았다. 산은 별로 없고 특히 나무가 아주 많았다. 집 사이사이에 벽이 없었다. 우리나라와 일본은 다른 점이 많았다. 1. 차의 핸들과 차도로는 우리나라와 반대로 우측 통행이었다. 2. 우리나라보다 사는 것이 더 바쁘다. 3. 우리나라보다 물가가 8배나 비싸다. 엄마와 나는 먹을 음식을 미리 사가지고 와서 먹고 모자라서 호텔 앞에 있는 편의점에서 샀다. 될 수 있는 대로 일본에서 사지 않아야겠다고 생각하였다.

8월 3일 토요일

〈일본 디즈니랜드〉

엄마와 아침 일찍 일어나 디즈니랜드 갈 준비를 하고, 밖으로 나가 버스를 타고 전철을 타고 제이알 기차를 타서 디즈니랜드에 도착하였다. 엄마는 전화카드가 1개 있는데 안 된다고 또 1개를 샀다. 한국 아저씨에게 물어보니 카드는 안 된다고 하였다. 그 아저씨가 돈으로 한국에 전화를 걸었는데,,, 일본 사람들만 일본에 있는 전화를 쓸 수 있고 다른 나라 사람들은 아무리 해도 안된다. 엄마를 기다리느라고 너무 힘이 들었다. 디즈니랜드 표를 사가지고 들어갔다. 미키의 정원도 있고 많은 놀이기구가 있다. 엄마가 사진기를 가지고 찍어 주셨는데, 미키와도 찍고, 일곱 난쟁이와도 찍고, 미니와도 찍고, 〈피터팬 웬디〉 하고도 찍었고, 플루토도 찍고, 돼지하고도 찍고, 구피하고도 찍고, 도날드덕 스크루지하고도 찍었다. 사람들이 많았다. 놀이기구를 열심히 쉬지 않고 탔는데 밤이 되어 더 이상 못 탔다. 한 번 더 오고 싶다.

8월 5일 월요일

〈일본 여행 마지막 날〉

오늘 마지막으로 수산 시장을 갈 거다. 수산 시장에 엄마와 같이 가서 게임, 신발 등을 살 거다. 어제 수산 시장에 가 보아서 길을 좀 안다. 어제는 수산 시장에 사람들이 많았다. 여러 가지 있었다. 일본 음식보다 우리나라 음식이 더 맛이 있고 좋다는 것을 알았다. 더 많이 있으면 좋겠다. 일본에는 우리나라와 다른 점이 많고 특이하고 신기한 것들이 많았다. 어제 나리따 공항 가는 길을 보아서 갈 수 있다. 내가 엄마와 지내고 있는 호텔은 하루미 호텔이다. 언니가 좋은 방으로 주어서 편리하다. 좀 불편한 것도 있다. 사진을 여기저기 찍어서 다 썼다. 집에 오면 새 필름을 끼운다. 비상용으로 1개 갖고 다닌다. 1개 다 쓰면 1개 쓸 수 있기 때문에 편리하다. 우리나라가 좋다고 생각하는데 일본도 참 좋다. 일본에 또 와 보고 싶다는 생각이 든다.

8월 6일 화요일

〈이모할머니 집으로 향하여 가자〉

엄마를 아침에 일어나 보았지만, 엄마는 일찍 나가셨다. 나는 엄마와 같이 가려고 하였는데… 할아버지께서 아침에 밥을 먹으라고 해서 밥 먹느냐고 엄마와 같이 못 나갔다. 밥을 먹고 내가 아빠 보고 빨리 가자고 하였다. 아빠가 빨리 준비하고 차를 타고 이모할머니 댁으로 출발하셨다. 차 안은 에어컨을 틀어서 시원하였다. 차 안에서 시원한 바람을 맞으면서 푹 잤다. 일어나 보니 이모할머니 집 앞이었다. 가방을 들고 아빠와 이모할머니 집에 와서 벨을 누르고 들어갔다. 아빠는 회사에 가신다면서 일찍 가셨다. 맛이 있는 카레를 먹었다. 내 방에 들어가 짐 정리하였다. 가방에 있었던 것은 이모할머니께서 빼주셔서 정리하기가 쉬웠다. 엄마와 많이 통화하였다. 과외 선생님께서 3시에 오신다더니 4시에 오셔서 수업을 늦게 시작하였다.

8월 7일 수요일

〈다연이 동생은 여자일까? 남자일까?〉

문산에서 이모할아버지 누님이 오셨다. 문산에 갈 준비를 하고 차에 탔다. 나는 앞자리에 탔다. 차 안이 시원해서 좋았다. 다연이는 친척 동생이다. 나보다 작고 포동포동하고 귀엽게 생겼다. 그리고 여자다. 다연이는 남자 동생이 생겼다. 다연이는 내가 하지 못하게 방해한다. 다연이는 3살이다. 나이가 7살 차이 난다. 다연이가 3학년이면 난 아마도 고등학교 1학년이다. 나이 차이가 많이 난다. 이모할머니께서는 다연이가 매일 보라 언니 언제 오냐고 말한다고 말씀하셨다. 다연이는 나만 보면 괜히 아빠나 엄마 뒤로 숨는다. 다연이와 숨바꼭질도 하였다. 다연이는 너무 귀엽고 다연이 남동생은 너무 작다. 다연이 남동생은 아직 이름을 안 정하였다고 이모할머니께서 말씀하셨다. 다연이도 보고 다연이 집에 온 것이 오래간만이다. 다연이 방도 바뀌고 내가 못 본 것이 많았다. 다연이는 나보다 키는 작지만 내 살보다 더 많아 다연이를 안아주기가 무겁다. 힘이 든다. 다연이 성씨는 최이다. 최다연이다.

8월 8일 목요일

〈마당에서 맛난 음식〉

마당에 나가 돗자리를 펴놓고 TV도 갖다 놓고 술, 밥 등을 올려놓았다. 고기를 전기 프라이팬에 놓고 구웠다. 배가 고파서 그런지 맛이 있어 많이 먹었다. TV를 마당에 갖다 놓아서 그냥 앉아서 볼 수 있고 편리하였다. 내가 가운데 앉아 TV 보기가 편하였다. 미국 빨대를 친척 언니가 선물해 주어서 빨대를 물에 넣고 빨았다. 잘 안 나올 것 같았는데… 많이 빨면 물이 나왔다. 마당에 있으니까? 개미도 있고, 좀 시원하였다. 오늘은 TV로 만화 4개를 보았다. 이제부터 1개나 2개나 3개 중에 1개를 골라 볼 것이다. TV 이름은 〈웨딩피치, 열려라 만화동산, 가제트는 오늘 마지막이었다, 어른들은 몰라요〉를 보았다. 재미있었다. 마당에서 오래간만에 맛이 있는 음식을 먹고 날씨가 점심때까지도 좋으니 참 좋았다. 다음에도 오늘처럼 마당에 나와 맛이 있는 음식을 먹을 거다. 참 맛이 있었다.

8월 9일 금요일

〈니스 칠하기〉

내가 과일 만든 것에 니스를 칠할 거다. 나는 참외, 자두, 사과, 포도, 감, 딸기를 만들고 색칠하였다. 참외가 이상하다. 내가 이상하게 만든 것 같다는 생각이 든다. 다른 것은 참외보다는 예쁘다. 그중에서 포도 칠하기가 불편하였다. 포도는 다른 과일보다 크게 만들어서 물감이 많이 없어지고 잘 안 붙는다. 포도송이가 많아 칠하기가 힘이 들고 포도송이 사이사이 칠해야 하니 불편하고 시간이 많이 간다. 다 하고 나면 재미있게 칠한 것 같다는 생각이 들어 기분이 좋을 것 같다. 니스를 과일 하나하나 칠한다. 니스를 칠하니 더 진해지는 것 같다. 과일 뒤에도 니스를 칠할 거다. 그런데 과일 밑이 신문지에 붙었다. 포도송이가 떨어졌다. 아무렇게나 니스로 붙였다. 잘 붙으면 좋겠다. 그런데 아무렇게나 붙여서 이상하다. 포도를 뒤집다가 포도송이가 다 떨어지고 말았다. 니스가 많이 있었는데… 자꾸 쓰다 보니까? 금세 많이 없어졌다. 오늘 밤에는 이모할머니께서 봉숭아를 손톱에 물들여 주실 거다. 다음에 또 만들기를 한다면 포도처럼 하지 않고 잘할 거다.

8월 10일 토요일

〈봉숭아 물들이는 날〉

이모할머니께서 봉숭아 물들이자고 말씀하셨다. 마당에 나가 봉숭아 잎을 땄다. 그런데 아직 꽃이 핀 것이 별로 없었다. 4개의 꽃만 피었고 나머지 꽃은 피지 않았다. 색깔은 다 분홍색인데 진한 분홍색, 연한 분홍색이다. 핀 꽃을 이모할머니와 땄다. 돌을 구해 깨끗이 닦고 이모할머니와 딴 꽃과 잎을 돌로 찧었다. 찧기 전에 백반 가루를 조금 넣고 찧었다. 재미있었지만 힘이 들었다. 꽃을 많이 넣지 않아서 빨갛게 잘 안 들여질 것 같다. 난 분홍색 중에 진한 분홍색보다는 연한 분홍색이 더 좋다. 봉숭아를 많이 심었는데… 꽃이 늦게 피었다. 내가 싫어하는 꽃도 있지만 꽃은 다 괜찮고 냄새도 좋다. 나는 자기 전에 봉숭아 물을 들일 거다. 우리 집 마당의 꽃에 개미가 많다. 색은 검은색이다. 개미는 일만 하지 왜 봉숭아에 있는지 잘 모르겠다. 우리 집 안에도 개미가 있다. 앞의 부분은 빨간색이고 가운데는 검은색이고 맨 뒤에는 빨간색이다. 빨리 봉숭아 물을 들이고 싶다.

8월 12일 월요일

〈은행〉

엄마, 아빠, 이모할머니, 이모할아버지, 친할아버지께서 주신 돈을 모아 잘 보관하고 있다가 얼마인가 세어 보았다. 돈이 모두 육만 오백십 원이었다. 이모할머니 보고 '이모할머니 은행 가요' 하고 말하였다. 이모할머니께서 은행에 가자고 말씀하셨다. 500원짜리나 10원짜리는 안 갖고 은행에 갔다. 이모할머니께서 가지고 가지 말고 6만 원만 가지고 가라고 말씀하셔서 안 가지고 왔다. 내가 이모할머니와 간 은행은 신한은행이다. 목이 마려워서 시원한 물을 마셨다. 아저씨한테 통장, 돈을 내었더니 해 주셨다. 은행에 가 본 지가 오래되었다. 시원하였다. 다른 은행에 또 가야 해서 신한은행에 오래 앉아 있지 못하고 밖으로 나갔다. 많은 날 들이 있는데, 그중에서 '10일이나 20일 날에 오시면 더 친절하게'라고 적혀 있는 것 같았다. 틀릴 수도 있다. 더 많은 일이 있는데, 10일, 20일만 계속 보았다. 적혀 있는 것을 보았는데, 친절하게 해준다는 말이 틀릴 수도 있고 맞을 수도 있다. 확실한 것은 아니다. 이제부터 돈을 절약하겠다.

8월 13일 화요일

〈혜수야 놀자!〉

혜수네 전화해 보고 이모할머니께 '이모할머니! 혜수네 가서 놀을께요.'라고 말하였다. 이모할머니께서 놀라고 말씀하셨다. 혜수 집으로 왔다. 혜수네는 유선방송이라 아침에 TV를 볼 수 있다. 내가 어제 못 봤던 요술 천사 피치를 보았다. 혜수도 못 봤다고 한다. 혜수 동생이 육개장 라면 2개를 가지고 왔다. 난 혜수와 같이 먹었다. 그런데 맛이 없었다. 라면에 스프를 넣고 물을 부었다. 혜수가 뜨거운 물을 끓여 그 물을 버리고 다시 부었는데 물, 라면만 있었다. 스프는 아까 물을 버릴 때 다 흘러갔다. 맛이 없었다. 그래도 괜찮은 것 같았다. 혜수 방에 들어가니 이불도 안 개고 책상도 어질러 있다. 내가 혜수 집에 올 때 혜수 방은 어질러 있었다. 산에 가려고 우리 집으로 갔다. 산에 갈 시간이 넘었다. 아줌마들이 배드민턴 치시고 내려오는 시간이어서 못 가고 말았다. 컴퓨터 게임을 하였다. 많이 하여서 피곤하였다. 혜수는 심심하다면서 컴퓨터 게임만 하였다. 재미있지만 피곤하였다.

8월 14일 수요일

〈파마〉

이모할머니와 지연이네 미용실로 같이 갔다. 지연이는 학원에 가서 12시에 온다고 지연이 어머니께서 말씀하셨다. 이모할머니께서 먼저 파마하시고 그다음은 내가 파마하였다. 시간은 많이 걸렸다. 지루하였다. 12시가 되자마자 지연이가 왔다. 아이스크림을 먹고 방에 들어가 놀았다. 드디어 파마를 풀고 머리에 약을 뿌리고 고대로 머리하였다. 나는 풀은 줄 알았는데,,, 파마를 풀고 머리 감고 머리를 조금 잘랐다. 기분이 좋았다. 지연이와 우리 집에 왔다. 밥을 차렸는데 눈높이 선생님이 오셔서 공부하고, 선생님 가신 다음 밥을 먹었다. 참 맛이 있었다. 지연이 집에 가려고 준비하고, 이모할머니한테 말씀드리고, 지연이 집에 왔다. 샤워하고 토스트를 만들었다. 자기 것은 자기가 만들기로 하였다. 버터를 사 왔다. 토스트를 만들어 맛이 있게 먹고, 목이 말라 주스를 마셨다. 다 먹고 손에 기름기가 있어 깨끗이 닦았다.

8월 15일 목요일

〈광복절〉

오늘은 광복절이다. 우리 집에는 태극기가 없다. 제헌절 때는 태극기를 못 달았지만, 오늘은 내가 직접 만들었다. 하얀 도화지에 태극무늬를 그리고 테이프를 나무젓가락에 붙여 붙인 것을 도화지에 붙이면 된다. 테이프를 많이 써서 테이프가 많이 없어졌다. 내가 만든 태극기를 집안에 달았다. 우리 집은 꽂을 데가 없어 집안에 달았다. 집에 단 것도 태극기를 단 거나 마찬가지다. 만들고 나니 좋고 만들 때 재미있었다. 나의 하루 계획표에 O를 하고 이모할머니께 확인받았다. 아침에 줄넘기하였다. 줄넘기한 것을 나의 하루 계획표에 썼다. 태극기 다는 날은 내가 쓰지 않아도 쓰여 있었다. 쓰여 있어서 간편하였다. 이모할머니께서 친구와 미술 학원에 다니라고 말씀하시고 나도 미술 학원을 다니는 것이 좋다. 같이 다닐 친구가 있으면 같이 가고 같이 갈 친구가 없어도 다닐 거다. 나는 그림, 만들기가 재미있다.

8월 16일 금요일

〈맛있는 스파게티〉

우리 집에서 스파게티를 먹었다. 점심밥으로 먹었다. 이모할머니께서 스파게티를 해 주셨다. 먹어보니 참 맛이 있었다. 다 먹고 지연이네 집으로 가려고 준비하고 이모할머니께 어디에 갈 거고 몇 시에 오는지 말씀드리고 뛰어갔다. 지연이네 가게에 오니 숨이 찼다. 인사하고 지연이 방에 들어갔다. 지연이는 퍼즐을 다 한곳으로 놔두고 퍼즐을 마치자고 말하였다. 다 마치고 보니 지연이가 퍼즐 잃어버린 게 많았다. 지연이가 퍼즐을 오래간만에 했다고 말하였다. 난 2시 30분에 나가야 한다. 지연이도 2시 30분에 나간다고 말하였다. 혜수네도 가 보고 아이스크림도 맛이 있게 지연이와 먹었다. 집으로 왔다. 지연이와 퍼즐 하느라 1시간이 지나가 버렸다. 많이 논 것 같았다. 수경이는 학원에 갔다가 12시 20분에 오고, 지연이는 12시에 오고, 혜수가 나한테 말해 주었는데… 틀릴 수도 있다. 11시나 아니면 12시에 영어 학원에서 온다. 과외 선생님이 오셨다.

8월 17일 토요일

〈정미 아줌마, 호용이 아저씨. 삼촌 할아버지 방문〉

밤에 정미 아줌마와 호용이 아저씨, 삼촌 할아버지가 오셨다. 오시는 날인지 알고 빨리 샤워하였다. 샤워 다 하고 나가려고 할 때 띵동띵동 하는 소리가 들렸다. 삼촌 할아버지께서 오셨다. 난 밥을 먼저 먹었다. 호용이 아저씨, 정미 아줌마, 삼촌 할아버지는 지금 금방 드셨다. 숙제를 아직 다 못해서 내 방으로 와서 숙제하였다. 정미 아줌마가 내 방으로 들어와 저 책을 봐도 되냐고 물어봤다. 된다고 말하였다. 숙제를 거의 다 하였다. 호용이 아저씨는 TV를 보고 있고, 정미 아줌마는 열심히 책을 보고 있다. 난 숙제를 하고 있고, 정미 아줌마가 이 방에서 자고 싶다고 말하였다. 이모할머니께 달려가 아줌마가 한 이야기를 다 말씀드렸더니 이모할머니께서 같이 자라고 말씀하셨다. 내 방으로 뛰어가 정미 아줌마한테 말하였다. 호용이 아저씨는 나보다 일찍 삼촌 할아버지와 잔다.

8월 19일 월요일

〈책받침〉

난 책받침이 많이 있다. 내가 지금 받치고 쓰고 있는 책받침은 요술 책받침이다. 난 내가 2학년 때 쓰고 그린 책받침이 있다. 내가 그리든가, 누가 그려주는 책받침을 선물 받고 싶다. 난 여러 가지 그림을 좋아하여서 내가 좋아하는 그림을 다 그려서 코팅하면 좋겠다. 하지만 책받침이 많다. 책받침 하나만 있으면 좋겠다. 아주 많지는 않다. 조금 많이 있다. 책받침이 17개이다. 하나하나 세어 보았다. 요술 책받침은 연필심이 빨리 닳다. 자꾸 깍아야 한다. 다른 책받침은 연필심이 빨리 닳지는 않는다. 이모할머니께서 감기약을 사 오셨다. 물하고 마셨다. 쓴 약인 것 같았고 맛이 없었다. 난 만화 그림 책받침이 좋다. 누가 그린 것, 집에서도 만화 그림 그린다. 책받침을 이제 받지도 않을 거고 사지도 않을 거다. 돈이 낭비되니까?

8월 20일 화요일

〈TV〉

너무 TV를 많이 보는 것 같다. 이제부터 2시간만 보겠다. 밤에는 어린이 프로를 안 하니 뉴스를 보겠다. 잘 안되지만 한번 실천해 보겠다. TV는 멀리서 보고 있다. 어떤 친구네 집은 아무리 멀리 가서 TV를 보려고 하여도 TV와 거리가 가까워 TV를 그냥 봐야 한다. 눈이 나빠져서 싫다. TV를 안 보려고 노력하는데 자꾸만 TV를 보고 싶다. 참을성을 기를 거다. TV 때문에 눈이 아프고 어지럽다. TV는 바보상자이다. 바보로 만드는 바보상자. 이모할머니께서 TV를 많이 보니 그렇다고 말씀하셨다. 생각은 동감이다. 나쁜 버릇은 어렸을 때 얼른 고치고 착하고, 정직한 마음, 자신감 3가지를 기르고 고치겠다. 우리 속담에 이런 말이 있잖아요. '세 살 버릇 여든까지 간다' TV 많이 보는 것과 나쁜 마음 없애는 것을 꼭 고치겠다. 분명히 고쳐질 거라고 난 믿는다. TV는 중요한 정보를 알려 주기도 한다.

8월 21일 수요일

〈맛있는 소고기〉

저녁이 되자 저녁밥을 먹으려고 샤워하고 가 보았다. 고기가 있기에, 아- 오늘 저녁밥은 고기를 구워서 먹겠구나! 생각하고 내 자리에 가서 앉았다. 저녁밥은 뭘까? 하고 보니 이모할머니께서 밥을 차려 놓으시고 고기를 굽고 계셨다. 굽는 냄새가 좋고 맛이 있는 냄새였다. 냄새는 좋지만 고기 맛은 안 좋을지 모른다는 생각이 들었다. 먹어보니 참 맛이 있었다. 1번째에서는 내 생각이 맞았는데 2번째에서는 내 생각이 틀렸다. 이모할머니, 이모할아버지께서 뉴스를 보시니 나도 보면서 고기와 밥을 먹었다. 저번에는 일찍 마당에서 먹었는데… 왜 오늘은 마당에서 먹지 않을까? 생각하였다. 궁금해서 물어보았다. 이모할머니께서 오늘은 너무 늦었고 캄캄해서 마당에 나가서 못 먹는다고 말씀하였다. 오래간만에 먹으니 맛이 있었다. 다음에도 또 먹을 거다. 그 고기는 소고기이다. 어떤 음식을 먹었냐면 3가지, 물은 마셨고 고기, 밥은 씹어서 맛이 있게 먹었다. 다음에는 마당에서 먹겠다.

8월 22일 목요일

〈문산 제삿날〉

문산에 이모할머니와 같이 갈 거다. 이모할아버지 퇴근하고 집에 오셔서 진지 드시고 저녁때 문산에 오실 거다. 오늘은 제삿날이다. 그래서 가야 한다. 과외 선생님과 공부를 다 마치고 좀 있다가 카레를 먹었다. 이모할머니께서 설거지 다 하시면 문산으로 차를 타고 갈 거다. 지금은 숙제하고 있다. 빨리 숙제하고 가면 좋은데… 이모할머니께서 설거지 다 하실 동안 이어서 빨리해야 한다. 난 준비 다 하였다. 내가 이모할머니 설거지하는 동안 할 수 있을까? 라는 생각이 든다. 왜 설거지를 다 하고 빨리 나가야 할까? 좀 늦게 나가도 되는데… 제삿날이라서 빨리빨리 준비하고 가야 하나 보다. 난 숙제를 다 하고 나가면 좋겠다. 내가 이모할머니 보고 '얼마나 남았어요?' 라고 물어보았다. 이모할머니께서 거의 다 하셨다고 말씀하셨다. 이모할머니께서 설거지 다 하시고 할 일이 있으시다. 시간이 충분한 것 같다. 숙제를 빨리해야겠다.

8월 23일 금요일

〈너무 피곤해!〉

어제 문산에서 늦게 왔다. 늦게 일어났는데도 피곤하고 하품이 나온다. 피아노학원에 가려고 하여데 피곤하고 졸음이 왔다. 이모할머니께서도 피곤하다고 말씀하셨다. 피아노 가기 전에 이모할머니와 누워 있었다. 이모할머니께서 할 일 다 하고 깨우라고 말씀하셨다. 피아노 갈 준비하고 이모할머니를 깨웠다. 맛이 있는 카레를 먹었다. 피아노학원에 가서 피아노를 다 치고 집으로 왔다. 아직도 피곤하다. 과외 선생님이 오셔서 공부하는데 너무 피곤하였다. 아침에도 졸려서 늦게 일어났는데… 과외 선생님도 하품하시면서 졸린다고 말씀하셨다. 다른 때는 이렇게 졸리지도 않고 많이 늦게 일어난 적도 없었는데. 피곤한 적은 있었어도 오늘은 너무 피곤하다. 이제 좀 나아진 것 같다. 안 피곤하다. 오늘은 1시간 일찍 자야겠다. 조금 있다가 줄넘기와 운동을 할 거다. 그리고 방을 깨끗이 닦을 거다. 오늘은 책을 많이 읽을 생각이다. 과외 선생님께서 향수를 뿌려주셨다.

8월 24일 토요일

〈고치고 싶은데 나는 왜 이럴까?〉

난 방학 날부터 이상해졌다. 아침에는 신나게 친구와 놀고 밤에는 열심히 숙제를 한다. 난 혜수와 노는데 혜수가 오면 컴퓨터 게임만 하기 때문에 숙제가 안 된다. 그리고 어지럽다. 혜수는 아무렇지도 않은가 보다. 점심때는 밥 먹고 샤워하고 보면 벌써 밤이다. 금방 방학한 것 같은데 이제 개학이다. 왜 이렇게 빨리 갈까? 아침, 점심, 저녁이 아주 길면 좋겠다. 숙제는 늦게 한다. 꼭 고치려고 노력하는데… 잘되지 않는다. 왜 이런가? 나쁜 습관과 행동을 꼭 고쳐야지 그래서 실천해야지. 하지만 마음먹은 대로 잘 안된다. 나는 고치고 싶은데. 한 번에 실천할 수는 없을까? 나는 어디에서 잘못되었을까? 세 살 버릇 여든까지 간 됐는데. 빨리 고치지 않으면 큰일 나겠다. TV도 조금 보고 싶은데. 자꾸 보고 싶다. 그것도 고쳐야지. 아이들은 다 좋은 것 같고, 벌써 고친 것 같다는 생각이 든다. 난 독서도 해야 하는데… 혜수는 다 고쳤겠지! 지금은 늦은 캄캄한 밤이다. 빨리 숙제를 다 끝내면 좋겠다. 난 지금 좀 피곤하다. 하품만 나온다. 많이 안 졸린데… 독서만 하면 오늘 숙제 끝, 내일 숙제는 내일 하면 된다.

8월 26일 월요일

<거북 목욕탕>

거북 목욕탕을 가보았다 사람이 많이 없었다. 씻기가 좋았다. 요플레를 사서 숟가락으로 떠먹었다. 찬물에 얼굴만 닦고 요플레를 넣어 두었다. 들어가지는 않고 미지근한 물에 많이 있었다. 감기에 걸렸기 때문이다. 때를 밀었다. 머리도 감고 비누칠하고 밖에 나오니 상쾌하였다. 사람이 점점 없어졌다. 사람이 많이 없으니 좋았다. 오랜만에 가보는 것 같다. 학교 갈 때는 사람이 많았는데. 다음에도 가봐야겠다. 어떤 아이가 1명이 가고 1명만 있는 것을 보았다. 내가 이모할머니 앞에 갔더니 이모할머니께서 머리가 빨갛다고 말씀하셨다. 난 염색 안 하였는데 이모할머니 머리를 닮아가고 있다. 조금 있으면 변할 거다. 내가 서울에 왔었을 때는 검은 머리였는데… 지금은 아주 검은 색은 아니다. 거북탕이 커서 좋다. 목욕탕을 갈 때는 거북탕에 갈 것이다. 나는 때가 많이 나왔는데, 오늘은 왜 이러지! 하고 생각한다. 거북탕이 조금 가깝다. 그때는 음료수가 많이 있었는데, 이제는 우유 2종류와 요플레만 있다. 음료수도 있으면 좋겠다. 참 상쾌하였다.

8월 27일 화요일

<내일이 개학>

내일은 개학이다. 방학 숙제는 다 하였다. 개학이 내일이 아니면 좋겠다. 많이 집에서 쉬었는데… 더 집에 있고 싶다. 내 짝이 누구, 이름이 뭔지, 자리가 어딘지를 모르겠다. 내일 가면 아마 찾을 거다. 수첩에 적어 놓는 건데… 그 생각을 왜 못 했지! 겨울방학 때는 꼭 그렇게 해야겠다. 오늘은 눈높이 수학도 해야 한다. 할 일은 많은데… 나는 괜히 시간만 보낸다. 가방을 챙겼다. 한 가지 빠트린 것이 있다. 일기장이다. 지금 쓰고 있기 때문이다. 유진이 언니는 2층에서 무엇을 하고 있을까? 궁금하다. 방을 닦아야 하고 이불도 펴 놓아야 한다. 숙제는 다 했는데 개학이 내일이다. 많이 있었는데 더 있고 싶다. 학교 가고도 싶다. 가방을 학교에 놔두고 다니면 좋겠다. 가방에 이름을 크게 썼으면 좋겠다. 방학 숙제는 쇼핑백에 가지고 가면 좋겠다. 그럼 안 잃어버릴 거다. 가방에 이름을 크게 썼기 때문이다. 짝꿍을 어떻게 찾을까? 궁금하다. 찾을 수 있을 거라고 믿는다. 학교 가는 것도 좋다. 난 한 가지를 고치고 싶은데… 잘 안되지만 고칠 수는 있다. 빨리 자고 싶다. 내일은 눈높이 선생님이 오시는 날이고 개학 날이다. 과외 선생님은 안 오신다.

8월 29일 목요일

〈2학기의 나의 각오!〉

2학기 때는 빨리 숙제하고 일찍 자고 일찍 일어날 거다. TV는 조금만 볼 거다. 학교에서 선생님 말씀을 잘 듣고 실천하겠다. 부족하였던 음악, 수학을 공부하겠다. 열심히 하겠다. 이모할머니 말씀을 잘 듣고 친구와 싸우지 말고 양보하며 사이좋게 지내겠다. 학교를 갔다 오자마자 집에 오고, 쓰레기는 그때그때 버리겠고, 쓰레기양을 줄이고 버릴 것은 계속 놔두지 않겠다. 1학기 때는 정리를 안 하였는데… 2학기 때는 고쳐서 정리를 자주 하겠다. 2학년 때는 불량음식을 먹고, 돈을 가지고 다니며, 필요 없는 것을 예쁘다고 샀는데… 지금부터 불량 음식을 먹지 않고, 돈도 가지고 다니지 말고, 꼭 써야 할 때만 돈을 쓰겠고, 필요한 것만 절약하고 사겠고, 학용품은 아껴 쓰겠다. 줄넘기를 안 하였는데… 내일부터 운동, 줄넘기를 많이 하겠다. 책, 공책을 함부로 사지 않겠다. 사는 것보다는 빌려서 보겠다. 사는 것은 돈이 많이 드니까? 서점에서 빌려서 보면 사는 것보다는 나름 절약되고, 친구가 그 책이 있으면 빌려보겠다.

8월 30일 금요일

〈수경아, 혜수야 놀자!〉

학교 끝나고 오는 길에 혜수, 수경이와 같이 우리 집으로 왔다. 집에 와 혜수는 집에 전화하고 수경이는 전화하지 않았다. 물어보니 조금 있다가 간다고 하였다. 목캔디를 나, 혜수, 수경(3명)이 먹었다. 하나씩 먹었다. 혜수는 코드를 꽂고 컴퓨터를 켰다. 컴퓨터 게임을 하기 위해서다. 죽으면 1번 쉬고 1번씩 돌아가며 하는 규칙이다. 수경이는 집에서 왼손으로 매일 연습하였다. 그런데 혜수와 나는 혜수가 올 때만 하였는데… 수경이는 매일 연습하면서도 혜수와 나보다 못한다. 혜수는 왜 우리 집에 올 때마다 컴퓨터를 많이 하는지 모르겠다. 재미있어서 하는 것은 아는데… 지루하지도 않나 생각이 든다. 혜수가 할 때는 숙제가 안된다. 컴퓨터 소리가 들려 방해가 된다. 난 TV, 컴퓨터 소리 때문에 하기 싫어진다. 그게 잘 안된다. 고칠 거다. 내일부터 해 보도록 노력할 거다. 수경이는 일찍 갔다. 혜수는 오래 있다가 나랑 밖으로 나갔다. 난 피아노학원에 가고, 혜수는 가방을 메고 실내화 가방을 들고 집으로 갔다. 방학 전에는 많이 놀았지만, 개학 후에는 오래간만에 수경이와 논 것 같다.

8월 31일 토요일

〈성당〉

4시까지 성당에 가야 한다. 혜수와 같이 토요일마다 간다. 천주교다. 성금은 200원 이상이다. 난 얼마 안 되어 해보지 못한 것이 많고, 모르는 것도 있다. 혜수는 1학년 때부터 다녔다고 한다. 3시 30분에 혜수와 같이 성당에 갔다. 와서 보니 노는 아이들도 있었지만, 얼른 들어가 '작은 마음'이라 쓰여 있는 종이와 자기가 할 수 있는 종이를 가지고 맨 앞에 앉았다. 혜수와 나는 토요일이라는 것을 깜박 잊어버리고 '웨딩 피치'와 '열려라! 만화 동산'을 하는 줄 알고 깜짝 놀랐다. 우리 집에 와서 TV를 틀고 생각하니 오늘이 토요일이란 것을 혜수와 늦게 알았다. 그래서 혜수는 컴퓨터 게임을 하였다 혜수가 왜 컴퓨터를 매일 하는지 난 알았다. 컴퓨터가 하고 싶기 때문이다. 성당을 가기 전에 혜수와 이모할머니를 주물러 드리고 책을 빌려오면서 혜수와 이야기를 나누었다. 혜수 집에 가서 휴지를 갖고 우리 집으로 왔다. 이모할머니께서는 기다리셨는데 말하지 않고 왔다. 고칠 거다. 습관이 되면 안 된다.

9월 일기

9월 2일 월요일 - 9월 30일 월요일

9월 2일 월요일
〈교장 선생님 말씀〉

9월 3일 화요일
〈임원선거〉

9월 4일 수요일
〈아침에〉

9월 5일 목요일
〈달콤한 포도〉

9월 6일 금요일
〈웨딩릴리 인형〉

9월 7일 토요일
〈체육대회 연습〉

9월 9일 월요일
〈혜수와 수경이〉

9월 10일 화요일
〈참외〉

9월 11일 수요일
〈사랑하는 엄마와 명동 구경〉

9월 12일 목요일
〈신발〉

9월 13일 금요일
〈화장실〉

9월 14일 토요일
〈지연이 생일〉

9월 16일 월요일
〈봉숭아꽃 물 주기〉

9월 17일 화요일
〈정리〉

9월 18일 수요일
〈눈높이 수학〉

9월 19일 목요일
〈피아노〉

9월 20일 금요일
〈혜수와 싸웠네!〉

9월 22일 일요일
〈문방구〉

9월 23일 월요일
〈혜수의 생일〉

9월 24일 화요일
〈운동회〉

9월 25일 수요일
〈내일 숙제해야겠네!〉

9월 28일 토요일
〈추석에 엄마와의 여행 그리고 경복궁〉

9월 30일 월요일
〈훈화와 엄마와의 여행 생각〉

10월 1일 화요일

〈국군의 날〉

오늘은 국군의 날이다. 칠성산에 간첩이 아직 남아있어 국군 아저씨들이 하루도 안심해서는 안 되고 위험한 일이다. 오늘 국군의 날인데 간첩 때문에 걱정이 되고 쉬지 못하실 것 같다. 왜 간첩은 우리나라에 많이 오는 걸까? 북한에 쌀도 보내주었는데, 나쁜 마음을 가졌나 보다. 나쁘다. 하루라도 빨리 통일이 돼서 북한에 있는 산도 가 보고 구경하고 같이 놀면 좋겠다. 우리나라는 통일하려고 하는데 북한은 하지 않으려고 한다. 통일이 되면 좋은 점이 많을 것 같은데, 군대에 있는 성필이 오빠는 무엇을 하고 있을까? 궁금하다. 시간이 없어 포항에 많이는 못 갔다. 이모할아버지, 이모할머니께서는 아마도 보고 싶을 것 같다. 3학년이 되어서 한 번도 포항에 못 갔다. 한 번쯤은 가 보아야 하는데 못 갔다. 11월쯤에 제대할 거다. 이제 얼마 안 남았다. 오빠도 많이 계급이 높아졌다. 오빠가 많이 바쁜가 보다.

10월 2일 수요일

〈내일은 개천절〉

내일은 개천절이다. 내일은 학교에 안 간다. 우리 집은 태극기가 없고 다는 데가 없다. 만든 태극기를 집 안에다 놓을 거다. 개천절은 국경일의 하나고 우리나라의 건국을 기념하는 날이다. 피아노학원도 안 간다. 문제집, 자율 학습지는 내일 할 것 같다. 이달 학습 뒤에 있는 쪽지 시험은 이달 학습을 산 날 찢었다. 왜냐면 3월, 4월, 5월 것도 다 모아서 하려고 한다. 선생님께서 해 오라고 하셨는데… 과외 선생님이 아마도 가지고 계실 거다. 그래서 못 가지고 간다. 일기 다 쓰고 목요일 책가방을 챙기고 자율 학습지 모르는 문제는 밤에 오시는 이모할아버지께 여쭈어볼 거다. 또 조용히 지내고 재미있게 지낼 거다. 숙제 다 하고 내일 심심하면 정리하고, 친구와 놀 것 같다. 개천절은 국경일의 하나이다. 나는 스케치북 1장을 찢어 태극기를 만들어 놓을 거다. 그렸다. 8월 15일 광복절을 그렸다. 이모할머니 안방에다 태극기를 만들어 놓았더니 이모할머니께서 잘했다고 말씀하였다. 어디에 태극기가 있는지 모르겠다. 이모할아버지는 내일 집에 계실 거다.

10월 3일 목요일

〈개천절〉

개천절에 태극기를 달았다. 민혜가 놀자고 전화 와서 10시 20분에 오라고 하였는데… 시간이 지나도 안 오길래 전화해 보았더니 민혜 할머니께서 받으시더니 '민혜가 엄마한테 간다고 하던 데…' 하고 말씀하셨다. 불러 보았는데도 없는 것 같았다. 있는 것 같은데… 오지 않았다. 밖이 시끄럽길래 나가 보았더니 민혜가 있었다. 배드민턴을 치며 놀았다. 공부하려고 들어가 있다가 4시 30분부터 나는 공주 놀이하는 민혜와 같이 놀았다. 배드민턴을 치기로 하고, 쳤다. 두회, 민혜는 치는 법이 틀렸다. 민혜는 좀 잘하는 것 같은데 두희는 못 친다. 1학년이라 그런 것 같다. 두희와 민혜도 조금만 열심히 하면 잘할 것 같다. 처음 배드민턴을 칠 때는 잘 쳤는데 나중에 치려고 하니 잘되지 않았다. 즐겁고 재미있었다.

10월 4일 금요일

〈달〉

☽ 새벽 1시 달이 뜬 모양. '달이 뜨겠지'라고 생각하였다. 안방에 가서 살펴보니 달이 없었다. 조금 있다가 뜨겠지 하고 생각하고 TV를 보았다. 2시간이 흘러간 후 또 살펴보았다. 조금 있으면 다시 뜨겠지 하고 생각하였다. 보석, 사진, 엽서를 보았다. 사실 너무나 많다. 지금은 캄캄한 밤이다. 학교 선생님께서 달을 그리라고 말씀하셨다. 달이 없어 일기장에 '달이 안 보임'이라고 썼다. 보름달을 구름이 가려서 보이지 않나 보다. 3학년이 되어서 달을 잘 보지 못하였다. '오늘은 달이 있겠지!'라고 생각하였는데… 왜 안 보일까? 오늘은 달을 못 보지만 다음엔 꼭! 있을 거다. 없을 수도 있다. 달을 ◌하게 그릴까? 생각하다가 그냥 ○ 보름달을 그릴까? 생각하다가 아니야. '선생님께서 아마 오늘 뜨는 달을 그리라고 말씀하셨을 거야!'라고 생각하였다. 달이 없어서 말로 썼다. 마당에 나가 찾아보았지만 없었다. 오늘은 내 생각이 틀렸나 보다. '내 말이라서 다 맞다'라는 것은 자기가 생각하는 거다. 달을 그리는 김에 일기장 제목을 달이라고 썼다. 오늘은 숙제를 늦게 하였다.

10월 6일 일요일

〈민혜와 인형 놀이, 학교 놀이!〉

민혜가 아침부터 놀자고 왔다. 놀기로 하였다. 처음엔 인형 놀이 하였다. 민혜는 제일 예쁜 인형을 골랐다. 방이 너무 더러워 쓸고 닦았다. 이달 학습 뒤에 문제가 있는데 찢어 풀려고 하였는데… 선생님이 가지고 가셔서 우리는 학교 놀이를 하였다. 민혜는 학생이다. 가방은 민혜가 골라 연필, 지우개를 필통에 넣고 쓰던 종이와 색연필, 사인펜을 준비하였다. 나는 선생님이다. 받아쓰기, 요리, 시계, 그림, 체육을 하였다. 재미있다. 민혜는 열심히 한다. 민혜는 나 외에 동네 친구하고도 논다. 나도 민혜처럼 한다. 받아쓰기 보기 전에는 책을 본다. 선생님만 하지 않고 학생이 하고 싶을 때도 있다. 친구랑 민혜가 있을 때는 돌아가며 선생님을 한다. 가위, 바위, 보를 해서 먼저 할 사람을 정한다. 친구는 많지만 놀 친구가 없다. 토요일이나 일요일은 심심하다. 놀러 가면 좋겠다. 아무 데라도 가면 좋겠다.

10월 7일 월요일

〈훈화〉

교장 선생님 말씀이 물이 중요하다. 24년이 지나다 보니, 다시 고치지 않으면 안 된다. 수도관을 모두 새 걸로 고치겠다. 이번에 전선을 처리하고 바꾼다. 수도, 전기 공사를 한다. 공사하는데 근처에 가서는 안 된다. 복도에서 공사를 할 수 있다. 한 달 반 정도 하면 불편하다. 불편이 있을 때 나쁘게 받아들이지 말자. 한 달 반 정도 되면 끝날 거다. 방학에 하려고 하였는데 사정이 있어 못 했다. 〈금주 생활 목표〉 1. 인사를 잘하자. 2. 웃어른께 존댓말을 쓰자. 3. 고운 말 쓰자. 예절 바른 생활을 하자. 금주 생활 목표는 오빠가 말하였다. 교장 선생님 말씀대로 공사장은 오후에 물이 안 나와 상수도 공사하는 데 가지 말자. 안 갈 거다. 교장 선생님께서 2가지를 말씀하셨다. 지킬 거다. 공사하는 곳에 가면 다치기 쉽고 위험이 있다. 그래서 조심해야 한다. 오늘은 2가지를 말씀하셨는데… 길다. 우리 반 전등을 바꿀 것 같다. 아닐 수도 있다. 바꾼다면 어떤 모양일까? 궁금하다.

10월 8일 화요일

〈자전거 타다 혜수가 다침〉

문방구에서 집으로 오는 길에 혜수를 만났다. 혜수가 오라고 해서 가 보았다. 자전거를 타고 있는 혜수가 나를 태워 주었다. 나는 집에 빨리 가야 하는데… 시원하였다. 자전거를 타고 빨리 달리고 있는데… 남자아이가 자전거를 자기가 잘 탄다고 일부러 빨리 가며 길을 막았다. 우리는 쭉 가고 있었는데… 남자아이는 우리 앞에 가서 옆으로 갔다. 남자아이 보고 '비켜'라고 하였는데… 비키지 않았다. 남자아이가 갑자기 갑자기 서는 바람에 빨리 가던 혜수 자전거는 옆으로 넘어졌고 혜수는 다치게 되었다. 나는 아무 다친 곳이 없다. 혜수의 하얀 바지 무릎 한쪽은 새까맣게 되고 한 다리는 까졌다. 많이 아팠을 거다. 남자아이 얼굴을 혜수가 잊어버렸다고 해서 찾기가 힘들었다. 남자아이는 도망갔다. 보았는데… 차가 지나가는 바람에 놓쳐 버렸다. 남자아이는 미안하다고 말 한마디 안 하고, 비켜주면 되는 것을 비켜주지 않아 다치도록 만들었다. 결국 못 찾았다. 남자아이가 참 못되었다. 다음엔 이런 일이 없도록 조심해야겠다.

10월 9일 수요일

〈한글날은 이모할아버지 생신날〉

한글날이지만 이모할아버지 생신날이다. 선물을 산다고 말씀드리고 나가려고 하였다. 이모할머니께서 선물은 안 사도 된다고 하셔서 사지 않았다. 언니가 올 때까지 기다렸다. 언니가 왔다. 이모할머니께서는 LA갈비를 해주시고 여러 가지 반찬을 차려 놓으셨다. LA갈비하고 같이 밥을 먹었다. 아주 맛이 있었다. 다른 반찬이 있었지만 김치하고 LA갈비만 먹고 안 먹었다. '생신을 축하해요' 노래도 불렀다. 언니만 선물을 사서 가지고 왔는데… 무엇일까? 궁금하였다. 이모할아버지께서 알았다고 하시면서 힌트 '넥' 자라고 말씀하였다. '넥타이'라는 생각이 들어 넥타이인 줄 생각하고 있었다. 밥 한 공기를 다 먹고 또 먹고 싶어 2공기를 먹고 또 먹으려고 하였는데… 이모할머니께서 배부르다고 못 먹게 하였다. 못 먹었지만 배부르고 맛이 있었다. 오래간만에 LA갈비를 먹어서 맛이 있는 것 같다. LA갈비를 남겨 두었는데, 언제 또 먹을 날이 많이 있을 것 같다. 기분이 참 좋았다.

10월 10일 목요일

〈호빵과 호떡〉

피아노 선생님께서 호빵을 주셨다. 세 개로 나누었다. 집에 와 언니, 이모할머니를 드렸다. 피아노 선생님께서 가지고 가라고 말씀하셨다. 칭찬도 해주셨다. 호빵은 팥이었다. 공부가 끝나고 이모할머니께서 호떡을 사가지고 오셨다. 내가 먹을 것도 남겨 놓으셨다. 왜 사 오셨냐면 내가 호빵을 드렸기 때문이다. 대문이 열렸나 나가 보라고 이모할머니께서 말씀하셨다. 확인하고 신발이 여기저기 있길래 가지런히 정리하였다. 집에 들어와 호떡을 포크로 먹으려고 하였는데 이모할머니께서 포크로 사용하지 말고 손으로 들고 먹으라고 말씀하셔서 이모할머니 말씀대로 행동하였다. 포크로 먹는 것보다 손으로 먹는 게 편하였다. 꿀, 땅콩이 들어있었다. 꿀이 있고, 땅콩이 들어있어 호떡이 맛이 있는 것 같다. 오래간만에 호떡을 먹는 것 같다. 호떡 하나를 먹고 또 하나가 있길래. 또 먹었다. 호떡 2개가 참 맛이 있었다. 다음에 한 번쯤은 또 먹어야겠다.

10월 11일 금요일

〈알뜰시장〉

학교 운동장에서 알뜰시장을 하였다. 봉사활동이라 빨리 가는 생각만 해서 돈을 깜박 잊고 안 가지고 왔다. 은정이에게 돈을 빌렸다. 내일 갚을 거다. 사람이 많아 다 사 가버리고 예쁜 것이 별로 없었다. 들어갈 틈도 없었다. 핸드백을 사려고 했는데 은정이가 샀고 허리띠를 사려고 했는데 안 샀고 넥타이도 안 샀다. 마음에 드는 게 없었기 때문이다. 돌아다니며 하얀 옷과 바지, 허리에 돈 넣는 지갑을 샀다. 정신이 없었다. 사고 싶은 것도 많았지만 돈이 모자라 못 산 모자도 있었다. 은정이는 내가 사려고 했던 모자가 핸드백에 들어 있었다. 하얀 옷이 100원, 바지가 1,000원, 지갑 500원일 거다. 나도 잘 모른다. 은정이에게 모자 하나만 달라고 하였다. 안 주었다. 선생님도 사셨다. 4학년이 되면 한번은 열릴 것으로 생각한다. 그때는 돈을 가지고 가서 살 거다. 은정이에게 아마도 1,600원 주어야 할 것 같다.

10월 12일 토요일

〈훈화〉

운동장 공사가 한 달 정도 걸릴 것이다. 그동안 공사장 근처에 가지 말자. 좌측 통행하고 뛰지 말자. 교통질서를 잘 지키자. 나쁜 불량배를 따라가지 말자. 알뜰시장에는 살 것이 많고 어머니들이 많이 도와주신 것 같다고 교장 선생님께서 말씀하셨다. 생활 목표: 예절 바른 생활도 잘 지켜주는 것 같다. 존댓말을 잘 지켜준 것 같다고 언니가 말하였다. 오늘은 말씀이 짧으셨다. 불량배를 만나지 않으려면 집에 빨리 가야 한다. 공사하는 근처에 가면 위험하니까 가지 말아야 한다. 복도 계단에서 뛰지 말아야 한다. 자기나 다른 사람이 넘어지기 쉬워, 좌측 통행 지킬 것이다. 공사가 늦게 시작하여 늦게 끝난다. 교장 선생님께서 한번 말씀하시고 못 들을까 봐 한 번 더 말씀하셨다. 한 마디로 두 번 말씀 하신 거나 마찬가지다. 생활 목표는 잘 못 들었다. 생활 목표도 다 끝나고 자리에 앉아서 아침 자습을 다 하고 신문을 읽었다.

10월 14일 월요일

〈교장선생님 훈화 말씀〉

1. 몸이 튼튼해야 한다. 2. 마음도 튼튼해야 한다. 3. 훌륭한 사람은 몸, 마음도 튼튼해야 한다. 몸은 건강한데 마음이 약해지고 있다. 마음을 튼튼하게 하려면 책을 많이 읽는 것이 제 일 좋다. 마음을 살찌게 하는 방법이다. 책을 읽어라! 책을 읽어라! 라는 소리는 마음을 살찌라 하는 소리다. 책 읽는 시간은 마음을 살찌게 하는 시간이다. 안중근 의사께서는 책을 안 읽으면 입에 가시가 돋는다고 하셨다. 나는 처음엔 책을 많이 읽었는데 이제는 별로인 것 같다. 시간이 있으면 책을 읽자고 교장 선생님께서 말씀하셨다. 그래서 가을은 독서의 계절인가 보다. 책을 많이 읽겠다. 만화책만 읽으면 마음이 살이 안 찐다. 가방에 위인전을 가지고 다녀야겠다. 집에 가서 시간이 있으면 책을 읽겠다. 안중근 의사는 책을 많이 읽으셨나 보다. 본받아야겠다. 생활 목표 1. 공부를 잘하자. 2. 교실에서 조용히 하자. 3. 교실에서 선생님 말씀을 잘 듣자.

10월 15일 화요일

〈놀이터에서 탈출 놀이와 얼음 땡 놀이〉

혜수와 놀이터에 갔다. 탈출 놀이가 하고 싶어졌다. 사람이 너무 없어 모르는 2학년과 탈출놀이 하기로 하였다. 효섭이도 시켜주었다. 4학년 2명의 언니가 시켜 달라고 하였다. 시켜주었다. 특히 내가 술래를 많이 한 것 같다. 탈출 놀이는 그만하고 얼음 땡 놀이 하였다. 뛰어다녀서 힘이 들었다. 효섭이와 어떤 남자아이가 싸웠다. 그 남자아이는 효섭이보다 나이가 적은 것 같다. 그 남자아이가 돌을 던졌기 때문이다. 혜수가 울었다. 효섭이가 옹달샘이라고 술래였을 때 약 올렸기 때문이다. 효섭이는 빨리 도망갔다. 혜수는 효섭이만 잡으려고 하였다. 효섭이가 술래다. 시계를 보니 5시가 되어 갔다. 조금 놀다 간다고 말하고 피아노학원으로 향하였다. 혜수는 자전거를 타고 나랑 학교에 갔다가 놀이터로 갔다가 성당에 가 물을 먹고 먹을 것을 샀다. 피아노학원까지 데려다주었다.

10월 16일 수요일

〈심수경〉

오래간만에 수경이가 우리 집에 와 있었다. 수경이가 기다렸다고 하였다. 수경이는 인형 놀이 하자고 하고 혜수는 싫다고 한다. 혜수가 자전거 가지고 온다고 하며 집으로 갔다. 수경이는 싫다고 한다. 혜수가 기다리다 온 것 같다. 수경이가 결국 가게 되었다. 이모할머니께 허락받고 놀이터에 가기로 하였다. 놀이터에 도착해서 탈출 놀이가 하고 싶어져서 하려고 하였다. 사람이 너무 적어서 언니보고 하자고 해서 하고, 그 언니 동생도 하였다. 동생은 혜수를 항상 따라다닌다. 내가 술래가 많이 되었다. 돌아가며 술래를 하기로 하였다. 언니가 혜수를 잡은 것 같은데 혜수는 타임을 하였다. 내가 술래였을 때, 혜수는 빨리한다고 화내었다. 나는 그냥 빨리했을 뿐인데 왜 화를 내지? 수경이가 탈출 놀이 하다가 다쳤다. 많이 아픈가 보다. 우리는 그냥 집에 가기로 하였다. 혜수는 집에 가고 나와 수경이는 우리 집으로 향하였다.

10월 17일 목요일

〈바쁘다〉

3시에 과외 선생님이 오신다고 하셨다. 3시가 지나 3시 30분에 오셨다. 이제 영어 시험, 중간고사가 얼마 남지 않았기 때문에 영어를 열심히 내일부터 하고 못 하는 과목일수록 더욱 공부하겠다. 내일부터 실천하겠다. 수학은 재미있다. 영어, 음악 등. 열심히 하겠다. 모르는 것도 잘 가르쳐 주셨다. 10월은 바쁜 달이다. 놀지 말아야겠다. 시험이 끝나면 놀 거다. 중간고사 시험이 끝나면 언니 생일 선물도 사야 한다. 그러려면 용돈을 모아야 한다. 그때 가서 생각하는 게 좋을 것 같다. 4시가 지나 5시가 되었다. 과외 선생님은 바쁘셔서 가셨다. 피아노학원에 가려고 준비하였다. 피아노 선생님 마당에는 대추나무가 있다. 많이 열리지는 않았다. 우리는 땄다. 대추를 가지고 피아노학원에 가서 선생님께 드렸다. 좋아하셨다. 피아노 책을 펴고 쳤다. 넘어갔는데 더 넘어갔다. 피아노를 다 쳤다. 선생님께서 건빵을 5개 주셨다. 이모할머니 몫도 남겨 놓고 언니 것도 남겨 놓았다. 밖에 나가니 캄캄하였다. 집으로 왔다.

10월 18일 금요일

〈바자회의 부침개와 순대〉

이모할머니께서 교회 앞에 열리는 바자회에서 부침개를 사 오셨다. 이모할머니께서 피아노 선생님께 드리라고 말씀하셨다 피아노학원에 가서 선생님께 드렸다. 좋아하시며 같이 먹자고 하셨다. 내가 좋아하고 맛있어하는 오징어가 있었다. 부침개는 맛이 있다. 맛있게 잘 먹었다. 이모할머니께서 순대를 사 오셨다. 이모할머니께서 김밥, 부침개가 없고 순대만 있다고 말씀하셨다. 집에 오다 교회 앞을 지나가게 되었는데 사람이 많이 있었다. 순대 맛이 조금 이상하였다 이모할머니께 "맛이 어떠시냐고?" 여쭈어보았다. 이모할머니께서도 좀 이상하다고 말씀하셨다. 언니가 와 먹었다. 유진이 언니 보고도 맛이 어떠냐고 물었다. 언니가 "탄 맛"이라고 말하였다. 처음에 김밥이나 부침개 사러 나가시려고 할 때, 사실 물건 있으면 사시라고 하였다. 이모할머니께서 마음에 드는 것이 없다고 말씀하셨다. 나도 그런 생각을 하였는데, 이모할머니께서는 향수가 많으신데 마음에 드는 향수가 1개나 2개라고 말씀하셨다. 별로 없는 것을 보면 좋아하시는 향수를 알 수 있다.

10월 20일 일요일

〈점심에 온 사람은 신민혜〉

신민혜가 점심때 왔다. 딩동 벨이 울려 누구냐고 물어보았다. 민혜라며 놀자고 하였다. 열어 주었다. 내 방으로 들어가 인형 놀이 하였다. 그런데 민혜는 제일 예쁜 인형을 골랐다. 나는 2번째로 예쁜 인형을 골랐다. 이모할머니, 이모할아버지께서 절에 가는데 가겠냐고 물으셨다. 민혜는 못 가요! 라고 하였다. 나는 집에서 부처님께 소원을 빌었으니까? 안 갔다. 인형 놀이에서 민혜의 인형 이름은 마리다, 인형 놀이를 한참 하였다. 그만하기로 하였다. 다 정리하고 무슨 놀이 할까? 하고 생각하였다. 학교 놀이 하였다. 나는 선생님이다. 가방, 필통, 지우개, 연필, 공책은 민혜가 고른다. 책은 처음에 읽는다. 받아쓰기하려면 볼 글씨가 있기 때문이다. 민혜는 일요일에 가끔 와서 논다. 민혜와 노는 것은 재미있다. 학교 놀이 하였는데 재미가 없어서 하기 싫어졌다. 민혜가 음료수 먹으면서 이야기 친구처럼 하자고 말하였다. 포도 주스를 민혜와 조금씩 마셨다. 맛이 있었다.

10월 21일 월요일

〈교장 선생님 훈화〉

상장은 이보라, 강승혜, 김관우, 이승정, 윤관운이 받았다. 목화 전시에서 상을 받은 아이들이 있었다. 우리나라를 앞으로 지켜나갈 새싹, 우리 역촌 초등학교는 욕을 안 쓸 것이라고 믿고 있다. 그래서 친구들에게 욕을 하거나 친구 말 한마디가 친구에게 마음을 아프게 하지 말자. 어렸을 때 욕을 잘하는 어린이는 커서 할아버지가 되어도 못 고친다. 세 살 버릇 여든까지 간다는 말이 맞는 것 같다. 다른 사람의 마음을 상하지 않게 하고 욕을 쓰지 말자. 머릿속에 생각해서 말하자. 생활 목표: 질서 잘 지키기. 1. 실내에서 조용히 하자. 2. 좌측 통행하자. 3. 공사장에 가지 않기. 생활 목표는 언니가 말하였다. 오늘도 교감 선생님 훈화 말씀이 길었다. 욕은 참 나쁘다. 욕을 하면 고쳐야 한다. 생활 목표가 끝나고 선생님께 인사를 하였다. 말로 욕하고 때리는 것도 아프다. 숙제를 안 해서 선생님께서 때리는 것은 된다.

10월 22일 화요일

<이모할머니께서 학교에 오시다>

이모할머니께서 학교에 오신다고 하셨다. 이모할머니께서는 내가 학교 가고 있을 때 절에 가신다. 전화하면 안 계신다. 이모할머니께서 학교에 오래간만에 오신다고 말씀하신 것 같다. 내가 학교 끝나고 이모할머니께서 오신다고 하셔서 기다렸다. 선생님께서 나보고 말씀하셨다. 가다가 만나면 선생님이 10분만 기다리신다고 말하라고 말씀하셨다. 못 오신다면, 집에 가서 만나면 내일 2시에 오시라고 말씀하셨다. 신발을 신고 보니 이모할머니께서 앞에 계셨다. "빨리 올라가세요. 선생님이 10분만 기다리셨다가 은행에 가신다고 하셨어요."라며 "빨리 올라 가세요!"라고 말하였다. 이모할머니께서 "여기 있으라"고 말씀하셨다. 가방은 아동대기소에 놔 두었다. 너무 심심하였다. 그때 마침 희정이가 나왔다. 희정이가 아동대기소에서 신발 갈아 신고 가방을 내려놓았는데, 이모할머니께서 오셨다. 희정이와 나는 가방을 메었다. 희정이 가는 길로 나도 갈 수 있어서 함께 갔다. 놀이터에 다 왔다. 희정이 가는 쪽으로 더 이상 못 가게 되어 나는 우리 집으로 갔다.

10월 24일 목요일

<중간고사>

오늘은 학교에서 중간고사 보는 날이다. 자연은 오늘 안 본다. 사실 보는 건데, 우리 반은 진도가 많이 나갔지만 다른 반은 아직 늦어서 내일로 미루었다. 선생님께서 우리가 배우지 않은 것도 나온다고 말씀하셨다. 그래서 숙제에 ?표 답을 43쪽까지 풀라고 하신 것 같다. 혜수는 나보다 수학을 못 보았고 난 혜수보다 국어를 못 보았다. 국어를 더욱 열심히 해야겠다. 오늘 자연도 보면 좋을 텐데. 하지만 어쩔 수가 없다. 난 국어가 좋은데 잘 안된다. 수학은 2개 틀렸다. 다 맞았으면 좋았을 건데. 사회는 몇 점인지 모른다. 내일이 지나가면 시험은 끝인 걸로 알고 있다. 아닐 수도 있다. 집에 와 가방을 보니 책 밑에만 젖어 있다. 오늘 비가 와 그런가 보다. 비가 오늘 너무 많이 온 것 같다. 바지 뒤가 다 젖었다. 학교 끝나고 집에 오니까 젖어 있다. 그래서 샤워하고 옷을 갈아입었다. 난 비 오는 날은 좋지만 싫기도 하다. 오늘은 공부할 것이 뭔가 볼 거다.

10월 25일 금요일

〈주택은행과 농심가〉

오늘은 선생님께서 바쁘셔서 일찍 가셨다. 학교가 끝나고 집에 와 조금 있다가 이모할머니께서 가자고 말씀하셨다. 어느 은행이냐면 주택은행이다. 주택은행엔 사람이 많았다. 표를 빨리 뽑았다. 뽑은 표를 이모할머니께 가져다드렸다. 태선이 아줌마네 가서 감, 땅콩을 먹었다. 정은이 아줌마네 벽에 코알라 그림이 있길래 나는 보러 갔다. 안 계신다. 벨을 3번 눌렀다. 할 수 없이 못 들어갔다. 농심가에 가서 목캔디를 샀다. 목캔디를 사려고 하였는데 어디에 목캔디가 있는지 몰라 못 사고 말았지만 오늘은 찾았다. 어느 곳에 있는지 외울 거다. 자리가 바뀔 수도 있다. 이모할머니께서는 두부, 오징어튀김, 파, 버섯을 사셨다. 농심가 가기 전에 상추와 고추를 사셨다. 농심가는 매일 같이 세일이다. 싸게 해준다. 난 농심가가 좋다. 세일이어서 좋다. 사람들은 모두 싼 것을 좋아한다. 농심가에 사람이 많이 있었다. 밖에 나가면 기분이 좋다.

10월 26일 토요일

〈훈화〉

1. 옷을 단정히 입자. 2. 공사 하는데 유의해 달라. 3. 화요일 특활 시간에 빠지지 말자. 금주 생활 목표: 질서를 갈 지키자는 잘 안 지켜진 것 같다. 실내에서 조용히 하자. 복도에서 뛰지 말자. 공사 근처에는 가지 말자. 오늘의 금주 생활 목표는 언니가 말하였다. 체육 시간에 체육복이 입기 좋고 활동하기 편하니 꼭 입고 다녀야 한다. 특활 시간은 안 빠져야 한다. 공사가 이제 끝나가는 것 같다. 오늘은 교장 선생님 말씀을 길게 적지 않고 간단하게 적었다. 교장 선생님 말씀이 길었지만 간단하게 적고 말았다. 학교 오는 길에 추웠다. 이모할머니께서는 추울 거라고 말씀하셔서 옷을 두껍게 입었다. 그래도 추웠다. 손을 주머니에 넣었다. 손도 차가웠다. 오늘이 다른 날 보다 추운 것 같다.

10월 31일 목요일

〈유진이 언니 생일〉

오늘이 언니 생일이다. 언니 친구 이근정 언니가 베토벤 석고상과 너구리 큰 인형을 사가지고 왔다. 1명. 사실 언니 친구는 우리 집에 잘 안오는데 1학년부터 제일 친하고 싸우지 않는 친구다. 1학년부터 지금까지 사귀었다. 언니 친구는 1명이다. 언니가 오늘만은 기억에 남을 것이다. 음력으로 어제도 생일이었다. 오늘은 양력이다. 어제 선물을 못 주어 오늘은 선물을 사서 꼭 줄 거다. 어제 유진이 언니 선생님께서 케이크를 사주셨다. 케이크 산 데서 먹은 후 이모할머니와 나 먹으라고 남겨 가지고 왔다. 초코다. 아주 맛이 있지는 않고 보통이다. 저번에 혜수와 나는 편지 써서 주었고 수경이는 편지 못 쓰고 집에 그림이 있는 메모지를 주었다. 혜수는 언니에게 선물을 안 주었다. 나는 편지는 이미 썼고 언니 선물만 준비하면 된다. 윙크에 가서 선물을 살 것 같다. 선물을 안 줄 수는 없다. 왜냐면 언니가 내 생일에 선물을 주었고 잘해주었기 때문이다.

11월 일기

11월 1일 금요일 - 11월 30일 토요일

11월 1일 월 금요일
〈권가네 냉면집〉

11월 3일 일요일
〈진관사 절과 통일동산〉

11월 4일 월요일
〈훈화〉

11월 5일 화요일
〈앞구르기〉

11월 6일 수요일
〈꼬막 반찬〉

11월 7일 목요일
〈군대에서 제대한 성필이 오빠〉

11월 8일 금요일
〈혜수랑〉

11월 10일 일요일
〈무궁화 슈퍼〉

11월 11일 월요일
〈훈화〉

11월 12일 화요일
〈내일은 언니 입학시험 날〉

11월 13일 수요일
〈외식하는 날〉

11월 14일 목요일
〈외식하는 날〉

11월 15일 금요일
〈이달 학습〉

11월 17일 일요일
〈칼국수, 칡냉면〉

11월 18일 월요일
〈눈높이 수학언니 때문에 엄마가 못 오신다〉

11월 19일 화요일
〈체리 가루〉

11월 20일 수요일
〈오빠 컴퓨터로 게임〉

11월 21일 목요일
〈운동화 끈 매기 연습〉

11월 22일 금요일
〈내일은 은총 시장 가는 날〉

11월 24일 일요일
〈감을 따자 따〉

11월 25일 월요일
〈교감 선생님의 훈화〉

11월 26일 화요일
〈엄마가 새 컴퓨터를 가지고 오셨네!〉

11월 27일 수요일
〈스마일 문구〉

11월 28일 목요일
〈눈〉

11월 30일 토요일
〈목욕탕〉

12월 2일 월요일

〈이모할머니께서 편찮으시다〉

이모할머니께서 일을 무리하셔서 편찮으시다. 머리가 어지럽고 말을 하기가 힘드시다고 말씀하셨다. 오늘은 일찍 주무셔야겠다. 언니가 설거지한다고 빨리 주무시라고 말하였다. 이모할머니께서는 설거지는 내가 하는 일이니, 내가 한다고 말씀하셨다. 설거지 다 하시고 빨래하신다고 말씀하셨다. 그때 이모할아버지께서 빨래는 오늘 하지 않아도 되니 빨리 자라고 말씀하셨다. 언니가 설거지해도 되는데, 이모할머니께서 그냥 일찍 주무시지 편찮으시면서. 편찮으신 게 빨리 없어지고 다시 건강해지시면 좋겠다. 감기도 빨리 나아지시면 좋겠다. 저번에도 한 번 그러신 적이 있어 다른 날보다 일찍 주무셨다. 저번에도 설거지를 다 하시고 주무셨다. 내일은 다 나아지시면 좋겠다.

12월 3일 화요일

〈그룹과외〉

학교가 끝나자마자 간다. 월요일, 화요일, 목요일, 금요일에 간다. 내가 가면 신민혜는 가려고 준비하고 있고 내가 공부하려고 하면 신민혜는 가 버린다. 민혜는 학교에서 일찍 끝나니까? 빨리하고 빨리 끝나지만 난 민혜보다 늦어서 늦게 시작하니까 같이 가고 싶어도 같이 못 간다. 난 늦게 끝난다. 민혜가 기다려 주면 민혜는 엄마한테 늦었다고 혼이 나고, 나는 피아노학원도 가기 때문에 안 된다. 영어 선생님은 월요일만 오신다. 과외 선생님은 금요일만 하시고 눈높이는 안 할 거다. 이모할머니께서는 아이들과 같이 하는 것이 좋은 거라고 말씀하셨다. 카세트, 책을 샀다. 이모할머니께서 들어보시고 외우기가 쉽고 재미있는 유익한 영어라고 말씀하셨다. 3학년 문제집도 풀고 있고 4학년 문제집도 풀고 있다. 그룹과외 하지 않을 때 난 그냥 속셈학원인지 알고 있었는데 알고 보니 그룹과외였다.

12월 4일 수요일

〈편지지〉

과외 선생님께서 새로 사신 편지지를 2장 주셨다. 그림은 눈사람이고 눈사람 코는 빨간색이다. 눈사람에는 병아리, 강아지가 있다. 강아지도 예쁘다. 편지 봉투는 선생님도 몇 장 없으시니까? 1장 주셨다. 선생님이 고마웠다. 과외 선생님은 자기 마음에 예쁜 편지지라면 사시기 때문에 편지지가 참 많으시다. 그래서 주신다고 말씀하셨다. 편지지 봉투가 너무 조그맣다. 작지만 귀엽고 예쁜 그림이다. 난 이런 편지지가 있는 줄을 모르고 있었다. 과외 선생님께서 주셔서 이런 편지지가 있었구나! 라는 사실을 알게 되었다. 유진이 언니가 열심히 해 편지지는 2장밖에 없지만 1장을 언니에게 주었다. 과외 선생님한테 받는 것도 좋지만 언니에게 주는 것도 좋다. 나누어 가지는 일도 좋은 일이다.

12월 5일 목요일

〈과외 선생님께서 왜 안 오실까?〉

어제 과외 선생님께서 금요일 날에 오시는 건데 바쁘셔서 목요일 날 한다고 말씀하시고 가셨다. 오늘은 목요일인데 선생님은 7시에 오신다. 7시 50분이 되어도 오시지 않았다. 오신다고 말씀하셨는데 내가 잘못 들었나? 그럴 리가 없는데 왜 안 오실까? 늦으셔서 그런가? 아니면 바쁘셔서 그런가? 못 오시면 못 오신다고 전화로 말씀하시지. 전화하신다고 말씀하시면서 전화를 안 하신다. 오늘은 오시는 줄 알았는데 안 오시네! 시간이 많이 지났는데 지금도 안 오시네! 오늘은 안 오시나 보다. 과외 선생님은 너무 늦게 오신다. 그래서 졸린 날도 많다. 무슨 일이 있으신 걸까? 전화는 지금도 안 오네. 오늘 안 오시면 언제 오실까? 궁금하다. 내 생각은 과외 선생님이 내일이 아니면 금요일에 오실 것 같다. 아니면 언제 온다고 우리 집에 전화해 말씀하실 것 같다.

12월 6일 금요일

〈내일은 영어 시험〉

내일은 영어시험이다. 난 영어를 잘못하는데 그리고 내일은 다과 차리기다. 가위, 바위, 보해서 부조장을 뽑았는데 김시진이 부조장이다. 난 조장이다. 시진인 과자 비스킷과 떡을 가지고 오고, 민선이는 쟁반을 가지고 오고, 최현은 식혜와 커피를 가지고 오고, 난 주스 4개 코코아를 가지고 간다. 코코아가 우리 집에 있어 확인해 보니 조금 밖에 없다. 4사람이 먹을 만큼은 없어 샀다. 주스도 샀다. 박혜성은 생 케이크를 잘 만들고 빵도 만드니까 생 케이크. 빵을 가지고 올 것 같다. 무엇을 가지고 오는지 궁금하다. 비스킷, 음료 등을 내일 먹을 것 같다. 그리고 내일은 영어시험이다. 이승열은 영어를 잘하니까 잘할 것 같다. 남지혜도 내일이 영어시험이니까 공부하고 다과에 가지고 갈 것을 준비하느라 바쁠 것 같다. 영어시험이니까 시험공부를 해야겠다.

12월 7일 토요일

〈훈화〉

여러분들이 제일 어려운 과목을 공부하고 어머니 아버지와 상의해서 한다. 자기 마음대로 숙제가 없다고 안 하지 말고 선생님 이야기를 잘 듣고 실천하자. 숙제가 달라졌다. 제일 어려운 과목을 공부하자. 교감 선생님 말씀을 잘 듣고 실천하자. 꼭 지키기를 바란다. 겨울방학이 돌아오니까 그런 말씀을 하신 것 같다. 이제 조금만 있으면 겨울방학이 온다. 일기와 방학 생활만 내주신다. 겨울방학 때 2개의 종이를 주시면 무엇을 할 거라고 쓰면 담임 선생님께서 도장 찍어 주시고 집으로 보내 주신다고 선생님께서 말씀하셨다. 여름방학 전에 또 말씀하시면 잘 들을 거다. 금주 생활 목표: 복도 질서 잘 지키기. 좌측 통행하자. 복도에서 조용히 하자. 복도에서 뛰지 말자.

12월 9일 월요일

〈반짝이 공기〉

공기를 300원 주고 샀다. 공기가 무거워서 참 좋았다. 아프기도 하였다. 우리 집엔 공기가 그냥 공기와 동물 공기가 있는데 가볍고 안 좋아서 이모할머니께서 좋은 공기로 사고 무거운 것으로 사라고 말씀하셔서 제일 좋은 공기가 300원인 반짝이 공기를 사서 이모할머니께 보여드렸더니 무거워서 좋다고 말씀하셨다. 옛날에는 돌로 해서 손 살이 벗겨지고 아프고 피도 났다고 말씀하셨다. 또 그때는 돌이 참 많았다고 말씀하셨다. 이모할머니, 유진이 언니는 공기를 참 잘하신다. 난 못하였는데 자꾸자꾸 연습하니까 이제는 잘하게 되었다. 반짝이 공기는 알이 많아 무겁고 반짝거리는 공기가 몇 알 있다. 그래서 이름이 홀로그램 반짝이 공기인가 보다. 반짝이가 아닌 알도 있다. 모두 합쳐서 반짝이 공기는 열 알이다. 반짝이 공기를 사길 잘한 것 같다는 생각이 든다.

12월 10일 화요일

〈체육〉

오늘 체육을 안 하는 줄 알았다. 왜 그런 생각을 하냐면, 요즘은 체육을 하지 않기 때문이다. 체육 하는 반이 좀 많이 있어서 축구는 하지 못하고 피구를 하였다. 우리 반 홀수 남자는 짝수 남자한테 졌다. 2번 더 할 때, 짝수 남자가 공을 나한테로만 던지고 송아한테는 던지지 않았다. 홀수가 죽고 짝수가 이기고 있을 때, 선생님께서 도와주셨다. 우리 반이 그러는데, 선생님 목적은 '다리'라고 말해줘서 오래전에는 몰랐는데 이제는 그 의미를 알았다. 채수진이는 춥다고 하였다. 나도 조금은 추웠고 많이는 춥지는 않았다 내 옷은 흰옷에다가 체육복 바지를 입고 와 활동하기 편하였다. 활동하기 쉬운 옷은 체육복인 것 같다. 피구를 많이 하였으니까 운동장에 아무도 없고 시간이 있을 때 운동장에 나가 축구를 하고 싶다. 축구도 참 재미있다.

12월 11일 수요일

〈목욕〉

나는 목욕을 하였다. 머리를 깨끗이 감았다. 샤워도 하였다. 언제 한번 목욕탕을 가야 하는데 요번 토요일에 가야겠다. 때도 밀어야겠다. 내 몸엔 때가 많을 거다. 때를 밀면 많이 나올 거다. 유진이 언니는 갈까? 아니면 안 갈까? 갔으면 좋겠다. 그 이유는 혼자 가기 싫기 때문이다. 누군가랑 같이 가면 좋겠다. 서천 탕에 간다. 작고 사람이 많아 자리가 좁아도 아줌마가 친절하시고 때도 잘 밀어주셔서 좋다. 다른 큰 데도 여러 군데 있지만, 친절하고 때를 잘 밀어주셔 난 서천 탕이 좋다. 사람이 너무 많아서 자리가 좁은 게 싫다. 목욕탕에서 다하고 밖으로 나오면 기분이 좋고 시원하다. 언니는 갈 것 같다. 언니 마음은 어떤지 모르니까 내 마음은 유진이 언니가 갈 것 같다. 언니가 2층에서 내려오면 물어봐야겠다.

12월 12일 목요일

〈뺏지〉

나한테는 조그만 뺏지가 있다. 모양은 동그라미 모양이다. 색깔은 핑크색이다. 모양은 귀엽다. 대학생 언니들이 잘하는 뺏지 이다. 이름은 모른다. 과외 선생님이 일요일 날 과외 선생님과 즐겁게 논 날 선생님께서 뺏지를 사 주셨다. 이날은 영원한 추억이 될 것이다. 선생님도 사셨다. 선생님 뺏지 색깔은 회색이다. 왜 회색으로 사셨는지 물어보니까 옷 색깔에 어울린다고 말씀하셨다. 갈색 깔 잠바에 뺏지를 해 주셨다. 하나도 건드리지 않았다. 영원히 기억할 거다. 내 뺏지는 이름이 없는 것 같다. 과외 선생님이 참 좋은데, 그래도 성당에서는 만날 수 있다. 학교에 뺏지달고 간 적이 몇 번이 있다. 과외 선생님은 지금 무얼, 어떻게 하시는지 궁금하다. 선생님께서 토, 일요일은 시간이 있으시니까 오신다고 말씀하셨다. 이제 선생님도 방학이 오니까 방학이 되면 자주 오실 거다. 선생님 집이 어디인지를 모른다.

12월 13일 금요일

〈소년동아일보〉

소년동아일보에는 재미있는 이야기, 신기한 이야기가 있다. 만화는 코망쇠 형제, 돌배, 돌아온 벤이 있다. 오늘은 한문 쓰는 게 나오지 않았다. 병 속에 들어간 보트, 커다란 병 속에 보트가 들어있었다. 그 모습이 참 신기하였다. 어떻게 플라스틱병에 보트가 들어갈까? 궁금하다. 신문에 아이스크림 UFO가 나오니까 먹고 싶은 생각이 들기도 하였다. 숨은그림찾기도 찾았다. 물컵, 초승달을 못 찾았다. 어디에 숨어 있는지 모르겠다. 찾은 아이들도 있을 거다. 또 학교 이야기에 대해서도 나와 있다. 신문 문제는 계속 나온다. 나라는 나라마다 각 글씨가 달라도, 그 중에서 이집트의 글씨는 신기한 것 같다. 숨은그림찾기, 아까는 못 찾았어도 지금은 다 찾았다. 초승달은 언니가 찾고 물컵은 내가 찾았다. 80인치 텔레비전을 미국의 한 전자 회사가 80인치 TV를 개발했다. 그 이야기를 읽고 그렇게 큰 TV가 있구나! 라는 것을 알았다.

12월 15일 일요일

〈영풍 문구에서 문제집 구입〉

이달 학습이 12월이라고 쓰여 있을 줄 알았는데, 2학기 마무리라고 쓰여 있었다. 이제 4학년 올라가는 게 얼마 남지 않아 문제집 만화가 다 끝나서 2학기 마무리라고 쓰여있나 보다. 이달 학습에 생활 계획표도 있었다. 우리 동네에는 안 팔아서 영풍 문구에서 과외 선생님과 샀다. 지선이 선생님이 토요일이나 일요일 날이나 방학 때 시간 나면 오신다고 하셨는데 안 오시네. 겨울방학 때 오시나 보다. 4학년 이달 학습은 어떨까? 만화는 어떨까? 궁금하다. 이달 학습 값은 4,800원이다. 환상의 미로 특급은 재미있다. 크리스마스에 대해 나왔다. 그림이 예쁘다. 환상의 미로 특급은 다 했다. 재미있다. 한문도 나오고 영어도 나온다. 이달 학습 맨 뒤에 4학년 전과와 문제집이 그려져 있어 어떤 건지는 알 수 있다. 난 4학년이 되어도 김명자 선생님 반이 되고 싶다.

12월 16일 월요일

〈계획표〉

학교에서 계획표를 만든다. 안 가지고 온 학생도 많이 있다. 나는 다 가지고 왔다. 준비물은 4절지, 풀, 가위, 자다. 내 짝은 가지고 오지 않았다. 100원에 4절지 1장이다. 학교에 가지고 온 풀은 얼마 되지 않는다. 자는 30cm 자를 가지고 왔다. 선생님께서 3교시, 4교시 시간에 계획표를 짜신다고 말씀하셨다. 예쁘게 만들 거다. 빨리하고 싶다. 드디어 시작하였다. 그룹과외를 빼놓고 안 썼다. 계획표 받으면 그룹과외 가는 시간을 쓸 거다. 그리고 실천할 거다. 빈 곳이 너무 많이 남았다. 그래서 사인펜으로 눈을 그렸다. 네모 계획표였다. 난 동그라미인 줄 알았는데. 동그라미보다는 네모 계획표가 재미있고 좋은 것 같다. 급식 먹고 마무리하여 냈다. 내 짝은 못 한 것이 많다.

12월 17일 화요일

〈카드〉

학교에서 카드를 만들기로 하였다. 내 짝은 문방구에 가서 사가지고 왔다. 집에 있어서 찾아보니 없다. 그래서 나는 못 가지고 왔다. 색 도화지와 반짝이 풀 3개만 가지고 갔다. 내 짝은 돈 주고 샀으니까 다 들어 있다. 그러나 가위, 풀은 들어있지 않았다. 내 짝은 가위, 풀을 안 가지고 왔다. 그래서 백승에 한테 풀이랑 가위를 빌려 썼다. 카드 하나는 김명자 선생님께 보내고 또 한 카드는 2학년 담임 선생님이셨던 류희열 선생님께 만들어 보냈다. 카드는 한 장도 안 남았다. 카드를 만들고 있을 때, 영어 시험지를 받았다. 영어 시험지를 치우고 선생님께 편지를 썼다. 스티커도 붙이고, 내 짝이 스티커를 자기 마음대로 붙여 칸이 모자랐다. 하지만 다 썼다. 반짝이 풀을 이용한 것도 있는데, 하얀 눈이다. 민선이가 나에게 많이 가르쳐 줘서 고마웠다. 다른 아이는 많이 안 빌려준다. 카드 속이 지저분해서 싫다.

12월 18일 수요일

〈선생님께 편지〉

선생님께서 선생님께 편지를 쓰라고 종이를 주셨다. 선생님께서는 반성, 선생님 때문에 잘된 일, 앞으로 어떻게 할 건가 등을 쓰라고 말씀하셨다. 처음에는 꼭 인사말을 쓰라고 말씀하셨다. 나는 편지를 쓸 때는 꼭 인사말부터 쓰고 자기가 누구인가를 쓴다. 끝에도 인사말을 항상 쓴다. 집에서 가지고 오는 건데, 오늘 편지를 쓴다는 것을 몰라서 안 가지고 왔다. 선생님께서 미리 알려 주시면 선생님이 주신 종이보다 예쁜 걸로 가지고 오고 봉투도 꼭 가지고 올 텐데… 그랬으면 참 좋았을 텐데. 몇 명은 아마도 가지고 와서 편지지에 썼을 거다. 내가 쓴 글자 처음이 이상하다. 늦게 쓴 사람도 몇 명 보았다. 선생님께서는 편지지가 평범한 거를 좋아하실 것 같다. 이모할머니께서는 평범한 편지지를 좋아하시기 때문에 선생님도 똑같으실 것 같다. 내가 다 쓰기 전에 민선이가 먼저 다 썼다.

12월 19일 목요일

〈장기 자랑〉

미술부는 오늘이 마지막 하는 날이다. 즐겁게 보내려고 파티했다. 불이 안 들어왔다. 그래서 선생님께서 어떤 아이한테 돈을 주시면서 초를 사 오라고 심부름시키셨다. 그 아이가 초를 사서 들어왔는데 그 순간 불이 환하게 잘 들어왔다. 돈을 낭비했다. 필요할 때가 있었을 때 비상으로 미리 사두는 것도 좋을 것 같다. 들어가 보니 과자가 놓여 있었다. 3학년 남자아이가 옷에 스티커를 붙여주었다. 스티커엔 번호가 쓰여 있었다. 난 7번이고 예진인 6번이다. 나와 예진이는 마법에 성을 불렀다. 혜정이, 혜성, 이슬, 임광용, 희수는 못난이 콤플렉스, 정을 부르고 춤도 추었다. 일부러 맨 마지막에 췄다. 나는 내일 특기 자랑하는데, 노래 마법에 성을 규주와 같이 부를 거다. 규주와 나는 노래를 다 외웠다. 혜수는 7시까지 학교에 오라고 하였다. 노래를 따라 부를 건데, 지금은 늦었으니 학교에 가서 연습하자고 전화로 말하자 너무 일찍이라고 안 된다고 말하였다.

12월 20일 금요일

〈내일 방학〉

내일은 방학이다. 친구들과 선생님과 며칠 헤어지니까 싫다. 계속 공부하고 싶은데, 학교가 우리 집에서 가까이 있으면 참 좋겠다. 나한테는 학교가 멀다. 우리 집에서 가까운 친구가 혜수밖에 없다. 우리 집이 학교 선생님 바로 옆집이면 참 좋겠는데, 왜냐면 학교가 가깝고 선생님을 자주 볼 수 있기 때문이다. 아이들도 우리 집이랑 가까이 살면 좋겠다. 6학년까지만 같은 반이 되면 좋겠다. 1학년, 2학년 선생님하고는 같은 반이 별로 되고 싶지 않다. 이제 조금만 공부하면 4학년인데, 난 4학년이 되기 싫다. 선생님께서 운동을 잘 가르쳐 주시고 공부도 열심히 가르쳐 주셔서 좋다. 다른 선생님들은 운동을 많이 안 시켜 주셔서 싫다. 운동이 나에겐 제일 재미있는 것 같다. 그리고 좋아한다. 시간이 뒤로 돌아서 다시 3학년을 시작하고 싶다.

12월 21일 토요일

〈방학〉

친구들과 선생님과 며칠 떨어져 있을 거지만 섭섭하다. 더 공부하고 싶은데, 이제 조금만 있으면 4학년이 된다. 난 4학년이 되기 싫다. 6학년까지 김명자 선생님과 같은 반이 되면 좋겠다. 선생님께 편지, 카드라도 써서 드리는 건데 못 써서 못 드렸다. 하지만 준비한 게 있다. 친구들 걱정은 없다. 소망, 은영, 혜수와 함께 우리 집에서 숙제하기로 했다. 1시~2시 50분까지. 토요일은 1시~3시 50분까지다. 우리 집을 모르는 사람이 있을 거니까, 학교에서 만나기로 했다. 학교에서 집에 오는 시간은 10분이다. 그래서 10분 전에 나와야 한다. 혜수, 은영이한테는 몇 시에 하는지는 아직 말 안 했다. 월요일에 말할 거다. 개학 날은 2월 3일, 9시다. 섭섭은 하지만 방학은 쉬고 놀라고 또 자기 스스로 하여 발전시키라는 방학인가 보다. 방학도 좋다. 친구들과 선생님 댁에 가 볼 거다.

12월 23일 월요일

〈카드〉

내일은 크리스마스이브이다. 그래서 소망, 혜수, 은영이한테 썼다. 은영인 토요일에 만나니까 토요일에 주고, 혜수는 오늘 혜수네 집에 가서 시간, 장소를 가르쳐 주고 카드를 줬다.

혜수가 나한테 내가 싫어하는 말을 해서 주기는 싫었지만 주었다. 난 혜수에게 잘못한 것도 없는데… 공기놀이하고 TV 보며 놀았다. 소망인 언제 만나고 언제 카드를 보내는지는 잘 모르겠다. 소망인 은영이가 전화해 알아보기로 하였다. 내일 은영이는 토요일, 일요일에 시간이 있어 토요일, 일요일만 하기로 하였다. 나한테도 카드 아니면 편지라도 주면 좋겠다. 올 것 같다. 내일 크리스마스이브가 기다려진다. 내일은 바쁠 거다. 독후감도 써야 하고 또 크리스마스이브기 때문이다. 난 음악회, 미술 전시회, 연극을 한 번이라도 가 보고 싶다. TV로는 많이 보았지만 실제로 보고 가 보지는 못했다. 재미있을 것 같고, 갔다 와서 느낀 점을 쓰는 게 숙제다. 난 숙제를 일기장에 쓸 거다.

12월 24일 화요일

〈크리스마스이브, 독후감〉

크리스마스이브다. 그래서 기분이 좋다. 유관순에 대해 더 알고 싶어 책을 읽었다. 유관순은 서울에 가 열심히 공부하는 학생이고 똑똑하였다. 어느 날 고종 황제께서 돌아가셨다. 일본군이 고종 황제께 독약을 먹여 돌아가셨다고 소문을 퍼트렸다. 사람들은 대한문에 가서 울었다. 유관순은 3월 1일 밤에 봉화에 불이 붙는 순간, 24개인 봉화에 불이 다 붙었을 때 사람들과 함께 아우네 장터에서 독립 만세를 불렀다. 많은 사람이 죽고 감옥에 갇혔다. 유관순 어머니, 아버지는 독립 만세를 부르다가 돌아가셨다. 아버지는 어머니를 구하려다가 두 분 다 돌아가셨다. 유관순은 감옥에서 고난을 받았다. 끝까지 독립운동을 한 사람을 말하지 않았다. 감옥에 오랫동안 있다가 감옥에서 독립 만세를 부르다 죽었다. 유관순 언니같이 훌륭한 애국정신을 본받아야겠다.

12월 25일 수요일

〈어머니, 산타할아버지의 메리 크리스마스 선물〉

즐거운 메리 크리스마스다. 어머니께서 일찍 오셨다. 어머니께서는 무척 피곤하신 것 같았다. 설렁탕, 커피를 드시고 언니가 하겠다는 설거지를 어머니께서 하시고 쉬시고 주무셨다. 난 주무시는 동안 행운의 별을 접었다. 재미있다. 어머니께서 나에게 귀마개를 주셨다. 난 어머니께 카드를 드렸다. 내게 용돈도 주셨다. 산타할아버지께서 나에게 선물과 함께 편지를 써서 주셨다. 선물은 손 인형. 미키 마우스를 주셨다. 이브 밤에 오셔서 선물을 놔두고 가셨다. 산타할아버지에 대해 궁금한 점이 많다. 메리 크리스마스는 특별한 날이라 그런지 기분이 좋다. 크리스마스와 내 생일이 일주일마다 있으면 좋겠다. 이모할머니께서는 산타할아버지가 어느 나라 사람인지 궁금하시다고 하셨다. 언니와 가는데 이모할머니께서는 산타할아버지가 차에 계시고 선물도 있으신 것을 보셨다고 한다. 그런데 언니는 못 봤다고 한다. 어머니께서는 세반 백화점 앞에 산타할아버지가 쉬시는 것을 보셨다고 하신다. 난 산타할아버지가 진짜 쉬신다고 믿는다.

12월 26일 목요일

〈지연이네〉

지연이랑 놀려고 전화했다. 지연이가 있었다. 지연이한테 갔다. 지연이와 연습장에 크레파스로 그림을 그렸다. 옥상에 올라가 놀았다. 날이 어두워지자 지연이와 우리 집에 가서 일기장과 영어책을 가지고 나왔다. 지연이 집에 다시 갔다. 집에 가자마자 이모할머니께 전화를 드렸다. 라디오가 없어 영어 카세트를 들을 수가 없어 영어책만 가지고 오게 되었다. 지연이네 오래간만에 온 것 같다. 달라진 것도 많았다 지연이와 많이 놀고 싶었는데, 밤이 돼서 많이 놀지 못했다. 학원 때문에 많이 놀지 못했나 보다. 내일도 학원에 가야 한다. 학원에 가면 친구랑 많이 놀 수가 없게 된다. 많이 놀고는 싶은데, 학원 때문에 내일 지연이가 우리 집에서 놀고 잠을 자면 좋겠다. 그런데 안 될 수도 있다. 난 지연이가 할머니 댁에 가 집에 없는 줄 알고 전화하지 않았다.

12월 27일 금요일

〈산에서 쓰레기 줍기〉

지연이와 함께 가게로 가는데 내가 산으로 올라가자고 해서 지연이와 올라갔다. 올라가는 게 힘들었다. 쓰레기를 보고 그냥 지나치지를 못해서 지연이와 쓰레기를 같이 줍기로 하였다. 그때 마침 봉투가 있어서 쓰레기를 주워서 봉투에 넣었다. 힘이 들었다. 오래간만에 산에 온 것 같다. 지연이와 이모할머니와 함께 산에 올라가 배드민턴을 치고 운동하던 생각이 났다. 산에 오니 기분이 좋고 상쾌하였다. 봉지를 지연이와 한곳에 놓았다. 쓰레기가 많은지는 몰랐다. 그때는 쓰레기가 없었는데 어떤 사람이 산에서 음식을 먹고 치우지도 않고 버리고 갔을까? 정말 나쁜 사람들이다. 그 사람들은 양심도 없다. 아름다운 산을 더럽히고 있다. 어떤 나쁜 사람들은 아마도 음식 찌꺼기를 아무 데나 버리고 나무를 함부로 꺾고 불장난을 할 거다.

12월 28일 토요일

〈바이 타임〉

지연이 어머니께서 바이 타임에 가서 치킨을 사 오라고 말씀하셨다. 지연이네 집에서는 바이 타임이 조금 멀다. 바이 타임 앞에는 찻길이 있다. 그래서 차를 조심해야 한다. 지연이와 나는 바이 타임으로 달려갔다. 바이 타임에 들어가 양념치킨으로 시켰다. 지연이와 나는 콜라가 먹고 싶었다. 지연이가 갑자기 벌떡 일어나더니 아줌마한테 걸어가 '기다리기가 지루하니 콜라 주시면 안 돼요' 하고 말했다. 아줌마께서 콜라를 주셨다. 아줌마께서 치킨 사러 오래간만에 와서인지 콜라를 많이 주셨나 보다. 물론 콜라도 돈을 내야 한다. 많은 시간 동안 치킨을 기다렸다. 더욱 기다려서 그런지 참 맛이 있었다. 그리고 바이 타임에 오래간만에 온 것 같다. 오늘이 3번째다. 만 원을 내었는데 8천 원이라서 2천 원을 거스름돈으로 주셨다.

12월 30일 월요일

〈세종대왕〉

세종대왕께서는 어릴 때부터 책을 무척 좋아하셨다. 세종대왕께서는 글을 공부하는데 읽기는 하늘이라 읽고 쓸 때는 天(천) 이라 쓰니 어렵고 잘 외워지지 않았다. 형과 동생은 세종대왕이 공부도 잘하고 착하니 이 나라를 발전시킬 거야 하며 왕위를 물려주었다. 세종대왕의 아버지는 태종 임금이셨다. 신하들은 세종대왕을 도와드리며 한글을 만드셨다. 세종대왕은 어떤 한 신하의 방에 불이 켜져 있어 안으로 들어가셨다. 신하는 피곤하여 잠이 들고 말았다. 세종대왕 임금께서는 신하에게 세종대왕 옷으로 덮어주셨다. 그리고 떠나셨다. 세종대왕께서는 재주가 뛰어난 장영실에게 일을 맡기셨다 장영실은 측우기와 해시계 등을 만들었다. 그 후 한 신하는 세종대왕을 위해 한글을 만드는데 더욱 신경썼다. 세종대왕께서는 지금은 어디에 계시는지 궁금하다. 세종대왕께서는 온 국민을 사랑하시고 어떻게 하면 온 국민이 더 편리할까? 생각하셨다. 세종대왕처럼 훌륭한 사람이 되어야겠다.

12월 31일 화요일

〈유관순〉

24일에도 유관순에 대하여 썼다. 유관순은 어릴 때부터 서울에서 학교 다녔다. 열심히 공부하는 착한 학생이었다. 어느 날 고종 황제께서 돌아가셨다. 사람들 말로는 일본 사람이 독약을 먹여 돌아가셨다고 한다. 사람들은 대한문 앞에 가서 엉엉 울었다. 유관순은 일본사람들에게 복수하겠다고 마음먹었다. 유관순은 사람들과 많은 의논을 하였다. 당당하게 '우리 모두 독립운동을 합시다!' 라고 말하였다. 3월 1일 밤에 독립운동을 하자고 하였다. 드디어 3월 1일이 왔다. 24개의 봉화가 다 불이 붙자 사람들이 왔다. 유관순은 너무나 기뻐 기도하였다. 어머니는 일본군의 층에 맞아 돌아가시고 아버지께서는 어머니를 구하려다가 그만 돌아가셨다. 유관순은 감옥에 갇혀 온몸에 멍이 들고 피가 났다. 유관순은 감옥에서도 동생과 오빠가 가엾게 느껴지기도 하였다. 그리고 결국 죽었다. 나도 유관순처럼 애국정신을 기르겠다.

1-2월 일기

1997년 1월 1일 수요일 - 2월 19일 수요일

1월 1일 수요일
〈새해, 내일은 엄마 오시는 날!〉

1월 2일 목요일
〈장영실〉

1월 3일 금요일
〈정리〉

1월 4일 토요일
〈집에 가고 싶다〉

1월 6일 월요일
〈달력〉

1월 7일 화요일
〈오늘은 늦게 자겠네〉

1월 8일 수요일
〈아이, 추워〉

1월 9일 목요일
〈TV〉

1월 10일 금요일
〈미용실 놀이〉

1월 12일 일요일
〈수경이와의 하루〉

1월 13일 월요일
〈수경아, 안녕〉

1월 14일 화요일
〈어머니께서 사준 따뜻한 귀마개〉

1월 15일 수요일
〈학원 안 가네〉

1월 16일 목요일
〈볼링〉

1월 17일 금요일
〈아이 귀여워! 고양이!〉

1월 18일 토요일
〈어린이 대공원〉

1월 20일 월요일
〈어머니의 '여성 전용 휴게텔' 방문〉

1월 21일 화요일
〈농업박물관〉

1월 22일 수요일
〈대전 외할머니 집 방문〉

1월 23일 목요일
〈아니 이럴 수가〉

1월 24일 금요일
〈우와~ 예쁘다〉

1월 26일 일요일
〈정미 언니〉

1월 27일 월요일
〈강백호 뺏지〉

1월 28일 화요일
〈미영이 언니〉

1월 29일 수요일
〈유진이 언니〉

1월 30일 목요일
〈'짱구는 못 말려' 책〉

1월 31일 금요일
〈수경아〉

2월 2일 일요일
〈문산 노래방〉

2월 6일 목요일
〈쥐포〉

2월 10일 월요일
〈새 옷〉

2월 11일 화요일
〈스킬〉

2월 12일 수요일
〈스케치북〉

2월 13일 목요일
〈HOT 반지〉

2월 14일 금요일
〈밸런타인데이〉

2월 15일 토요일
〈초콜릿〉

2월 17일 월요일
〈조립〉

2월 18일 화요일
〈신나는 하루〉

2월 19일 수요일
〈혜수〉

5학년

1998년

보라의 4학년 일기를 소개할 수 없어 아쉬워요.

4학년 때 일기를 찾지 못했거든요.

어엿한 5학년 학생이 된 보라는

열심히 공부하고 더 많은 생각을 하며 일기를 썼어요.

보라의 5학년 시절이 어떠했는지 궁금한가요?

3월 2일 월요일

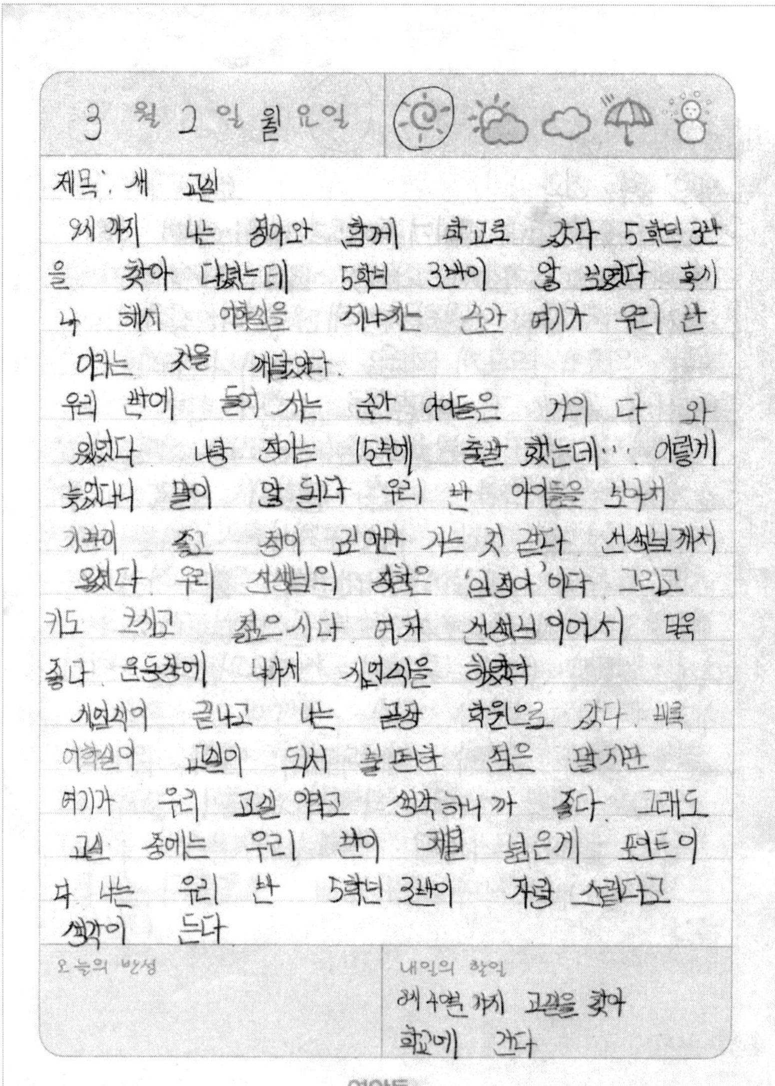

〈새 교실〉

9시까지 나는 정아와 함께 학교로 갔다. 5학년 3반을 찾아다녔는데, 5학년 3반이 안 보였다. 혹시나 해서 어학실을 지나치는 순간 여기가 우리 반이라는 것을 깨달았다. 우리 반에 들어서는 순간 아이들은 거의 다 와 있었다. 나랑 정아는 15분에 출발했는데… 이렇게 늦었다니 말이 안 된다. 우리 반 아이들을 보아서 기분이 좋고 정이 깊어만 가는 것 같다. 선생님께서 오셨다. 우리 선생님의 성함은 '임정아'이다. 그리고 키도 크시고 젊으시다. 여자 선생님이어서 더욱 좋다. 운동장에 나가서 시업식을 하였다. 시업식이 끝나고 나는 곧장 학원으로 갔다. 비록 어학실이 교실이 돼서 불편한 점은 많지만 여기가 우리 교실이라고 생각하니까 좋다. 그래도 교실 중에는 우리 반이 제일 넓은 게 포인트이다. 나는 우리 반 5학년 3반이 자랑스럽다고 생각이 든다.

3월 3일 화요일

〈동아 전과〉

나는 우리 동네 서점에 이모할머니와 함께 갔다. 언제나 그 서점에 가면 주인아주머니께서 반겨 주시고 친절하게 대해 주신다. 그래서 나는 문제집을 살 때나 책을 살 때 꼭 그 서점으로 간다. 나와 이모할머니는 전과를 어떤 거로 살까? 열심히 고르다가 동아 전과를 선택했다. 아줌마께서는 나를 1학년 때부터 보셨기 때문에 잘 아신다. 이모할머니께서는 소설책 1권 사셨다. 역시 우리 이모할머니는 보통 아줌마들과 달리 4차원이다. 동아 전과를 샀는데 아줌마께서 이게 동아 전과 사면 주는 거라고 하시면서 HOT 달력을 주셨다. 내가 HOT 달력과 사진이 없는지 어떻게 아셨는지 모르겠다. 정말 신기하다.

3월 4일 수요일

〈새 냉장고〉

우리 집 냉장고는 너무 오래되어 냉동이 잘 안된다. 그래서 우리 집 냉장고는 언젠가 바꿔야 한다. 오늘이 바로 냉장고를 바꾸는 날이다. '띵~동'하는 소리가 들렸다. '띵~동' 주인공은 냉장고를 가지고 온 아저씨다. 한 분이 오셔서 냉장고를 가지고 부엌에 놓았다. 그 아저씨는 무척 힘드신 것 같았다. 무거운데 어떻게 냉장고를 한 사람이 드는지 모르겠다. 냉장고 색깔은 하얀색이다. 그리고 값이 70만 원 정도 되고 또 냉장고가 넓다. 예전 냉장고보다 훨씬 좋다. 예전 냉장고의 값은 30만 원 주고 사셨다고 한다. 지금의 냉장고 가격은 70만 원이니까 역시 좋은 냉장고라는 증거이기도 하다. 좋은 냉장고는 값이 비싸다는 게 결과다. 돈은 많이 들어도 냉장고가 새로 생겨 기쁘다.

3월 5일 목요일

〈사랑하는 엄마가 오셨다!〉

엄마가 연락 없이 오셨다. 그래서 나는 엄마를 보고 깜짝 놀랐다. 엄마를 오래간만에 보니까 기분이 좋다. 엄마는 치마를 입고 오셨는데 남색 치마다. 엄마는 나에게 주려고 이쁜 선물들을 한가득 가지고 오셨다. 공책, 알림장 수첩, 작은 수첩, 용돈 기입장, 생일 카드를 사서 가지고 오셨다. 너무 예쁘다. 역시 우리 엄마는 다른 엄마들과 다르고도 한참 다르다. 우리 엄마는 신세대다. 나는 엄마를 위해 아무것도 마련한 것이 없는데 나를 위해 예쁜 학용품을 준비해 오신 우리 엄마께 죄송하다. 엄마는 이모할머니와 대화하신 후 오후 7시 30분에 집으로 가셨다. 나를 보러 여기까지 오신 엄마께 감사드린다. 비록 말은 많이 못 했어도 엄마 얼굴을 보니 좋고 행복하다. 다음에 오시면 더욱 잘해 드려서 기쁘게 해드려야겠다.

3월 6일 금요일

〈문방구의 중요성〉

영어를 써야 하는데 영어 공책이 없었다. 그래서 호돌이 문방구로 갔다. 그런데 400원짜리 중에는 예쁜 공책이 없었다. 그래서 다른 문방구를 두루 다니다가 신일 문방구로 들어갔다. 신일 문방구에는 사람들이 많았다. 나는 400원 주고 마음에 드는 영어 공책을 샀다. 역시 문방구를 돌아다닌 보람이 있다. 문방구를 나왔는데 지연이가 '호돌이' 문방구는 단소가 싸다고 들었다고 말한다. 그래서 다시 '호돌이' 문방구로 가서 단소를 구경한 후 3,000원 주고 대나무 단소를 샀다. 준비물을 다 사서 문방구를 나왔다. 역시 지연이가 말한 대로 호돌이 문방구가 싸고 좋다. 그러나 영어 공책은 신일 문방구가 더 좋다. 호돌이 문방구는 영어 공책이 모두 다 500원이다. 내가 한번 사 봐서 잘 알고 있다. 문방구는 꼭 필요하고 중요한 구실을 하는 곳인 것 같다. 오늘로써 문방구가 중요한 이유를 알았다.

3월 7일 토요일

〈목욕탕〉

나, 이모할머니, 언니는 일주일에 1번씩 목욕탕에 간다. 그런데 이게 웬일인가? 사람이 별로 없었던 서천탕에 오늘은 사람이 많아 깜짝 놀랐다. 목욕탕 입구에 들어가니 사람이 너무 많아 바가지가 없다. 나는 목욕탕에 이렇게 사람이 많은 것을 처음 본다. 나는 목욕탕 중에 서천탕과 거북탕이 제일 좋다. 오늘은 거북탕으로 갔다. 앉을 자리는 없었다. 하지만 목욕탕에 오니 기분이 좋다. 때도 밀고 목욕하니 기분이 너무 좋다. 언니는 검정 때가 많이 나온다. 일주일에 1번 목욕탕에 가는데 언니는 왜 그러는지 모르겠다. 무사히 목욕을 마치고 나와서 옷을 입고, 계란을 먹고, 음료수를 마셨다. 목욕장에서 먹는 계란은 맥반석 계란이라 더욱 맛이 있다. 그래서 우리는 갈 때마다 계란을 2,000원 정도 먹는다. 목욕탕을 다녀오니 기분이 좋다. 일주일 뒤에 다시 올 거다.

3월 8일 일요일

〈교회는 참 즐거운 곳〉

나는 정아네 집에 8시 40분까지 갔다. 그래서 정아와 함께 교회에 갔다. 정아와 나는 교회 베드로 5반이 되었다. 선생님 성함은 이원석 선생님이다. 새로 생긴 교실이라 아주 깨끗하다. 은평 감리 교회에 들어가서 예배를 드리고 예배가 끝나자마자 정아와 나는 성가대 연습했다. 성가대는 연습은 10분밖에 안 한다. 은평 감리 교회가 리모델링 하여 새로워졌다. 그 옆에 다른 교실을 지어 참 편리하다. 정아와 나는 교회에서 같은 반이라서 참 좋다. 그리고 우리는 똑같이 혈액형이 A형이다. 정아는 우리는 같은 쌍둥이라고 나한테 말한다. 교회는 참 즐거운 곳이다. 교회에 가면 마음이 편안해지고 괜히 좋다. 그리고 친한 친구 정아가 있어 더욱 좋다. 나는 원래 베드로 1반이었는데… 정아가 선생님께 잘 말씀드려 서로 같은 반이 되어 기쁘고 즐겁다.

3월 9일 월요일

〈이빨을 뽑았다〉

내 이빨 1개가 너무 아프다. 흔들리는 하얀 이빨을 자꾸 흔드니까? 더욱 아프다. 너무 많이 아프고 심하게 흔들리는 내 이빨이 불쌍하다. 하루빨리 이빨이 빠지면 좋겠다. 이빨이 많이 흔들려 꼭 빠질 것만 같은데 흔들면 빠질 듯하면서 너무 아프다. 너무 오래간만에 빼야 하는 이빨이라 생각처럼 그렇게 쉬운 일이 아니다. 겁이 나고 무섭다. 아~~ 빨리 나의 이빨을 갈아 예쁜 새 이빨이 되어 자랑하고 싶다. 처음에 내 손으로 힘껏 뽑으려고 하는 순간 너무 아팠다. 그래도 나는 마음을 다잡고 그까짓 고통쯤이야 나는 참을 수 있다. 힘내자! 다시 한번 용기 내어 드디어 내 손으로 뽑았고 아팠지만 시원하기도 하다. 이빨 1개를 빼니 입안이 시원하고 기분이 좋다. 흔들리는 이빨 때문에 걱정하던 나의 소원 1가지가 해결되니 기분이 좋다.

3월 10일 화요일

〈내 손으로 이빨을 뽑다〉

나는 어제 이빨 한 개를 뽑았는데 또 다른 이빨이 많이 흔들린다. 그래서 자꾸만 피가 난다. 그리고 아프다. 나는 이빨을 다 갈지 않았다. 그래서 빼야 할 이빨이 많다. 어금니 등등으로 많다. 이빨을 자꾸자꾸 흔드니까 더욱더 흔들린다. 나는 더 세게 이빨을 흔들었다. 자꾸자꾸 피가 나고 아프다. 금방 빠질 것만 같은데 이빨이 잘 안 빠진다. 나 혼자 빼려니까? 두렵고 겁이 났다. '언젠가는 빼야 할 이니까. 하루빨리 빼는 것이 좋아!'라는 생각에 더 용기를 내어 흔들어 보았다. 자꾸만 흔드니까 나도 모르는 사이에 뽑혔다. 그때의 기분은 무척 상쾌하고 좋았다. 그래서 솜으로 피를 막았다. 역시 아픈 것은 잠깐이다. 이제는 하나도 안 아프다. 내 이빨은 모두 이상하게 났는데 이번 이빨들은 이쁘게 잘 나오면 좋겠다.

3월 11일 수요일

〈웬 비!〉

학교 끝나자마자 집에 가려고 하니 비가 온다. 이모할머니께서 우산을 가지고 가라고 하셔서 우산을 챙겨 가지고 왔다. 역시 우리 이모할머니께서는 틀리신 말씀이 없는 천재시다. 정아와 나는 내 우산으로 함께 걸어갔다. 우산이 하나라 불편하지만 안 오던 비가 갑자기 오니 기분은 좋다. 정아는 내 덕에 비를 안 맞아 다행이라 생각하고 고마움을 느꼈을 것이다. 정아는 오늘 운이 좋은 날인 것 같다. 운이 좋으니까 우산이 있는 나를 만난 것 같다. 비가 오니까? 싫은 점은 땅이 이상해지는 거가 너무 싫다. 웬일로 비가 많이 쏟아지는지 모르겠다. 하늘은 맑고 좋은 날씨인데, 왜 비가 내리는지 도무지 이해가 안 간다.

3월 12일 목요일

〈성필이 오빠와 즐거운 시간〉

성필이 오빠가 오늘은 집에만 있다. 다른 날 같으면 친구네 가던지, 아니면 학교에 가는데 오늘은 아무 데도 나가지 않는다. 오빠가 집에 있는 시간은 흔치 않은데… 어쨌든 집에 오빠가 있어 참 좋다. 이유는 내가 심심하지 않기 때문에 무지하게 좋다. 오빠와 함께 있으면 오빠가 먹을 것도 사 주고 놀아줘서 심심 하지가 않다. 오늘은 이모할머니께서 나가셔서 오빠와 TV 보고 오징어도 먹으며 이야기하며 지내니 재미있다. 이런 날은 흔치 않다. 오늘은 즐겁고 신나는 하루다.

3월 13일 금요일

〈사탕〉

유진이 언니가 나에게 사탕을 줬다. 크고 맛있는 사탕이다. 생김새는 별 모양이고 초콜릿 맛이다. 언니가 나에게 사탕을 줬으니 나도 내일 사탕을 사서 이모할머니와 언니에게 줄 거다. 사탕을 어디서 살까? 생각 중이다. 언니가 사탕 줘서 고마운데 왜 이유 없이 나에게 줬는지 모르겠다. 아~참! 3월 14일 화이트데이라 하루 전에 맛있게 먹으라고 주었나 보다. 나는 미처 생각하지 못해 미안한 마음인데, 언니의 얼굴은 환한 웃음꽃이 피어 지금도 웃고 있다. 언니가 학교에서 일찍 와서 사탕이라며 주니 행복하다, 오늘은 너무 늦었고 내일 맛있는 사탕을 실컷 먹을 생각하니 기분이 좋다.

3월 14일 토요일

〈점 빼는 것은 무서워!〉

빼기 싫은 점을 엄마의 권유로 억지로 아빠와 병원에 갔다. 엄마는 조그만 점이라도 나중에 커져서 빼야 하고, 큰 점도 나중에 더 커져서 빼야 하니 얼른 빼야 한다고 하셨다. 아빠는 나를 데리고 외숙모네 집으로 향했고, 외숙모와 우리는 김재준 피부과로 들어갔다. 두 번째 방문인데 병실 앞에 서 있는 나는 무척 떨렸다. 예전 아팠던 생각을 하니까? 겁이 나고 두렵기도 하고 다시 집으로 돌아가고 싶었지만, 눈 딱 감고 용기 내어 문을 밀고 들어갔다. 내 차례가 왔다. 나는. 두 손을 힘껏 쥐고 점을 뺐다. 피가 많이 났고 많이 아팠다. 그리고 간호사 언니가 나에게 약을 줬다. 나는 외숙모네 집에서 아빠와 함께 저녁밥을 먹고 아빠 차를 타고 집으로 왔다.

3월 15일 일요일

〈민혜와 온종일 인형 놀이〉

민혜의 얼굴은 항상 밝다. 민혜는 놀자고 거의 매일 우리 집에 오는데 그동안 내가 거절해 많이는 못 놀았다. 오래간만에 민혜와 놀았는데 인형 놀이 하자고 하였다. 민혜가 올 때마다 인형 놀이 하는데 아무리 자주 해도 재미있다. 원래 나는 인형 놀이가 재미없으면 안 하는데 재미있어서 하는 것이다. 역시 오늘도 민혜는 차밍 인형을 맡고 나는 릴리 인형을 맡았다. 민혜와 나는 우리 집에서 실컷 원 없이 재미나게 놀았다. 그러다 보니 시간이 오후 6시다. 아침부터 저녁까지 인형 놀이 하는 사람은 민혜와 나 외에는 없을 것이다. 온종일 집에서 인형 놀이만 하고 놀았다.

3월 16일 월요일

〈내 전용 라디오〉

나의 방에는 나만의 라디오가 있다. 우리 유진이 언니가 선물해 준 라디오로 정말 편리하고 좋다. 내 라디오로 매일매일 노래를 들을 수 있기에 나는 항상 기분이 좋다. 언니를 생각하면 아주 비싼 라디오 사 준 생각이 나서 기분이 좋아진다. 내 라디오는 내가 좋아하는 SES 노래를 자주 듣게 해주는 즐거운 친구다. SES 노래를 듣고 싶으면 들을 수 있기 때문이다. 라디오는 나에게 중요하고 꼭 필요한 물건이다. 내 라디오는 성능이 좋은데 색깔은 검은색이다. 또 내 라디오를 자랑한다면 LG이다. 라디오는 나에게 소중한 기쁨을 주기 때문에 나는 라디오를 좋아한다. 그렇지 않으면 라디오가 싫었을 것이다. 나는 나의 라디오가 참~ 좋다.

3월 17일 화요일

〈목욕〉

나는 매주 목욕탕에 간다. 일주일에 한 번 목욕탕에서 아줌마한테 때를 미는데, 중간 3일에 한 번은 집에서 머리 감고 샤워하며 오늘이 바로 집에서 샤워하는 날이다. 그래서 따뜻한 물을 욕조에 받아 놓고 물에서 한참을 휴식 취한 후 샤워했다. 머리를 감고 샤워하니 몸은 개운해지고 따스한 물에 한참 있으니 기분이 좋았다. 목욕은 자주 하면 자주 할수록 상쾌하고 기분이 좋아진다. 샤워를 마치고 얼굴을 보니 딱지가 없어졌다. 얼굴의 점이 없어진 것이다. 깨끗해진 얼굴을 보니 기쁘고, 샤워하니 마음도 한결 깨끗해진다. 나의 머리카락은 부드럽고 매끄럽다. 이번 주 토요일이나 일요일에 목욕탕을 갈 것이다. 아~ 하루빨리 목욕탕에 가고 싶다.

3월 18일 수요일

〈지연이와 탈출 놀이〉

오늘 학교 가는데 지연이를 만나 학교 수업 끝나자마자 기다려 놀기로 약속하였다. 지연이와 나는 너무 오래간만에 봐서 헤어지기 싫었지만 할 수 없이 나는 5-3반으로 지연이는 5-2반으로 갔다. 수업을 마치고 나는 5-2반 앞에서 기다렸다. 지연이네 반은 늦게 끝났다. 나와 지연이는 우선 우리 집에 들렀다가 지연이네 집 근처의 놀이터로 갔다. 놀이터에 도착하여 함께 탈출 놀이했다. 내 주머니에 1,000원이 있어 지연이를 사줬다. 지연이는 내게 무척 미안한 표정이다. 지연이와 이렇게 오래간만에 만나 함께 노니 기분이 좋다.

3월 19일 목요일

〈롤러스케이트〉

오늘 민혜는 나와 놀자고 하였다. 그래서 나는 민혜와 함께 놀기로 하여 밖으로 나갔다. 민혜는 나에게 자기 집으로 들어오라고 하였다. 민혜가 환한 웃음을 지으며 조금만 기다리라고 하더니 롤러스케이트를 두 개 가지고 나왔다. 웬 롤러스케이트? 라고 물어보자. 민혜는 롤러스케이트를 나보고 신어 보라고 하였다. 나한테 딱 맞았다. 민혜와 함께 롤러스케이트를 신고 밖으로 나갔다. 밖에 나가니까? 차들이 없었다. 우리는 손을 잡고 롤러스케이트를 열심히 연습하였다. 나는 롤러스케이트를 1학년 때 한 번 타고는 그 이후에는 한 번도 안 탔다. 그래서 잘 못 탄다. 민혜도 썩 잘 타지는 못하지만 그래도 보통이다. 나는 민혜 덕분에 롤러스케이트를 조금은 잘 타게 되었다.

3월 20일 금요일

〈나의 예쁜 인형〉

내 방에는 삐약이 인형이라고 내가 제일 좋아하는 인형이 있다. 이 인형의 이름은 내가 간단하게 삐약이라고 지었다. 그 이유는 병아리처럼 생겨서 부르기가 쉽고 외우기가 쉬워서 삐약이라고 지었다. 나는 이 인형이 내 인형 중에서 제일 크고 예쁘고 귀엽다. 그래서 나는 이 인형하고 늘 함께 잠을 잔다. 삐약이 인형이 없으면 잠이 잘 안 온다. 이 인형은 생김새가 병아리처럼 생겼는데 크고 색깔은 노란색이다. 그래서 더욱 귀여운 것 같다. 이 인형은 내가 산 건 아니다. 안 믿겠지만 놀랍게도 12월 25일 산타할아버지한테 선물 받았다. 친구들은 산타할아버지가 없다고 한다. 하지만 우리 엄마가 산타할아버지를 직접 봤다고 내게 말했기에 나는 확실히 있다고 믿는다. 오빠에게 삐약이 인형 가격을 물어보니 45,000원이라 하였다. 산타할아버지가 나에게 비싼 삐약이 인형을 선물해 주신 거다. 나는 이 인형이 정말 좋다.

3월 21일 토요일

〈친척들과 함께 외할머니댁 감〉

오늘은 엄마, 아빠, 언니, 삼촌, 숙모와 함께 대전 외할머니댁에 가는 날이다. 그래서 나는 가방을 아침부터 미리 챙겼다. 학교 끝나고 집에 오니 모두 와 계셨다. 그래서 나는 언니와 삼촌의 봉고차를 탔고, 외할머니댁에 도착하니 밤 9시였다. 외할머니댁에는 개들이 많다. 너무 귀엽다. 큰 개들도 있는데 특히 새끼강아지가 제일 예쁘고 귀엽다. 외할머니댁에 도착하니까 기분이 좋다. 그런데 오늘은 온종일 몸이 아프고 열이 나고 기침하고 콧물 나오고 목이 아파 혼났다. 어쩌나 감기가 심한지 너무 아파 고생했다. 그래도 오랜만에 외할머니댁에서 엄마와 함께 자니 기분만은 즐겁다.

3월 22일 일요일

〈독립기념관〉

대전 외할머니댁을 출발하여 서울 우리 집으로 가는 도중 잠시 독립기념관을 들리기로 하였다. 드디어 독립기념관이다. 독립기념관에는 엄마, 아빠, 언니와 함께 네 명이 들어갔다. 나는 독립기념관에서 이승만 대통령, 김구, 유관순의 업적을 유심히 보았다. 일본 사람들이 나쁘다고는 생각 안 했는데… 독립기념관을 가보니 사람들이 왜 일본 사람들을 싫어하는 이유를 알게 되었다. 그래서인지 나도 일본 사람이 싫어졌다. 독립기념관 구경을 잘하고 나와 다시 차를 타고 집으로 왔다. 일본 사람들은 비겁하고 못되고 잔인하고 사나운 짐승처럼 우리나라 사람들을 괴롭혔다. 독립기념관에서 일본 학생들이 수학여행 온 것을 보았는데 일본 사람들은 아무리 봐도 못되었다. 독립기념관에서 본 일본 학생 때문에 기분이 별로 좋지 않다.

3월 23일 월요일

〈용돈〉

나는 용돈이 생겼다. 어제 큰 삼촌이 10,000원을 주었다. 또 엄마가 나에게 용돈으로 쓰리고 2,000원을 주셨다. 그래서 현재 용돈이 12,000원이다. 오늘 이모할머니 심부름으로 두부를 사러 가서 또 거스름돈 100원을 이모할머니한테 받았다. 나는 이모할머니께서 주신 돈을 저금통에 넣었다. 그리고 지폐는 차곡차곡 모아 두었다가 은행에 갈 때 저축할 거다. 나한테는 100원도 소중하다. 이유는 요즘은 친척들이 잘 안 오시고 IMF라 모두가 힘들기 때문이다. 그래서 용돈을 못 받는다. 그래서 나에게는 100원도 소중하다. 어제와 오늘은 용돈을 많이 받으니 좋은데, 내가 3월을 싫어하는 이유는 명절이 거의 없어 용돈을 못 받기 때문이다.

3월 24일 화요일

〈목욕탕〉

학원 끝나고 집에 오니 이모할머니께서 목욕탕에 가자고 말씀하셨다. 그래서 나는 내일 목욕탕에 가는 날인데 오늘 가기로 마음먹었다. 그래서 나는 이모할머니와 함께 샴푸 등을 챙기고 목욕탕으로 갔다. 거북탕에 들어가니 조용했다. 웬일로 사람이 5명 밖에 없었다. 나는 이모할머니와 깨끗한 물로 샤워했다. 일요일 같으면 물이 더러웠을 텐데… 역시 사람들이 없는 평일이 더 좋은 것 같다. 샤워를 다 하고 나왔다. 그런데 지금 생각해 보니 로션을 목욕탕에 빠트리고 안 가지고 왔다. 내일은 목욕탕이 쉬는 날 인데~ 큰일 났다. 나의 부주의로 이런 일이 일어난 거다. 비싼 로션인데… 할 말이 없다. 다음부터는 주의하고 항상 조심해야겠다. 목욕하고 나오니 기분이 좋고 아주 상쾌하다. 다음 주에도 꼭 갈 거다. 역시 목욕탕은 좋다.

3월 25일 수요일

〈숙제를 깜빡〉

오늘 숙제를 깜빡 잊고 안 가지고 와, 6시쯤에 학교로 다시 가서 읽기 책을 갖고 와 숙제하였다. 그런데 입술에 바르는 립글로스가 없어졌다. 어제 내 바지에 잘 넣어 두었는데 바지에 구멍이 뚫려 립글로스가 빠졌나 보다. 너무 아깝다. 그래도 그 립글로스는 땅에서 주웠던 거라 신경이 덜 쓰이지만 아까운 것은 사실 이다. 오늘은 이상하게 숙제도 잊어버려 학교에서 안 가지고 오질 않나, 립글로스를 잃어버리질 않나, 오늘 기분이 엉망이다. 참 이상한 일이다. 어제는 방울 1개, 끈 1개, 로션을 깜빡했고, 오늘은 1개 잃어버리고 1개 깜빡했으니 합치면 5개의 실수가 일어났는데 이런 경우는 어제와 오늘이 처음이다.

3월 26일 목요일

〈소낙비가 펑펑〉

학교 끝나자마자 소낙비가 펑펑 쏟아졌다. 학교에서 단소를 불었는데 4시에 끝났다. 왜 하필 맑은 날씨에 비가 오는지 모르겠다. 나는 옆에 들고 있던 쇼핑백을 머리에 쓰고 과외 학원으로 들어갔다. 아무리 피하려고는 해도 결국 비를 맞았다. 그 대신에 나의 아까운 쇼핑백은 다 젖고 말았다. 비가 너무 많이 쏟아진 탓이다. 어제는 날씨가 맑아 활동하기가 좋았는데… 비가 오니 활동하기가 어렵다. 밖에 나가서 뛰놀지도 못하고 불행이다. 나는 과외 학원이 끝나고 과외 학원에서 우산을 빌려 민혜와 함께 쓰고 갔다. 비가 오니까 기분이 안 좋고 비 때문에 내가 고생한다. 나는 비 오는 날이 제일 싫다. 비는 밉다. 그래도 농부들이 좋아하니까 좋아해야 한다.

3월 27일 금요일

〈지하철노선〉

오빠가 나에게 줄 것이 있다고 하였다. 오빠는 오빠 책상 서랍에서 무언가를 찾더니 무언가를 꺼냈다. 알고 보니 그것은 지하철노선 표였다. 이걸 왜 나한테 주냐고 물어보니, 오빠는 필요 없다고 나더러 가지라고 말하였다. 나는 지하철노선 표가 없었는데… 오빠가 나한테 표를 주니 기분이 좋았다. 언젠가는 꼭 필요할 때가 있을 것이다. 미리 가지고 있으니 마음이 놓인다. 수첩 속에 가지고 다녀야겠다. 역시 성필이 오빠는 최고이고 센스쟁이다. 나는 오빠가 준 지하철노선 표를 요령 있게 사용하고, 오빠가 나를 위해 많은 것을 사 준 것처럼 나도 크면 많이 보답할 거다. 오빠는 짱구에 관한 것은 뭐든지 좋아하니까 짱구 모양의 많은 소지품 등을 사줄 거다. 나한테 항상 잘하는 오빠가 고맙다.

3월 28일 토요일

〈내 친구 지연이〉

너무 심심한 나머지 나는 지연이에게 전화했는데 마침 지연이가 집에 있었다. 그래서 나는 지연이 엄마 가게에서 만나기로 약속하고 가게에 들어가 놀았는데 재미없었다. 가게를 나와 지연이 집으로 가서 게임도 하고 밥도 먹고 둘이 산으로 올라가 운동하였다. 운동을 실컷 하고 산에서 내려와 구산중학교를 구경하였는데 지연이가 나에게 선물을 사주었다. 우리는 다시 지연 엄마 가게로 들어가 TV를 보고 함께 목욕탕에서 몸을 깨끗이 하고 저녁밥을 먹었다. 시간이 너무 늦어 컴컴하여 각자의 집으로 가는데 나는 이모할머니께서 마중 나와 주셨고, 지연이는 엄마와 함께 자기 집으로 갔다.

3월 29일 일요일

〈은평감리교회〉

나는 일요일마다 정아와 함께 교회에 간다. 오늘도 일요일이라 교회에 가는데 오전 8시 30분에 금약국에서 만나 함께 교회로 갔다. 내가 다니는 교회는 '은평감리교회'다. 은평감리교회를 자랑하자면 넓고 크고 시설이 좋다. 그리고 선생님들이 많으시고 모두 착하시고 신나게 놀 수 있는 장소도 있다. 건물 2개를 이어 통로를 만들었는데 아주 넓고 깨끗하다. 이것이 은평감리교회의 자랑거리 같다. 나는 정아와 성가대 연습을 11시까지 하고 아이들과 조금 놀다가 집에 왔다. 이모할머니와 이모할아버지가 마당에서 잡초 뽑으시는 일을 나도 열심히 도와드렸다. 나는 은평감리교회에 가끔은 빠지는데 일요일은 딱히 할 일이 없고, 심심해서 교회에 가는데 오히려 좋다.

3월 30일 월요일

〈짱구를 좋아하는 우리 오빠〉

우리 성필이 오빠는 짱구를 너무 좋아한다. 나는 이해가 안 간다. 그 짱구가 어디가 좋은지 모르겠다. 그냥 귀엽고 천방지축 같은데… 짱구가 뭐가 좋은지 정말 모르겠다. 짱구 디스켓, 시계, 스티커, 카드, 엽서, 편지지, 지우개, 수첩, 만화책, 열쇠고리가 모두 짱구다. 정말 많다. 아~참! 액자도 있다. 오빠는 앞으로 짱구 필통과 짱구 지갑 그리고 비디오만 사면 짱구에 대한 모든 것들이 다 갖추어진다. 오빠가 나보고 더 알아보라고 한다. 지금도 나는 짱구 지갑과 필통을 어디서 파나 알아보고 있다. 오빠는 이런 것들을 모아 어디에다 쓰려는지 궁금하다. 오빠는 짱구가 그렇게도 좋을까? 나는 이쁘지도 좋지도 않은데… 오빠는 짱구가 귀여워서 좋다고 한다.

3월 31일 화요일

〈토끼〉

성필이 오빠가 토끼 한 마리를 사줄 예정인가 보다. 이모할머니와 이모할아버지께서 허락하시면 사준다고 했다. 이모할아버지께서 꼭 허락해 주시면 좋겠다. 우리 집은 강아지, 고양이, 새, 다람쥐는 못 사고 못 키운다. 하지만 토끼는 안된다고 말하지 않았다. 토끼는 강아지나 고양이처럼 큰데 값이 싸다. 왜 그럴까? 나는 아무리 생각해도 이유를 모르겠다. 나는 오빠가 토끼를 사 줄 거라 믿는다. 그런데 오빠는 내가 키운 토끼가 크면 잡아먹겠다고 한다. 사람들은 이런 사람을 보고 야만인이라고 한다. 그 말이 딱 맞다. 이모할아버지, 이모할머니께서 토끼를 허락하시도록 내가 만들 거다. 허락만 받으면 토끼는 내 손으로 들어온다. 사게 되면 예쁘게 잘 키울 거다. 오빠가 사 오면 좋겠다. 예쁜 토끼 15,000원짜리가 보고 싶고 기대가 된다.

4월 일기

4월 1일 수요일 – 4월 30일 목요일

4월 1일 수요일
〈웬 비!〉

4월 2일 목요일
〈필통〉

4월 3일 금요일
〈다마고치〉

4월 4일 토요일
〈엄마, 아빠와 북한산〉

4월 5일 일요일
〈은평감리교회〉

4월 6일 월요일
〈벌써 더워!〉

4월 7일 화요일
〈단소〉

4월 8일 수요일
〈정아와 하루〉

4월 9일 목요일
〈생일 초대장〉

4월 10일 금요일
〈청바지 필통〉

4월 11일 토요일
〈나의 생일파티〉

4월 12일 일요일
〈이모할아버지 형님 환갑〉

4월 13일 월요일
〈현장학습〉

4월 14일 화요일
〈생일 선물〉

4월 15일 수요일
〈우리 선생님이 좋다〉

4월 16일 목요일
〈이모할아버지의 아버지 제삿날〉

4월 17일 금요일
〈신발을 샀다〉

4월 18일 토요일
〈정아와 공기 시합〉

4월 19일 일요일
〈유진이 언니가 준 생일 선물〉

4월 20일 월요일
〈멋진 사진〉

4월 21일 화요일
〈롤러스케이트〉

4월 22일 수요일
〈인삼탕 목욕〉

4월 23일 목요일
〈딸기〉

4월 24일 금요일
〈인형 놀이〉

4월 25일 토요일
〈내일이 기대된다〉

4월 26일 일요일
〈어린이 대공원〉

4월 27일 월요일
〈단소부〉

4월 28일 화요일
〈학교 도서실〉

4월 29일 수요일
〈성필이 오빠〉

4월 30일 목요일
〈영덕게〉

5월 1일 금요일

〈배드민턴 치기〉

민혜가 배드민턴 치자고 나에게 말했다. 그래서 나는 이모할머니께 허락받고, 민혜네 집에 가서 민혜 보고 '배드민턴 치자'라고 말하였다. 나와 민혜는 배드민턴 채와 공을 가지고 밖으로 나와 배드민턴을 치기 시작했다. 그런데 나는 문득 불공평하다는 생각이 들었다. 내 뒤에는 차가 있고 내 옆에도 차가 있어 불편하다. 민혜는 배드민턴 칠 때 멀리 던지기 때문에 내가 잘한다 해도 내 뒤의 차로 인해 질 것 같다. 민혜 뒤에는 차가 없고 담으로 막혀있다. 아무리 생각해도 너무 불공평한 것 같다. 그러나 나는 민혜한테 불평을 안 하고 그냥 재미있게 배드민턴을 쳤다. 배드민턴을 열심히 치고 있는데 누가 나를 부르는 소리에 소리가 나는 쪽으로 보니 이모할머니께서 오라고 부르셨다. 나는 민혜 집에 있는 내 가방을 챙겨 우리 집으로 뛰어왔다. 민혜와 싸우지 않고 배드민턴 친 것은 오늘이 처음인 것 같다. 너무 재미있었다.

5월 2일 토요일

〈엄마, 아빠가 오신다〉

엄마, 아빠가 오늘 오신다고 하셨는데 아빠가 먼저 오셨다. 그 뒤로 조금 있다가 엄마가 오셨다. 이모할머니께서 부탁하신 아이스 물통, 돗자리, 도시락 세트를 엄마가 가지고 오셨다. 사 오신 것이 아주 커다란 한 봉지다. 엄마는 이 선물을 사고 200원이 남으셨다고 하셨다. 아빠가 성필이 오빠를 찾을 때는 이미 친구네로 간 후였다. 아빠와 앨범을 보고 있을 때 이모할머니와 이모할아버지는 명동에 쇼핑하러 가셨다. 엄마, 아빠, 나는 TV를 보며 도란도란 이야기했다. 엄마, 아빠와 함께하니 기분이 좋다. 엄마, 아빠는 일주일에 1번씩 빠짐없이 꼭 나를 보러 오신다. 그래서 나는 일주일에 한 번씩 부모님 얼굴을 볼 수 있다. 이모할머니, 이모할아버지께서 늦게 돌아오셨는데 오시자마자 밥상이 근사하게 차려졌다. 온 가족이 함께 모여 삼겹살을 맛있게 먹었다. 오손도손 이야기하며 저녁 식사하니 더욱 맛이 있다. 엄마, 아빠가 오시니 기분이 아주 좋다.

5월 3일 일요일

〈롯데월드에 왔다〉

유선이, 유진이 언니와 함께 2시 20분쯤에 지하철을 타고 롯데월드로 갔다. 일요일이라 그런지 사람이 많았다. 롯데월드에 들어서자마자 우리는 놀이 기구 쪽으로 가 처음에는 풍선을 타고 두 번째는 배를 타고 세 번째는 목마를 타고 다시 네 번째는 물 쇼를 보고 다섯 번째는 신밧드 모험을 탔다. 여기저기 돌아다니며 먹고 기다리니 다리가 무척 아팠다. 하나 기다리는데 1시간 정도다. 나는 너무 재미있어 여기저기 뛰어다녔다. 유선이는 예쁜 미니 머리띠를 사고 나는 모자를 샀다. 롯데월드가 생기기 전 나는 부모님과 처음에는 미국 디즈니랜드를 갔는데 너무 좋아 내가 가고 싶다고 말하니, 엄마는 미국은 너무 멀다며 일본 디즈니랜드로 데리고 갔다. 엄마와 단둘이 1박 2일로 일본 디즈니랜드를 주말을 이용해 10번 이상 놀러 갔는데 항상 도쿄 호텔에서 자고 수산 시장과 백화점도 함께 들렸다. 그런데 롯데월드가 생긴 후에는 부모님과 거의 매주 놀러 온 곳이 바로 롯데월드다. 오래간만에 오니 예전 기억도 생각나고 기분이 좋아진다. 나는 여러 가지를 타 보았지만 그중에서 배가 기억에 가장 남는다. 기구를 다 타고 유선이와 나, 언니는 롯데리아에서 저녁을 먹고 다시 마을버스를 타고, 지하철을 타고 우리 집 쪽으로 왔다. 유선이를 집까지 데려다주고 편안하고 즐거운 마음으로 언니와 우리 집으로 왔다.

5월 4일 월요일

〈지연아〉

지연이가 '우리 집에서 하룻밤만 여기 와서 자!' 전화로 내게 말했다. 나는 이모할머니 허락받고 가방을 챙기었다. 지연이 집에는 많이 놀러 가 봐서 지연이 집이 어디인지 잘 알고 있다. 나는 가방을 메고 지연이 집으로 갔다. 지연이 집에 오니 나를 반갑게 맞아 주었다. 지연이가 나를 반갑게 맞아 주니 나도 기분이 좋았다. 나는 게임이 하고 싶었는데 미안한 생각이 들어 말을 미처 하지 못했다. 지연이는 내가 게임을 하고 싶어 하는 걸 아는지 미리 내가 가자마자 게임 하자고 말해 주었다. 역시 제일 친한 친구는 무언가 다르다. 나는 게임을 실컷 하였다. 그리고 방에 들어가 숙제했는데 다행히 오늘은 숙제가 많지 않아 기분이 좋았다. 나는 독후감, 일기, 영어를 했고, 지연이도 열심히 자기 숙제하였다. 오래간만에 지연이네 집에 오니 기분이 좋다. 지연이는 머리를 잘랐는데 긴 머리보다 더 잘 어울린다. 요즈음 옷도 예쁘게 입고 다닌다. 지연이와 더욱 친하게 지내면 좋겠다.

5월 5일 화요일

〈어린이날〉

오늘은 5월 5일 어린이날이다. 어린이날이라서 그런지 TV에서도 어린이날 프로그램이 많이 나오고 아이들은 거의 다 놀러 갔다. 나는 일요일에 놀러 가서 오늘은 놀러 가지 않았다. 이모할머니께서 머리 망과 모자를 사 주셨다. 내가 모자를 사달라고 한 이유는 캡모자가 없기 때문이다. 또 망은 있지만 머리가 잘 흘러내린다. 그래서 망을 이모할머니께 사달라고 부탁했다. 현대화 마트에 이모할머니와 함께 가서 모자와 머리 망 2개를 샀다. 나는 오늘만큼은 '어린이날 노래'를 부르고 싶다. 현대화 마트에는 여러 종류를 파는데 그중에서 머리 망이 가장 예뻤다. 나는 지연이 집에서 실컷 놀고 어린이날 선물도 사니 기분이 좋다. 요즘 IMF 시대인데 사주신 것만으로 이모할머니께 감사하다. 그런데 미안한 생각도 든다. 어린이날이 매일매일이면 좋겠다. 어린이날이라 학교에 안 가니 너무 편하다. 모든 걸 잊어버리고 싶을 정도로 정말 좋다.

5월 6일 수요일

〈글짓기〉

민혜는 자기 집에서 편안히 글짓기 수업한다. 나도 하려고 알아보니 월, 목 4시까지 오라고 한다. 그동안 시간이 없어 못 했는데 민혜가 하는 글짓기 수업은 수요일 오후 4시에 시작한다. 수요일은 학원에 안 가기 때문에 시간이 많아 나도 할 수 있다. 이곳 글짓기는 시간이 4시라서 가능하다. 어차피 집에 있으면 할 일도 없고 재미없어 아무거라도 하는 게 훨씬 낫다. 글짓기 장소: 민혜네, 시간: 4시까지, 언제: 수요일, 돈은 35,000원 한 달에 한 번 돈을 낸다. 나는 이모할머니께 말했더니 글짓기를 해도 된다고 하셨다. 다음 주 수요일부터는 열심히 배울 거다. 민혜는 나와 같이 배우면 선생님께서 수업 시간을 1시간을 줄여 주신다고 계속 재촉한다. 나는 할 수 있으면 무조건 할 거다. 참 재미있을 것 같다. 민혜 동생 지혜도 글짓기를 한다. 글짓기 선생님은 친절하시고 착한 선생님이신 것 같다. 수요일부터 돈 내고 글짓기 하면 열심히 배울 거다. 나는 글짓기를 하게 되어 기분이 좋다.

5월 7일 목요일

〈요요〉

우리 집에는 요요가 1개 있다. 이 요요는 그냥 이름 없는 평범한 요요다. 평범한 요요지만 값이 2,000원이다. 이 요요는 내 친구 지연이가 준 거다. 지연이는 하이퍼 요요가 있어 내가 달라고 하니 준거다. 내가 요요를 사지 않은 까닭은 이모할머니께서 사라고 권하였는데 낭비라는 생각에 사지 않은 것이다. 나는 지연이가 요요 2개 산 것 보고, 사치스러운 행동이라 여기고 국가적 낭비라고 생각했다. 그런데 지연이가 내게 요요를 줘 나의 요요가 생겨 다행이고 공짜로 얻으니 더욱 기쁘다. 그런데 이 요요가 마음에 안 든 단점은 붉은색인 것과 브랜드가 아니라는 점이 싫다. 그래도 사지 않고 공짜로 요요가 생기는 것도 하나의 나의 기술인 것 같다. 나는 좋은 친구를 사귀어 정말 다행이다. 역시 좋은 친구 덕분에 요요가 생겼고 어쨌든 지연이가 고맙다. 나는 별로 준 것이 없는데… 한편으로는 지연이에게 미안하기도 하다. 나는 내 요요가 좋다.

5월 8일 금요일

〈어버이날 카네이션〉

오늘은 어버이날이다. 그래서 너도나도 선물을 사느냐고 바쁘다. 나는 일부러 학교가 끝나고 정문 쪽 문방구로 갔다. 나는 남일 문구에 들어가서 구경하였다. 꽃바구니에 들은 카네이션 한 바구니를 사고 가짜 카네이션 5송이를 샀다. 카네이션 5송이 사느냐고 5000원을 내고 돈이 부족하여 부모님 선물을 사지 못했다. 부모님께 꼬~옥 선물 해 드리고 싶었는데, 남들은 다 선물을 사는데 나만 카네이션이다. 그래서 선물 대신 편지를 쓰기로 마음먹었다. 할아버지 카네이션 색깔은 분홍색인데 문방구 아저씨가 분홍색 카네이션은 할아버지나 할머니 드리는 거라 했기 때문이다. 엄마가 오시면 카네이션과 편지를 드릴 거다. 5/8 은 어버이날이라 평소에 못 해 드린 선물을 드릴 수 있는 날이라 반갑고, 어버이날은 부모님들이 기뻐하시는 날이라 좋다. 나는 어버이날을 만든 사람은 참 훌륭하신 분이라고 생각한다. 그 한 사람의 지혜로운 생각으로 사람들이 기뻐하고 즐겁게 지내니 나도 좋다. IMF가 무섭다고들 하는데 어버이날에는 IMF가 없으면 좋겠다.

5월 9일 토요일

〈수영장에 갔다〉

지형이는 오늘 수영장에 함께 가자고 했다. 친구들을 아동 대기소에서 만나 은평 스포츠프라자 수영장에 5,000원을 가지고 들어갔다. 3,000원은 입장료라서 내었다. 수영장에 온 지 너무 오래간만이라 갑자기 생소한 느낌이 든다. 올림피아 수영장은 물이 깨끗하지 않아 싫었는데, 은평 스포츠프라자 수영장은 깨끗하고 친구들과 함께 수영하니 기분이 좋고 너무 재미있다. 우리는 물장구를 치며 즐겁게 놀았다. 내 수영복은 작년에 입던 수영복이라 새 수영복은 아니지만 활동하기에 편하고 좋다. 지형이, 정아, 운희와 은평 스포츠프라자 수영장을 나와 아이스크림 집에 들어가 포테이토 슬러시와 아이스크림을 먹었다. 친구들과 먹으니 꿀맛이다. 우리는 집으로 돌아오는 길에 놀이터에 들러서 그네도 타고 탈출 놀이도 하며 재미있게 놀았다. 그리고 술래잡기도 했는데 하필 내가 술래여서 술래잡기는 재미없었다. 내 수영복은 파란색이고 모자는 하얀색, 물안경은 검은색이라서 예쁘다. 이제부터는 수영장에 자주 오겠다.

5월 10일 일요일

〈정아와 은평감리교회에 간다〉

나는 정아와 함께 교회에 간다. 일주일에 한 번씩 가는데 재미있다. 나는 성가대원으로 교회 선생님께서도 잘 대해 주신다. 은평감리교회는 크고 넓고 선생님들이 친절하시다. 그래서 내가 이 교회를 선택한 이유다. 교회에서 예배를 드리고, 선생님 말씀 듣고, 헌금 내고, 노래를 부르니 어느덧 예배가 끝났다. 정아와 나는 성가대라 남아서 노래 연습하고 친구들과 함께 어우러져서 얼음 땡 놀이하였다. 나는 달리기가 빨라 술래가 되지는 않았다. 그리고 가위, 바위, 보에서도 이겼다. 땀은 나고 힘이 들어도 재미있었다. 교회는 너무 재미있는 곳이다. 성가대원이라 찬송가를 많이 부르니 기분이 좋다. 은평감리교회에 일주일에 한 번씩 빠지지 않고 갈 거다. 이원식 선생님이 교회 베드로 5반 담임 선생님인데 선생님의 얼굴은 너무 못 생기고 머리가 곱슬머리이다. 앞으로도 열심히 은평감리교회에 다니겠다. 은평감리교회가 너무 좋다.

5월 11일 월요일

〈내 컴퓨터〉

내 방에는 엄마가 사주신 컴퓨터가 있다. 486이고 윈도 95다. 성능이 좋아서인지 오래됐어도 고장이 잘 안 난다. 유진이 언니가 밤중에 내 방에 들어와 컴퓨터를 켠다. 컴퓨터 숙제가 언니네는 있나 보다. 역시 대학생은 쉬운 게 아닌가 보다. 언니는 컴퓨터에서 연습장에 기록한 내용을 적고 있다. 제목이 화조화다. 역시 문명이 발달하니 우리 생활에 컴퓨터가 꼭 필요하다. 나는 게임 할 때만 컴퓨터를 사용했는데… 언니가 숙제를 열심히 컴퓨터로 하니, 컴퓨터는 공부하라고 만들어졌다는 사실을 오늘에서야 알았다. 나는 숙제보다는 컴퓨터 게임이 재미있다. 내 컴퓨터는 486이지만 성능과 기능이 좋다. 그 대신 게임 프로그램이 하나도 없어 CD로만 게임을 한다. 살 때부터 게임이 없었다. 요즈음에는 시간이 없어 게임을 못 한다. 하지만 내 컴퓨터가 내 옆에 있는 것만 봐도 좋고 마음이 편하다.

5월 12일 화요일

〈춤 연습〉

내일은 1교시부터 시험이다. 그래서 조끼리 2시 30분까지 아동 대기소에 모이기로 했다. 2시 30분까지 아동 대기소에 와서 현명, 희순, 정아, 희연, 태훈, 세호, 호암이와 정아네 집에 가는 도중에 세호가 갑자기 사라졌다. 나는 정아네 집으로 서둘러 뛰어갔다. 정아네 집에 도착하니 현명이가 희순이와 태훈이에게 춤 동작을 가르쳐 주고 있었다. 왜 하필 우리 팀에게만 '릴리리아'가 주어졌는지 이해가 안 간다. 차라리 '천안 삼거리'가 좋은데… 나와 정아는 단소를 불고 혜진이와 희연이는 노래를 불렀는데 흥겹고 재미있다. 태훈이는 영어 선생님이 오신다며 먼저 집으로 갔고, 양호암은 연습하지 않고 과자만 먹었다. 나는 연습을 마치고 학원으로 가서 공부했는데, 3시 30분에 도착하여 5시까지 공부하는데 재미도 없고 하기가 싫었다. 오늘은 춤, 단소, 노래하느라고 시간이 빨리 흘렀다. 하지만 내일 1교시에 시험이니까 어쩔 수 없다. 내일 우리 팀이 잘 되면 좋겠다. 내일이 기대되고… 오늘 연습하니 너무 재미있다.

5월 13일 수요일

〈이모할아버지 힘드시죠?〉

이모할아버지께서 일하신다며 마당으로 나가셨다. 나도 이모할아버지 뒤를 따라 나갔다. 이모할아버지는 열심히 상추를 뿌리째 뽑으셨다. 나도 상추를 뿌리째 뽑아 흙을 털고 신문지 위에 올려놓았다. 차츰차츰 하니 더 빨리 된다. 나는 오늘 처음으로 무와 상추를 뿌리째 뽑아 보고 사진을 4장 찍었다. 우-아 열심히 하니 빨리 끝났다. 이모할아버지는 힘드시다고 말씀하신다. 나는 기운이 넘쳐 탈이다. 이모할아버지는 마당에 내려가시더니 잔디 깎는 기계로 잔디를 깎으셨다. 나는 할 일이 없어 그냥 지켜보았다. 심심하고 할 일이 없어 신발을 정리하고 산호초를 만들었다. 그리고 친구들 전화 받으면서 마당에서 기웃거렸다. 조금 전에 무와 상추를 뽑아서 내 옷에는 흙이 여기저기 묻었는데… 체육복이라 다행이다. 할 일이 없다는 생각에 또 심심해지려고 한다. 나는 이모할아버지 심부름을 기다리며 가만히 이모할아버지 하시는 일을 지켜보았다. 이모할아버지께서는 힘드신데도 불구하고 일찍 오시는 날에는 항상 열심히 집안일을 꼭 하신다. 우리 집 마당이 아까보다 훨씬 깨끗해져서 보기가 좋다.

5월 14일 목요일

〈햄스터 키우고 싶다〉

이모할아버지에서 햄스터를 사주신다고 약속하였다. 지금 빨리 사고 싶은데… 예전에 문산에서 아저씨가 운영하는 수족관에서 판매하는 햄스터를 사고 싶다고 말씀드렸는데 이모할아버지께서 네 말대로 하라고 말씀하신 적이 있다. 내가 햄스터를 사야겠다고 마음먹은 까닭은, 나는 동물들을 다 좋아하기 때문이다. 어린 시절 우리 집은 미키라는 이름의 강아지와 잉꼬 새와 여러 종류 새들이 있었고, 소고기만 먹는 거북이를 키웠으며, 커다란 수족관에는 각양각색의 물고기를 키운 적이 있어서 나는 동물들을 좋아하게 되었다. 그런데 이모할머니께서는 모든 동물은 다 죽는다고 싫어하신다. 토끼, 강아지, 고양이, 다람쥐는 절대로 안 된다고 하셨기에 번식이 빠른 햄스터를 사기로 마음먹었다. 이모할머니께 사정사정해서 햄스터만 사기로 겨우 허락받았다. 문산에 가서 햄스터를 산다면 검정 눈, 색깔은 흰색이나 갈색으로 꼬리는 작고 몸집도 작은 걸로 암컷 수컷을 언니와 이모할머니와 함께 가서 고르려고 한다. 나의 마음은 하루빨리 문산에 가서 이모할아버지 형님도 뵙고 햄스터를 사는 것이 소원이다. 문산에 간다는 생각만 해도 마음이 들뜨고 기분이 좋아진다. 문산에 가는 날이 기다려진다. 나는 햄스터를 사면 내 방에서 정성껏 키울 거다.

5월 15일 금요일

〈고광복 선생님〉

오늘은 스승의 날이다. 그래서 나는 학교 수업 마치고 민혜와 친구들과 함께 고광복 선생님 댁으로 갔다. 고광복 선생님은 1, 2, 3학년 때 나에게 미술을 가르쳐 주신 개인 과외 미술 선생님이시다. 선생님을 향한 감사함에 꽃을 선물하려고 이곳까지 찾아왔다. 고광복 선생님의 얼굴은 하나도 변한 게 없으셨다. 모처럼 선생님 얼굴을 보니 기뻤다. 아마 권영남도 고광복 선생님께 미술을 배웠으니 잘 알 거다. 선생님은 장난기가 많으시고, 농담도 많으시고, 유머 감각이 풍부하시다. 선생님은 아직도 그림을 그리시는데 선생님 자택은 학교에서 멀지 않고 가깝다. 오래간만에 선생님을 보니 정말 반가웠다. 선생님은 우리에게 맛있는 과자와 음료수를 주셨다. 그리고 선생님은 원래 체격이 크신데 지금도 예전 그 모습으로 체격도 그대로이다. 와~ 그 모습 그대로라니… 이해할 수 없다. 나는 많이 바뀌었는데… 한편으로는 신기하고 이상하게 느껴진다. 오늘은 내 기분이 happy.

5월 16일 토요일

〈엄마, 아빠와 설악산으로 놀러 가자!〉

엄마는 아빠와 함께 갈 때가 있다며 나를 데리러 오셨고 우리는 여행을 떠났다. 엄마는 설악산 근처 호텔로 예약하여 직접 운전하시고 파라다이스 호텔로 들어갔는데 IMF 시대라 호텔비는 12만 원이다. 파라다이스 호텔에는 사람들이 많다. 키를 들고 201호실에 도착하여 열쇠로 열고 들어가니 호텔 방 안은 큰 침대가 두 개로 깨끗하고 넓고 좋았다. 나는 방에 들어가자마자 숙제하였고 아빠와 엄마는 잠깐 나가셨다. 아빠와 엄마는 요 앞 슈퍼에서 오늘 저녁에 먹을 먹거리를 사 오셨는데 사 오신 반찬에는 소고기도 있었다. 우리는 바베큐 장소로 가서 고기를 구워 먹었다. 고기는 입에서 살살 녹고 맛이 있다. 엄마는 내일 아침 일찍 일어나서 설악산으로 올라가신다고 하셨다. 엄마가 왜 설악산 근처에 호텔을 잡으셨는지 그제야 알았다. 역시 설악산호텔에서 먹는 고기는 다른 장소보다 훨씬 맛이 있었다. 엄마와 놀러 오니 기분이 참 좋다.

5월 17일 일요일

〈주문진, 낙성대, 경포대〉

나는 아침 일찍 일어났는데… 엄마 아빠가 늦게 일어나셔서 설악산을 못 갔다. 아마도 어제 모두 새벽 1시 5분에 잤기 때문에 그런가 보다. 그 대신에 우리는 주문진으로 갔다. 주문진은 모래가 깨끗하고 좋다. 그곳에서도 우리 식구는 고기를 구워 먹었는데 너무 맛있다. 참외도 깎아 먹었다. 너무 맛있다. 다시 차를 타고 낙성대로 이동하여 절을 구경하였다. 절에 들어가니 이곳은 부처님이 나무로 되어있었다. 어떻게 부처님 코 하나하나를 나무로 만들었을까? 신기하다. 절에는 사방이 물 나오는 곳이라 나는 물을 많이 마셨다. 그곳은 내가 보지 못한 신기한 꽃들도 있었다. 우리는 낙성대를 출발하여 경포대로 왔다. 이곳 경포대에서 우리 가족은 파도치는 바다를 보며 나란히 손잡고 해변을 걸었다. 그리고 다시 경포대를 나와 근사한 낙산 비취 호텔레스토랑에서 딸기 아이스크림을 먹었다. 아빠는 한 달에 한 번은 가족들과 놀러 가겠다고 약속하셨고, 나는 부모님과 주문진, 낙성대, 경포대, 비취 호텔레스토랑에 가니 행복하고 기분이 좋다. 너무너무 즐거운 하루다. 한 달 후에도 가족들과 놀러 갈 생각하니 기대가 되고 행복하다.

5월 18일 월요일

〈엄마의 신세대 녹음테이프〉

엄마는 나에게 신세대 노래 중 앞으로 유행할 노래들을 여러 장의 CD에서 선택하여, 힛트 할 노래만 선별하여 미리 나에게 공테이프에다 녹음해 주신다. 그래서 나는 녹음테이프가 아주 많이 있다. 엄마가 오실 때마다 신세대 녹음테이프를 주시기 때문에 나는 매일 즐겁게 노래를 따라부른다. 내 방은 엄마가 주신 녹음테이프로 공간이 부족하다. 엄마는 나를 위해 언니들을 시켜 녹음하게 하는데 녹음하기는 정말 힘들다. 공테이프를 사야 하고, 또 노래를 모두 들으면서 선곡하여 녹음해야 하니, 시간이 많이 소요되어 불편하고 힘들 거다. 나는 녹음하는 게 이래서 싫다. 녹음테이프 모양은 예쁘지 않아도 소리는 맑고 좋다. 아마 CD를 직접 녹음해서 그런 가보다. 엄마가 주신 내방의 녹음테이프들은 CD를 1,000장 이상 직접 들으시고 녹음해 주신 거라고 말씀하셨다. 노래는 우리 생활에 필요하며 나를 행복하게 만든다. 한 사람의 노래만 있는 테이프를 사면 많은 돈이 소비되고 힛트 하지 않는 곡도 들어야 하는 번거로움이 있는데, 한 테이프에 여러 가수의 노래가 있으니 더 편리한 것 같다. 나는 왜 녹음테이프 색깔이 거의 검은색인지 궁금하다. 하얀색을 많이 만들면 좋겠다. 다양한 색깔이면 녹음테이프 색이 더욱 예쁠 것 같다.

5월 19일 화요일

〈약 먹기〉

나는 요즈음에 약을 먹는다. 아침마다 콘푸레이크에 우유를 타서 먹었더니 '장'이 나빠졌다. 배가 아프기에 약을 먹는다. 수강 약국에서 약을 지어 왔다. 좀 전에는 배가 무척 아팠고 쑤시는 것 같았는데 이제는 괜찮아졌다. 오늘 저녁에 먹으면 이제 약은 없다. 한약이라서 조금 쓰다. 한약은 왜 쓴지 의문이 든다. 나는 아침과 저녁 이렇게 하루에 2번 먹는다. 그리고 이번 한약은 다른 약보다는 맛이 있어 나는 이 약을 좋아한다. 이번 한약은 약간은 써도 맛이 있어 약을 먹을 때 기분이 좋아진다. 그리고 이 약만 다 먹으면 앞으로는 약을 먹지 않을 것 같은 생각이 들기 때문이다. 오늘 저녁이 마지막으로 먹는 약이다. 우와~ 드디어 약을 안 먹게 되는 시간이 얼마 안 남아 다행이다. 그래서 나는 밀가루로 된 음식과 우유를 못 먹는다. 아무거나 먹고 싶은데 이제 내일부터는 먹을 수 있다. 역시 밥이 최고다.

5월 20일 수요일

〈아롬이 글쓰기〉

민혜네 집에서 나는 글짓기 과외를 한다. 수강료는 선생님께 미리 드렸다. 그래서 오늘부터 아롬이 글쓰기를 시작한다. 선생님께서 먼저 나에게 책을 주셨다. Ⅱ단계 19호 시 쓰기 (3) 단계다. 또 한샘 출판이다. 값은 37,000원이다. 한 달에 한 번 돈을 낸다. 아롬이 글쓰기를 오늘 처음 했는데… 너무 재미있다. 선생님 인상이 좋으시다. 민혜는 일주일에 한 번 하는 것도 하기 싫어한다. 나는 재미있는데… 민혜는 몸을 비비 꼬며 가만히 있지 못한다. 민혜는 왜 하기 싫은 글짓기를 했는지 모르겠다. 나 같으면 처음부터 하기 싫은 글짓기를 억지로 하지는 않았을 거다. 민혜는 숙제도 안 해온다. 그래서 선생님이 일주일에 한 번씩 '민혜야! 다음에는 꼭 숙제해 와라.' 하신다. 하지만 소용이 없다. 또 안 하고 그냥 온다. 나는 아롬이 글짓기를 민혜와 함께 배우니 기분이 좋다. 오늘 선생님께서 숙제를 내주셨는데 동시 한 편을 짓는 거다. 그래서 코스모스를 주제로 썼다. 글짓기를 하니 기분이 좋다 너무 쉽고 재미있다. 이제부터 아롬이 글쓰기를 열심히 하겠다.

5월 25일 월요일

〈친구 홍상은〉

내 친구인 상은이가 생일에 선물을 주지 못했다고 5-3반 교실로 와 나에게 선물을 전해 주고 갔다. 나와 상은이는 내일부터 학원에 함께 다닐 거다. 모처럼 새 학년 친구인 상은이와 내일 학원에서 함께 공부한다는 생각에 나의 마음이 한결 들떠 있다. 상은이는 예의 바른 학생인데 생일이 지났음에도 잊지 않고 선물 준 아이는 상은이뿐이다. 상은이는 머리가 길고 얼굴은 통통하며 동그란 편이다. 나와 비슷한 성격을 가졌다. 나의 절친 상은이는 민혜를 싫어하는데 예전에 민혜와 상은이가 서로 욕하며 싸웠기 때문이다. 그래서 둘은 너무나 싫어하는 사이가 되었다. 왜 싸울까? 서로 양보하면 되는데, 그럼 싸우지 않을 텐데… 이해할 수 없다.

5월 26일 화요일

〈나무줄기 속 길을 따라〉

나무줄기 속 길을 따라/ 파아란 길을 따라// 뿌리들 모여 사는/ 마을을 찾아 가면// 달그락 바스락/ 달그락 바스락// 내 또래 친구들의/ 초록 지붕 물감 공장// 나무줄기 속 따라/ 파아란 길을 따라// 가지들 모여 사는/ 마을을 찾아 가면// 달그락 바스락/ 달그락 바스락// 내 또래 친구들의/ 빨간 지붕 꽃 공장

5월 27일 수요일

〈발표회〉

오늘은 학교에서 우리 반 발표회가 있는 날이다. 발표회가 있는 날이라 다른 반 선생님들이 많이 오신다. 우리 반에 다른 반 선생님들이 오신다고 생각하니 기분이 좋기도 하고 떨린다. 드디어 발표회가 시작되었다. 선생님들이 구경하러 오셨는데 신기하게도 떨리지 않고 괜히 웃음만 나왔다. 우리 2조가 앞으로 나가 춤과 단소를 보여 주었다. 나는 무거운 마음을

가지고 단소를 불었다. 정아는 단소 소리가 너무 빠르고 또 어떤 아이는 너무 느렸다. 그래서 여러 명의 소리가 어울리는 합주가 잘 안된 것 같다. 한마디로 단소는 엉망이었다. 하지만 춤은 그래도 괜찮은 것 같다. 이제야 마음이 홀가분하다. 발표회는 이렇게 끝났다. 나는 우리 담임 선생님이 가야금과 단소를 이렇게 잘하시는지 정말 몰랐다. 가야금이 연주하기 힘든 악기라는 사실을 오늘에야 알게 되었고 그래서 나는 가야금을 배우고 싶지는 않다.

5월 29일 금요일

〈유리와의 하루〉

회화부 숙제 때문에 나는 유리한테 전화해 밖으로 나오라고 하였다. 유리와 나는 신한은행에서 만나 우리 집으로 함께 왔다. 우리는 물을 떠 와 그림 그릴 준비를 하니 저녁 8시가 되었다. 8시부터 우리는 밑그림을 그리고 물감을 칠했다. 나는 나의 꿈을 그리는 거라 `대학 교수'를 그렸는데 유리는 처음부터 끝까지 나만 따라 한다. 유리는 따라 하면서도 오히려 내게 신경질을 낸다. 그래서 내가 유리한테 한마디 말했더니 저 혼자 삐졌다. 참~ 유리는 착한데 너무 고집이 세고 남의 그림 주제를 막무가내로 똑같이 따라 그린다. 유리는 갑자기 내 말 한마디에 미안한 생각이 들었는지 그 상태에서 국어 선생님으로 바꿨다. 우리는 저녁 9시 30분에야 회화부 그림 숙제를 마쳤다. 유리와 오랫동안 있으니 기분은 좋았다. 나는 나머지 숙제 작업을 마무리하고 언니와 함께 유리를 집에 데려다주었다.

5월 30일 토요일

〈엄마, 아빠와 송도 유원지 여행〉

엄마, 아빠가 송도 유원지로 여행 간다고 나를 데리러 오셨다. 우리는 송도의 카페거리를 거닐다 근처 고깃집에서 삼겹살을 맛있게 먹고, 엄마가 예약한 힐튼호텔로 가서 주차하고 312호에 짐을 가지고 들어갔다. 35,000원인데 방이 넓다. 화장실도 근사하고 침대도 크다. 우리는 호텔에 짐을 놔두고 오후 4시에 송도 여기저기를 돌아다녔다. 송도는 예전과 하나도 변한 게 없었다. 어린 시절 나는 부모님과 송도 레스토랑들을 일주일에 2~3번은 갔는데 새로운 레스토랑이 생길 때마다 빠짐없이 다 다녔다. 송도에 오랜만에 왔는데 마치 시간여행을 하는 것 같다. 오늘 머무는 힐튼호텔 지하 가라오케와 나이트클럽도 여러 번 갔는데 그때가 아마도 내가 1학년이었을 텐데… 그리고 엄마와 둘이서만 이 호텔 가라오케 가서 과일 안주 먹으며 춤추고 노래

한 거가 생각난다. 내 모습은 바뀌어도 송도는 그때 그 모습 그대로이다. 우리는 송도 유원지로 가 해수욕장도 보고, 보트도 타고, 맛있는 음식 먹고, 말도 타면서 즐겁게 지냈다. 여러 가지 놀이 기구를 탔는데 재미있다. 시간이 많이 지나 컴컴한 밤이 되어 우리는 힐튼호텔로 돌아와 푹 잤다.

5월 31일 일요일

〈엄마 아빠와 마지막 여행 장소인 신세계백화점〉

오늘은 여행 마지막 날이다. 우리 식구는 아침밥을 먹으러 송도를 한 바퀴 돌다가 1인분 숯불갈비가 10,000원이라고 앞에 크게 써 붙어 있는 쪽으로 갔다. 나는 비싸고 맛없는 고기는 싫다고 늘 생각하는데, 그 고깃집 안으로 들어가니 우선 분위기가 마음에 들었다. 나는 호텔이나 식당은 무조건 웅장하고 고급스러운 분위기여야 하고 맛있어야 한다. 그런데 이 집은 분위기 좋고 숯불갈비도 입에서 살살~ 녹았다. 또 비빔 냉면을 추가로 먹었는데 11,000원이었다. 너무 맛있는 아침밥이다. 식사를 마치고 쇼핑하러 신세계백화점으로 갔다. 신세계백화점에 들어가 주차하고 이것저것 물건을 구경하는데 살 수 있다고 생각하니 아주 신났다. 나는 이의정이 선전하는 미니카세트를 사려고 했다가 선전과는 너무 모습이 달라 안 사고 그 대신 스테레오 카세트 플레이어와 헤드폰을 샀다. 백화점은 IMF라는 게 없는 것 같다. 백화점이 오늘의 마지막 여행 장소다. 백화점을 나와 차를 타고 노래를 들으며 이모할머니 댁으로 왔다. 너무 행복하고 기분이 좋다.

6월 일기

6월 1일 월요일 - 6월 30일 화요일

6월 1일 월요일
〈미술 시간〉

6월 2일 화요일
〈민혜와 인형 놀이〉

6월 3일 수요일
〈티끌 닦기 (시)〉

6월 4일 목요일
〈하늘이 (시)〉

6월 10일 수요일
〈새 필통〉

6월 11일 목요일
〈민혜가 만든 음식〉

6월 12일 금요일
〈짱구 필통〉

6월 13일 토요일
〈유리와의 미술〉

6월 14일 일요일
〈엄마와 이화여대에서 쇼핑〉

6월 15일 월요일
〈포스터 그림 우수상〉

6월 16일 화요일
〈새 옷 한 벌〉

6월 17일 수요일
〈신문 기사〉

6월 18일 목요일
〈지형이가 사준 아이스크림〉

6월 19일 금요일
〈연속극, '보고 또 보고'〉

6월 20일 토요일
〈심부름〉

6월 21일 일요일
〈전쟁기념관 관람〉

6월 22일 월요일
〈임정아 선생님〉

6월 23일 화요일
〈반성문〉

6월 24일 수요일
〈유진이 언니에게 피아노를 배운다〉

6월 25일 목요일
〈아휴! 이놈의 비 때문에…〉

6월 26일 금요일
〈배드민턴 시합에서 1등〉

6월 27일 토요일
〈지연이네 집〉

6월 28일 일요일
〈문방구에서〉

6월 29일 월요일
〈일기 상장〉

6월 30일 화요일
〈우리 집 도둑고양이〉

7월 1일 수요일

〈모기 때문에 큰일 났다!〉

뉴스를 보았더니 우리나라가 큰일 났다. 우리나라의 모기가 온 세계로 점점 퍼지고 있다. 뇌염모기환자가 벌써 3천 명인데 앞으로도 더 많이 늘어난다고 한다. 지금 우리나라 사람들은 모기와의 전쟁을 걱정하고 있다. 여름이 시작되어 생긴 모기는 엘니뇨 현상 때문에 날씨가 오락가락해서 모기가 더 늘어난 거라고 한다. 그것보다 더 무서운 건 그냥 모기가 아니라 뇌염모기가 45%라는 사실이다. 뇌염모기는 사람의 목숨을 빼앗아 갈 뿐만 아니라, 조금 있으면 세계 곳곳으로 번식하여 많은 인명피해를 줄 것이다. 우리는 이를 예방하기 위해 손과 몸을 매일 깨끗이 씻어야 한다. 만약 우리나라가 뇌염모기로 덥힌다면 아마도 많은 사람이 모기로 인하여 시달릴 것이다. 역시 뇌염모기는 소리 없이 우리에게 무섭게 다가온다. TV 뉴스에서 뇌염모기를 직접 보여 주었는데, 나는 이곳저곳 쌓여 있는 많은 모기에 너무나 놀랐다. 뉴스에서 본 게 꿈인가? 생시인가? 너무 놀랐다. 우리 모두 조심해야 한다.

7월 2일 목요일

〈학교에서 5학년에는 처음 해 보는 수영〉

오늘은 5-3반이 수영을 하는 날이다. 그래서 아침부터 수영 준비물을 챙겼다. 내 수영복은 파란색이고 수영 모자는 하얀색 고무이다. 수영 용구를 챙기고 학교로 갔다. 모니터를 보니 남자아이들이 먼저 수영했다. 내 짝꿍은 엄마가 하지 말라고 했다고 안 했다. 남자아이들이 수영 마치고 올 동안 우리는 모니터를 보며 기다렸다. 드디어 남자들이 도착했고 나는 수영복을 입고 수영장으로 향하였다. 수영장에 도착한 여자아이들은 가자마자 체조를 하고 1명씩 물속으로 들어가 수영하였다. 비가 와서 너무나 추웠지만 수영하고 나니 재미있었다. 1번 하니 또 하고 싶어 여러 번 수영했다. 그리고 나서는 선생님께서 자유시간을 주셔서 물속으로 들어가 물장구를 치며 재미나게 놀았다. 수영장을 나와 교실로 들어가서 옷으로 갈아입었다. 아휴~ 너무너무 즐거운 하루였다.

7월 3일 금요일

〈내 친구 운희예요!〉

운희와 나는 학교에서 만나 함께 단소 연습하기로 약속했다. 우리 둘은 학교 수업이 끝나고 2:30분에 푸른나라에서 만났다. 아이고! 무슨 날씨가 왜 이리 더운지~ 반 팔 옷을 입어도 더워 쓰러질 것 같았다. 운희는 첫째 마음씨가 착하고 순수하다. 둘째는 아이들에게 무지무지 친절하게 대한다. 그리고 셋째는 얼굴도 예쁘고 키가 크다. 운희와 드래곤 책방에 들어가 회원 가입하고 우리 집으로 와 단소를 연습하였다. 우리는 연습을 조금하고 나서 선풍기를 쐬며 음식을 먹고 재미있게 놀았다. 별로 놀지는 않았는데… 너무너무 재미있다. 이상하다! 내 기분이 왜 기쁨이 넘쳐 즐거운지! 운희는 농장에서 가족들과 파티한다고 빨리 가야 한다고 말하고 갔다. 나는 운희가 길을 잘 몰라 푸른나라 가는 길인 학교 후문까지 데려다주고 우리 집으로 왔다. 역시 친구가 없으니 심심하다. 아마도 운희는 지금쯤 농장에 도착하여 모닥불을 피며 재미나게 놀고 있을 것이다.

7월 4일 토요일

〈오래간만에 유리와 함께 가는구나!〉

유리와는 그동안 오랜 시간 함께 가지 않았다. 그런데 오늘은 유리와 함께 가기로 마음먹었다. 나는 학교 수업이 끝나고 유리의 실내화 주머니를 들어주며 함께 가자고 말했는데, 오늘도 유리는 역시 아무 대답이 없었다. 친구들은 유리를 보고 내숭이! 라고 말하지만 나는 그렇다고는 생각 안 한다. 유리와 함께 집으로 가는 길에 아이스크림과 돈가스를 사 먹고 가는데 유리의 달라진 모습을 발견했다. 옛날에는 활발하지 않았는데… 이제는 밖에서도 잘 웃고 잘 놀고 신나게 뛰어다닌다. 예전보다 활기를 찾은 유리를 보니 더욱 기분이 좋다. 나는 유리가 말을 더 많이 하면 좋겠다. 유리와 나는 이런저런 이야기를 하며 집으로 향했다. 유리 집은 서부 시장 방향인데 빌라에서 산다. 유리에게는 오빠가 한 명 있고 나는 한 번도 가보지 못했는데, 유리는 우리 집에 여러 번 와서 미술 숙제를 함께 했다. 하지만 유리 집 빌라를 밖에서 쳐다본 적은 있다. 유리는 내가 말을 계속 걸어야 대화 가능하니 나는 무슨 말을 해야 할까? 라는 생각이 들어 조금은 불편한 점도 있다. 어쨌든 유리와 내가 앞으로라도 좀 더 친하게 지내면 좋겠다.

7월 5일 일요일

〈엄마와 아빠가 오셨네!〉

엄마와 아빠가 오후 1시에 오셨다. 나는 아침 일찍 이모할머니와 절에 다녀왔는데 머리가 어지러워 쓰러질 지경이다. 집에 도착하여 우선 점심을 먹고 잠시 휴식을 취한 후, 부모님 차를 타고 일산 신도시 호수공원으로 놀러 갔다. 우리 엄마는 나에게 전화를 매일 하루에 3번 이상 하면서 중간중간의 일과를 물어보신다. 그래서 엄마는 나의 일거수일투족 다 아신다. 그리고 일주일에 한 번은 나와 맛있는 것도 먹으며 여행을 다닌다. 오늘도 부모님과 일산 호수공원에 오니 소나무 냄새가 솔솔~ 풍기고 내 눈앞에는 호수가 펼쳐져 있다. 부모님과 나는 산 중턱까지 올라갔고 너무 많이 걸어 다녀서인지 다리가 힘들었다. 우리 가족은 산에서 돗자리를 펴고 누워있다가 운동도 하고 다시 내려와 번데기를 먹었다. 역시 호수공원은 넓고 말 그대로 호수가 있고 공원도 있어 호수공원인가 보다. 호수공원 가까이에는 까르푸가 있는데, 우리는 근처 레스토랑에서 맛있는 음식을 먹고 까르푸 백화점으로 들어가 필요한 것들을 구매하고, 일산 신도시의 이쁜 전원주택들을 구경하였다. 전원주택은 미국 LA의 비버리힐즈를 생각나게 했는데, 부모님과 여행했던 미국 비버리힐즈 집들보다는 규모가 작고 수영장은 없었고 아담하면서도 예쁜 집이 모여있다. 우리는 다시 차를 타고 집으로 향하는 길에 멋진 또 다른 레스토랑을 발견하여 그곳으로 들어가 내가 좋아하는 아이스크림을 먹고 집으로 왔다. 그때의 시간은 8시 30분이었다. 너무 컴컴한 밤이다. 부모님과 함께한 오늘은 기쁘고 행복하다.

7월 6일 월요일

〈새로 생긴 학용품〉

내 방에는 새로운 물건이 많이 생겼다. HOT 부채, 다이어리, 알림장, 연예인 사진이 생겼다. 색상과 모양이 모두 예쁘고 여름철에 딱 맞는 색상이다. 한 마디로 시원한 색이다. 그리고 다 비싼 것들로 가득하다. HOT 부채, 연예인 사진, 다이어리는 우리 엄마가 사주신 것이다. 연예인 사진은 10장이 있고 다이어리는 4,500원 주고 샀다. 그리고 HOT 부채의 색깔은 파란색인데 부채 속에 있는 주인공들의 의상 색깔은 연보라색이다. 엄마가 다음에 오실 때는 예쁜 가방과 SES 테이프, 블루테인 테이프를 가지고 오실 거다. 어떻게 알았냐면? 엄마가 귓속말로 내게 말씀해 주셨다. 나는 오늘 새로운 알림장을 샀다. 수첩처럼 생겼어도 속은 알림장이다. 겉표지 모양은 안 예쁜데 내가 원하는 쪽 수가 많기에 선택했다. 오늘 하루도 기분이 좋다.

7월 7일 화요일

〈학교 수영장에서 수영을…〉

드디어 수영하는 날이 왔다. 점심을 먹고 우리는 수영복으로 갈아입고 수건을 걸치고 수영장으로 향했다. 하필 6교시에 수영을 하니 사람들이 쳐다봐 창피한 생각이 들었다. 수영장에 들어가서 준비 체조하고 배영을 했다. 배영은 난생처음이다. 그래서 처음에는 못하겠더니, 1번 하고 나니 계속하고 싶은 마음이 들어 쉬지 않고 계속 계속했다. 너무너무 재미있다. 5학년 돼서 수영은 2번째 하는 날인데 처음에는 왠지 하기 싫다가도 일단 시작하면 자꾸 하고 싶어진다. 내 수영복의 색상은 파란색이고 원피스 모양이다. 다음에 살 때는 검은색으로 살 거다. 그 이유는 검은색 수영복이 제일 예쁘다. 엄마가 시원해 보이라고 파란색 수영복으로 사주셨지만 내가 싫어하는 색상이다. 검은색 수영복은 모양은 안 예뻐도 색상은 진짜 고급스럽고 예쁘다. 역시 수영은 하면 할수록 재미있다. 야외 수영장에서 수영할 때는 친구가 별로 없어 아쉬움이 많았는데, 학교에서의 수영은 우리 반 아이들이 많이 있어 이야기하면서 하니 더욱 재미있다. 그래서 나는 학교 수영장에서 수영하는 걸 즐거워하고 제일 좋아한다.

7월 8일 수요일

〈드래곤 책방〉

우리 동네에 드래곤 책방이 생겼다. 나는 거기서 회원 카드를 신청하였다. 원래는 1,000원을 내고 회원 카드를 신청하는 건데 오늘은 드래곤 책방이 처음으로 개업하는 날이라 열쇠고리를 주고 회원 카드도 공짜다. 드래곤 책방에 들어가서 둘러보니 위인전 책들은 없고 소설, 만화책들이라 나는 회원 카드 신청을 후회했다. 여기가 책방인 줄 알고 좋아했는데 그게 아니라 만화방이었다. 하지만 회원이라 저렴하게 만화를 볼 수 있어서 기분은 좋다. 회원은 300원에 빌릴 수 있기 때문이다. 드래곤 책방은 치킨 가든 옆에 생겼는데 내일부터는 1,000원을 내고 회원 카드를 만들어야 한다. 오히려 일찍 회원에 가입하니 다행이다. 나는 만화방이 앞으로라도 책방으로 바뀌면 좋겠다. 드래곤 책방이라고 쓰여 있어 도서실같이 책이 많은 줄 알았는데 순 거짓말이다. 이름만 드래곤 책방이다. 왜 이름을 책방이라 했을까? 만화방이라고 짓지~ 순전히 사기다.

7월 9일 목요일

〈상은이는 내 친구예요〉

상은이는 1학년 때부터 아는 친구인데 요즘에는 같은 학원을 함께 다녀서인지 예전보다 더 친해졌다. 예전에는 그냥 무덤덤한 사이였는데 이제는 아주 친한 친구 사이로 지낸다. 주로 상은이가 우리 집으로 놀러 오는데, 상은이가 우리 집에 오늘 온 이유는 다마고치를 서로 바꾸어 키우기로 전에 약속했기 때문이다. 오늘은 상은이가 나에게 다마고치를 주는 날이다. 나는 상은이와 함께 책방에 가서 책을 빌렸고 상은이는 회원 카드를 신청하였다. 상은이는 이제 회원이 되어 300원만 내고 만화책 한 권을 빌렸다. 나는 상은이와 우리 집에서 놀았고 맛있는 오징어 부침개를 먹었다. 어두운 밤이 되어 상은이를 집까지 데려다줬는데 하늘에서는 비가 주룩주룩 쏟아졌다. 상은이는 나의 친한 친구이다.

7월 10일 금요일

〈나는 다마고치를 가지고 있다〉

상은이와 나는 다마고치를 한 달 동안 서로 바꾸어 키우기로 했다. 상은이는 나에게 구피 키우기와 사랑의 점술사를 빌려주고 나는 공룡과 펭귄을 빌려주었다. 나는 상은이에게 공룡 1개를 팔았다. 원래는 내가 30,000원 주고 산 건데 3,000원에 판 거다. 싸게 팔은 이유는 요즈음 다마고치가 한물갔기 때문이다. 다마고치 중에서 사랑의 점술사 색상은 파란색이고 구피 키우기의 색상은 하얀색이다. 구피 키우기는 햄버거 모양이고 사랑의 점술사 모양은 하트 모양이다. 상은이는 사랑의 점술사 책을 공짜로 얻었다고 말했다. 상은이가 빌려준 다마고치는 너무너무 예뻐 내 마음에 쏙 든다. 이 다마고치 2개를 잘 키우려고 하는데 빨리 죽을까 봐 너무 걱정된다. 오늘은 상은이가 고맙다는 생각이 든다.

7월 11일 토요일

〈상은이의 생일 잔치〉

상은이는 생일잔치를 한다고 수업이 끝난 후 5-6반 자기네 반으로 오라고 하였다. 그래서 나는 수업이 끝나고 지연이와 함께 교실 밖에 서서 상은이를 기다렸다. 상은이는 자기 집으로 가자고 말했고, 집에 들어서니 상은이 엄마가 우리에게 뭐를 좋아하냐고 물으셨다. 나는 바이타임에 가면 좋겠다고 말했다. 그러나 상은이는 보쌈이 먹고 싶다고 하였다. 상은이 요구대로 보쌈집에 가서 상은이 엄마, 지연이 엄마, 지연이, 상은이, 나는 보쌈을 먹고 후식으로 냉면을 먹었다. 오랜만에 보쌈을 먹으니 맛이 있었다. 상은이는 생일 전에도 나와 지연이 2명을 초대했었는데 그때도 배 터지도록 먹고 또 먹었다. 우리는 밖으로 나와 성당 마당에서 막 뛰어다니며 재미있게 놀았다. 그리고 상은네로 다시 가서 에어컨을 틀고 TV를 보았다. 책도 읽고 맛있는 저녁밥을 먹은 후 남양 특집 전설의 고향을 보았다. 무섭지는 않았고 슬픈 내용이다. 나는 7시쯤에 우리 집으로 왔다.

7월 12일 일요일

〈진관사〉

이모할머니, 이모할아버지, 언니와 나는 자가용으로 진관사 절을 향하여 9시쯤에 출발하였다. 진관사 절에 가는 동안 나는 무지무지 멀미를 심하게 해 토를 할 지경이었다. 그래서 가는 동안 괴로웠다. 엄마 차는 멀미를 안 하는데 왜 다른 차는 멀미하는지 궁금하다. 진관사 절에 아침 9시에 도착하여 스님 심부름을 온종일 하였다. 나는 쟁반을 부엌으로 나르고, 잣을 실에 꿰었고, 호두를 좋은 것과 나쁜 것을 구별해 봉지에 담아 놓고, 언니는 화선지에 글씨 쓰기를 도와주었다. 지금의 시간은 오후 3시다. 나는 열심히 해서 다리가 무척이나 아팠다. 하지만 스님들을 도우니 우와~ 야호~ 기분은 너무 좋은 것 같고 재미도 있다. 하지만 섭섭한 건, 절에 갔는데 부처님께 절하지 못한 것이 아쉬움으로 남는다. 우리는 5시 20분에 절을 나와 시냇물에서 조금 놀다가 언니와 둘이 파파이스로 가서 치킨, 감자튀김, 아이스크림, 햄버거를 먹고 집으로 걸어왔다. 걸어온 이유는 500원밖에 없어 버스비가 모자라서이다. 다음에는 먹는 건 먹을 거지만 조금 아껴서 차를 타고 편안히 가야겠다. 그래도 이리저리 구경하며 가니 신나고 재미는 있다.

7월 13일 월요일

〈'당근 있어요' 만화책〉

요즈음 제일 잘나가는 책 이름이 '당근 있어요' 다. 아이들에게 인기가 많다. 그래서 만화방에는 아이들이 무지무지 많다. 나는 '당근 있어요' 만화책이 왜 재미있는지 이해가 안 되고 한편으로는 궁금하기도 하였다. 마침 오빠가 비디오방으로 가서 나도 따라갔다. 거기에서 책을 읽었다. 나는 비디오를 안 빌리고 '당근 있어요' 책을 빌렸다. '당근 있어요' 만화책의 앞면은 토끼 그림이다. 앞면 그림 내용은 토끼에 관해 벌어지는 내용이다. '당근 있어요'를 보니 갑자기 토끼가 너무 가지고 싶어졌다. 그때 나는 '나도 저런 토끼가 있으면 좋겠다'라는 생각이 들었다. 내가 토끼띠라 특히 토끼 모양은 다 좋아하는 것 같다. 너무 재미있는 바람에 만화책 2권을 순식간에 다 보았다. 내일은 또 오빠에게 부탁해 '당근 있어요' 책을 빌려오라고 해야지. 3, 4권 2권을….

7월 14일 화요일

〈풀밭에 누워〉

아무 생각 없이/ 풀밭에 누웠다./ 편안하다./ 풀잎의 숨소리들이/ 아직 떠나지 못한 초록 내음으로/ 몰려온다/ 내 몸의 핏줄이 푸릇푸릇 일어난다/ 어디서 왔을까. 바람이/ 나뭇잎들이 바람 타고 온다./ 그것이 서투른 이파리들은/ 미끄러져 떨어진다/ 먼데 구름이/ 파란 하늘을 끌고 온다/ 갑자기 빈손이 부끄럽다

7월 15일 수요일

〈미스터 Q〉

SBS에서 저녁 10시에 '미스터 Q'를 한다. 언제부터인지는 몰라도 그냥 재미있게 보기 시작하였다. 오빠 방에서 오빠와 함께 TV를 보았다. 미스터 Q는 내용이 김희선, 이강토가 서로 사랑하지만, 둘이 다투어 김희선이가 부산으로 떠났는데 다시 만난다는 사랑 이야기이다. 나는 김희선이가 예쁘고 이강토도 멋져서 본다. 미스터 Q는 너무너무 재미있다. 그런데 이상한 점은 왜 TV는 대부분이 사랑에 대한 드라마만 나오는지 모르겠다. 그 점은 썩 좋지 않다. 예를 들자면 '좋은 친구들'에도 사랑학 개론이 나오는데 TV는 사랑에 대한 드라마가 너무 많다. 미스터 Q는 내일이 마지막 회이다. 나는 지금도 미스터 Q를 좋아한다. 내일은 마지막 회이기 때문에 꼭 봐야겠다. 미스터 Q 너무 재미있다. 9시 55분에 하는 미스터 Q를 꼭 봐야겠다. 너무 재미있었다.

7월 16일 목요일

〈여름방학〉

우~와! 드디어 방학이다. 아침부터 무슨 가방과 필통을 가지고 갈까? 생각하였다. 왠지 갑자기 마음이 설레고 나도 모르게 신나고 기분이 좋다. LOOK이라고 쓰여 있는 검은색 가방을 메고 학교로 갔다. 학교에 가니 방학이라 그런지 교실이 떠나갈 듯 시끄럽고 아이들이 바쁘게 이리저리 움직였다. 선생님이 교실에 들어오셨고 아이들은 모두 제자리에 앉았다. 몇 분 후 하얀 도화지에 생활 계획표라고 쓰고 앞장에는 그림을 그리고 생활 계획표를 짰다. 계획표를 마무리하고 싸인 펜으로 색칠하고 컴퍼스로 원을 그렸다. 학교에서 성적표를 받고 '봉사활동: 8월 13일 목, 9:30 등교'도 적고, '수영 7월 21일 1시, 7월 28일 10'을 알림장에다 적고 평소처럼 선생님께 인사를 하고 집으로 왔다. 집에 와서 생각하니 아이들과 떠들고 장난쳤어도 막상 헤어지니 다시 보고 싶다. 그리고 월요일부터는 새로운 마음으로 방학 숙제를 미리 해야겠다. 즐겁다.

7월 17일 금요일

〈민혜야! 안녕〉

민혜한테 우연히 전화가 왔다. 따르릉따르릉~ 여보세요! 저 민혜인데요~ 민혜야! 왜? 언니 놀자! 라고 말해 나는 어~ 하고 전화 통화했다. 5분 후 초인종 벨 소리가 나서 가보니 민혜였다. 그래서 대문을 열어 주었다. 민혜가 오자 나는 '안녕!'하고 반갑게 말을 하며 맞아 주고, 민혜와 함께 내 방으로 가서 컴퓨터를 했다. 그런데 게임이 안 나와 찾느라고 애먹었다. 게임을 포기하려니 아쉬움이 많았다. 우리는 게임 찾느라고 시간을 너무 많이 허비했는데 끈기와 노력으로 도전하여 끝내 게임을 하였다. 우리는 게임을 마치고 인형 놀이 하였다. 인형 놀이는 많이 해도 하나도 안 질린다. 한마디로 해도 해도 재미있다. 이번에는 귀신에 대한 인형 놀이했는데 민혜는 예쁜 인형, 나는 보통보다 조금 예쁜 인형으로 놀았다. 인형 놀이는 역시 오늘도 재미있다. 우리 집에는 바비인형과 인형 옷들이 큰 바구니 2개에 가득 차 있어 친구들은 인형 가게 같다고 한다. 우리 집 인형과 옷은 5~6명이 인형 놀이 해도 풍족하여 친구들이 우리 집에 오면 항상 인형 놀이하고 싶어 한다. 놀이를 치우고 마당으로 나가 땅따먹기하며 놀았다. 오늘은 온종일 노는 하루다.

7월 18일 토요일

〈일민미술관 관람〉

과외 학원에서 오늘 놀러 간다. 민혜는 교회에서 캠프를 가서 오늘은 가지 못한다. 나 혼자 1시까지 과외 학원으로 갔다. 과외 학원에 오니 과외 선생님과 상은이가 있었다. 과외 선생님과 나, 상은이와 상민이 친구들, 예원이 언니와 다른 친구들과 함께 버스를 타고 일민미술관으로 출발하였다. 나는 차 안에서 멀미로 무척 괴로웠다. 부르릉~ 조금 있다가 일민미술관에 도착하였다. 미술관에 도착해 2,000원을 내고 들어갔다. 미술관에는 400년 만의 귀향이라고 해서 일본 속에 꽃피운 심수관家 도예전이 7월 7일~8월 10일까지 전시하고 있다. 또 들어가면 시원하고 음료수 마시는 곳도 있다. 심수관은 부조운문 매화병, 어전흑유사자 편화병, 사군자문 투각향로, 사자승 관세음보살자상 등이 있었는데 심수관은 1926년에 독자로 태어나 1964년 와세다대학 정치경제 학과를 졸업했다. 영화관에서 심수관이 어떤 업적을 남기었나 확실히 알고 느꼈다. 도예를 대대손손 이어오다 임진왜란으로 갑자기 일본(사쓰마)으로 끌려가 도자기를 만든 심수관의 그 특징들을 직접 가서 보니, 많은 것을 배울 수 있어 더욱 기분이 좋다. 우리는 일민미술관을 나와 교보문고로 갔다. 교보문고에서 구경하다가 점심을 먹고 집으로 버스 타고 왔다. 오래간만에 미술관에 가서 구경하니 기분이 좋다. 시간이 나면 또 와야겠다.

7월 19일 일요일

〈엄마 안산 사무실 구경〉

엄마가 나를 데리러 오셨다. 엄마의 차를 타고 엄마 사무실로 갔다. 엄마 사무실은 5개이고 우리 엄마는 백화점 7개 매장을 운영하는 사장님이시다. 엄마의 사무실과 창고는 서울, 인천, 시흥, 안산 등 5군데를 가지고 계시고 오늘 가는 사무실은 안산 사무실이다. 엄마 사무실 근처에서 통닭, 음료수, 과자를 사서 고층빌딩의 10층 사무실로 들어갔다. 엄마 사무실에 들어가기는 오늘이 처음이었다. 엄마의 사무실은 무척 넓었고 바닥은 회색 카페트가 깔려있고 주방과 샤워실이 있는데 깔끔하고 외국 분위기다. 책상, 소파, 책장, TV도 두 개이고 비디오도 있었다. 사무실에서 TV를 보고 통닭도 먹고 엄마 매장인 근처 백화점으로 갔다. 엄마가 운영하는 백화점 3층은 음반매장 직원이 2명이고, 4층은 주방용품 전체를 운영하시는데 4층 절반이 엄마 매장으로 언니들은 30~40명 정도 근무한다. 우~와! 백화점 한 층의 절반이 엄마 매장이라니… 4층에는 또 다른 엄마 사무실이 있다. 5층으로 올라가니 엄마가 운영하시는 커피샵이 있는데 하와이 스타일의 고급스럽고 세련된 커피샵으로 우리나라 최초의 백화점 내 커피 샵이라고 엄마가 말씀하셨다. 커피샵 실내 분위기는, 엄마 아빠와 추운 겨울에 하와이 여행 갈 때 항상 들리는 와이키키 해변가에 있는 할레쿨라니(Halekulani)호텔의 커피샵 분위기 그대로다. 하와이는 유럽보다 가까워 4번 여행했다. 하와이를 자주 간 이유는 싱가포르, 필리핀, 인도네시아를 여행할 때 너무 실망하여 가까운 하와이를 간 것이다. 3층, 4층, 5층의 엄마 매장을 두루 살펴보니 엄마가 왠지 존경스럽다. 그리고 엄마가 일하는 백화점을 직접 구경하니 더욱더 엄마가 자랑스럽다. 그래서인지 엄마가 운영하시는 다른 백화점들도 궁금하고 가보고 싶다. 나는 구경을 다 하고 언니들한테 선물도 많이 받고, 이쁜 옷도 사고 즐거운 마음으로 8시쯤에 집으로 왔다.

7월 20일 월요일

〈파파이스에 갔다〉

언니가 집에 오자 우리는 이모할머니 차를 타고 파파이스로 갔다. 파파이스는 연신내 근처에 자리 잡고 있고 우리 가족은 자주 파파이스에 간다. 이유는 오래전에는 KFC에 갔었는데 거기는 이제 싫어져 이제는 파파이스로 매번 간다. 파파이스에 와서 치킨과 콜라, 아이스크림, 감자튀김, 콘, 햄버거를 먹었다. 파파이스는 에어컨이 있어 시원하고 종류도 많으며 아이스크림도 바닐라 맛이다. 이모할머니, 언니, 나. 세 식구가 왔는데 아주 많이 먹었다. 왜냐면 콘, 아이스크림, 감자튀김 반, 치킨 두 조각, 콜라 반은 내가 먹는다. 언니는 남겨진 것을 거의 다 먹는다. 이모할머니는 치킨 한 조각, 콜라 반, 감자튀김 반을 드신다. 파파이스는 맛이 있어서 그런지 사람도 무척 많아 자리 구하기는 항상 힘들다. 파파이스에서 먹는 음식은 모든 메뉴가 너무 맛있다. 다음에도 또 와야겠다.

7월 21일 화요일

〈잔디 깎기〉

나는 이모할아버지의 심부름을 하러 마당으로 나갔다. 이모할아버지는 220볼트로 장롱을 고치시느라 땀이 뻘뻘 나신다. 나는 이모할아버지를 도와드리려는 마음으로 이모할아버지와 함께 잔디 깎는 기계로 잔디를 깎으니, 잔디가 반가워하고 좋아한다고 생각이 들어 잡초도 조금씩 뽑아주었다. 우리 집은 차고가 있고 마당이 아주 넓은 2층집 이다. 엄마 집은 60평 아파트로 방송국에서 촬영할 정도로 멋진 집인데, 나는 이 집이 마당이 있어 더 마음에 든다. 지하실에 가신 이모할아버지는 차를 닦고 계셔 열심히 비누칠하고 물 뿌리고 이것만 계속 반복하셨다. 우리 엄마 승용차는 2대이고 아빠는 1대를 갖고 계시는데, 지금 이모할아버지께서 세차하시는 차는 엄마가 이모할머니께 선물해 주신 승용차다. 엄마는 막내 삼촌한테도 차를 사주셨다. 어느덧 차가 햇빛에 비춰 반짝거리며 몇 분 뒤에 물기가 싹 없어졌다. 왜? 무더운 여름날에 이렇게 할 일이 많은지 모르겠다. 잔디에는 왜 풀이 그리 많은지… 여기저기 풀 천지이다. 이리 봐도 풀, 저리 봐도 풀 엄청 많다. 풀을 자꾸 뽑으니 잔디는 살 것 같은 마음일 거다. 차도 닦으니 나도 모르는 사이에 기분이 좋아지고 보람을 느낀다. 특히 땀이 제일 많이 흐른 잔디 깎기가 제일 기억에 남아 생생하다. 기분이 좋고 다음에도 꼭 이모할아버지를 도와드려 기분 좋게 해드리겠다. 나는 일을 마치고 깨끗이 씻고 TV를 시청했다. 오늘은 힘들어도 기억에 남는 하루다. 좋은 일 한 것 같아 마음이 뿌듯하다.

7월 22일 수요일

〈실망〉

따르릉따르릉~ 전화가 와 받아보니 과외 선생님께서 오라고 말씀하셨다. 오늘은 수요일로 원래는 과외 학원 안 가는 날이다. 그래서 신나게 놀고 있는데 선생님께서 오라고 하시니 실망스럽다. 오늘이 수요일인데 가는 이유는 과외 선생님이 교회 때문에 월, 화 빠지기 때문이다. 상은이와 나는 과외 학원에서 문제집을 열심히 풀었다. 왜 하필 열심히 놀고 있을 때 전화가 와 기분이 엉망 되고 실망 중 실망이다. 오늘은 과외 학원에 가지 않으려고 했는데… 막상 과외 학원에 와 공부하고 나니 왠지 기분은 좋아진다. 오늘은 과외 학원에 가는 바람에 많이 놀지 못해 아쉽다.

7월 23일 목요일

〈삼성스포렉스 수영장〉

민혜, 두희, 나는 각자 허락을 받고 돈을 가지고 삼성스포렉스 수영장으로 갔다. 그곳은 한 건물로 이어져 있으며 볼링장과 치과 등등이 있다. 삼성스포렉스는 오늘 처음 가본다. 민혜가 길을 잘 알아서 나와 두희는 따라온 것이다. 나는 은평스포츠 프라자 수영장, 올림피아 수영장만 안다. 수영장에 들어간 민혜, 나와 두희는 수영장 물에 풍덩풍덩 들어가 수영 시합하고 물장구를 쳤다. 두희는 물속에 들어가는데 키가 땅콩같이 작아 깊은 데는 못 들어갔다. 미안한 얘기지만, 민혜와 나는 두희를 땅콩! 키가 작아 못 들어온다고 마구 놀리니 두희가 화가 나 마구 물장난을 쳤다. 드디어 우리의 휴식 시간이다. 휴식 시간에는 충분한 휴식을 취하였다. 몇 시간이 지났을까? 2시에 와서 5시까지 수영했다. 너무 오랜 시간 수영장에 머물다 나왔는데 너무 놀아서인지 발에 쥐가 났다. 수영장에서 놀고 나오니 기분은 좋은데 돈이 너무 많이 없어진 것은 싫다.

7월 24일 금요일

〈여름 엘니뇨 현상〉

요즈음은 IMF와 엘니뇨가 겹쳐 무척 힘이 든다고 한다. 뉴스에는 엘니뇨 현상이 지금 우리나라에도 온다고 걱정한다. 나는 여름에 아이스크림을 먹으려고 해도 혹시나 식중독에 걸릴까 봐 안심하고 못 먹는데 너무 더워 어쩔 수 없이 먹는다. 사람들은 작년보다 덥지 않다고 말하지만, 나는 길을 가다가도 너무 더워 쓰러질 것 같아 더위를 먹는 것 같다. 그래서 나는 체력건강을 위해 항상 밥을 잘 먹고 집에 들어오자마자 차가운 물로 샤워한다. 그러면 몸이 상쾌해진다. 작년에는 지금보다 더 더웠는데 뉴스에는 연일 엘니뇨 현상이 더 무섭다고 말하고, IMF로 경제가 어려워 살기 힘들다고 말하니 뉴스를 보고 사람들이 더 힘들어한다. 여름은 왜 이렇게 더운지… 너무 더워서 여름이 싫다. 한편으로는 더운 이유를 알고 싶어 궁금하기도 하다. 이제부터 나는 더위 먹지 않도록 노력하고 엘니뇨 현상이 안 생기고 오염되지 않도록 노력하겠다. 여름이 빨리 지나가면 좋겠다.

7월 25일 토요일

〈시계 (시)〉

시계는 쉬지 않고/ 계산을 한다// 무엇인지 물어보아도/ 대답하지 않는다// 똑딱똑딱 시계 나라에서/ 시험이 있는 걸까?// 궁금하다// 시계한테 말 걸어 봐도/ 무슨 공부 하냐고 해도// 대답이 없다// 시계는 시계 나라에서/ 시험 보나 보다.

7월 26일 일요일

〈골프 선수 박세리〉

골프 선수 박세리가 점점 이기고 있다. 1승, 3승, 4승. 이렇게 해서 우리나라를 빛내고 있다. 박세리는 점점 더 우승해 결국 골프 선수 여왕으로 뽑힐 것 같다. 박세리는 어릴 때부터 날씨에 상관없이 아버지를 따라 골프를 배웠다고 한다. 박세리는 오래전에는 유명하지 않았는데 이제는 무척 유명해서 사람들이 다 알고 골프에도 관심이 많다. 골프를 못 치는 사람도 이제는 골프장에 가서 골프를 배운다. 그래서 골프장은 사람들로 붐비고 있다. 나도 박세리처럼 그렇게 골프를 잘하고 싶다. 박세리 선수와 내가 바뀌면 좋겠다. 박세리 선수는 너무너무 골프를 잘 치는 것 같다. 박세리 선수가 계속 열심히 해 우리나라를 빛내 주면 좋겠다. 그리고 신문에도 박세리 선수가 자주 나와 너무 좋다. 박세리 화-이-팅! 이다. 나는 박세리 선수가 우승하길 바라는 마음으로 기도하고 계속 지켜볼 거다. 그리고 엄마도 매일 골프연습을 하시는데 나도 골프를 배우면 좋겠다.

7월 27일 월요일

〈MF로 은행들의 부도〉

뉴스를 보면 연이어 은행들이 부도가 난다고 한다. 은행들이 부도가 나는 이유는, 은행 지점장이 일을 제대로 안 하고 고객이 저축한 돈을 자기들 돈도 아니면서 마구 쓰거나, 엉뚱한 데에 사용하여 은행 부도가 날로 점점 더 심해진다고 한다. 하지만 몇몇 은행은 일을 열심히 하고 쓸데없는 데다 안 쓰고 맡긴 돈 관리를 잘했기에 부도가 안 난다. 내가 돈을 저축한 은행은 신한은행인데 신한은행은 안전하고 고객에게도 친절하며 다른 은행들도 도와준다. 그리고 주택은행도 안전하다고 생각하는데 그래도 신한은행은 어려움을 겪고 있는 타 은행을 도와주는 친절한 은행이다. 나의 돈을 신한은행에 맡길 수 있어 안심이다. 신한은행에 내 돈을 400만 원 넘게 맡겼는데 부도가 안나 지킬 수 있어 다행이다. 서울은행, 신탁은행, 경기은행, 제2 금융권 등등이 부도가 나니 걱정이다. 엄마도 VIP라 경기은행 주식을 많이 가지고 계셨는데 부도가 나서 휴지가 됐다고 하신다. 이제부터라도 은행들이 부도가 나지 않도록 고객의 예금 관리를 잘하면 좋겠다. 그래야 고객들이 마음 놓고 은행에 맡길 텐데… 자꾸만 신문과 뉴스에 나오니 걱정되고 마음이 편치 않다.

7월 28일 화요일

<하늘 (시)>

높고 넓은 하늘 위를 보면/ 휴전선 위를 훨훨 날고 싶다// 저기 저 날아가는 새를 보면/ 나도 저 새와 함께 날고 싶다// 그렇지만 아무리 소리쳐도/ 날 수 없는 하늘// 하늘을 나는 날개만 있어도/ 내려가서 얼마나 좋을까?

7월 29일 수요일

<언니와 바이타임>

유진이 언니는 이모할머니께 용돈을 받고 나와 바이타임에 갔다. 언니는 용돈을 받아 기분이 좋아 나에게 사주는 것 같다. 언니와 함께 떡볶이, 아이스크림, 돈가스, 햄버거, 피자를 시켰다. 언니와 나는 오빠의 나쁜 이야기와 내 친구 흉을 보며 음식이 나오길 기다렸다. 언니와 토요 미스터리, 전설의 고향, 테마 게임 등등을 이야기도 했다. 예를 들자면 조강지처(전설의 고향) 어제 본 이야기 하고 있는데 음식이 나왔다. 우선 피자를 먹고 돈가스와 햄버거 후식으로 아이스크림을 먹었다. 그중 나는 피자와 아이스크림이 제일 맛이 있었다. 피자는 오래간만에 먹어 맛이 있었고 아이스크림은 원래 내가 좋아해서 맛있게 먹은 것 같다. 우리 동네 바이타임은 호돌이 문구 바로 옆으로 가까워서 언제든지 먹을 수 있다. 언니와 함께 먹은 음식들은 너무너무 맛이 있다. 다음에도 또 와서 먹어야겠다. 그리고 언니한테 무지무지 고맙다.

7월 30일 목요일

<이모할머니 생신>

이모할머니 생신은 7월 28일인데 오늘 한다. 이유는 7월 28일은 너무 바빠 오늘 하기로 가족들과 결정했는데 모두 대찬성이었다. 우리 집에 놀러 온 민혜와 함께 10,000원을 가지고 꽃집으로 가 이쁜 장미꽃을 사고, 약국에서 박카스를 사고, 속옷 집에서 팬티도 사고, 현대화 마트에서 스타킹과 카드를 샀다. 집에 와서 선물들과 나의 책상을 정리하니 어느덧 저녁이 되었다. 이모할아버지가 오시자 나는 이모할머니께 미리 준비한 선물을 드렸다. 언니가 드린 선물은 머리핀, 이모할아버지는 레티놀 이다. 이모할머니는 내 선물을 받고 최고로 좋다고 하시며 환하게 웃으셨다. 케이크를 꺼내고

"생신 축하드려요" 노래를 부르고 각자 소원을 빌고, 이모할머니께서 불을 끄고 촛불을 향해 후~ 하고 불으시니 촛불의 불이 다 꺼졌다. 다시 불을 켜고 케이크를 잘라 맛있게 먹었다. 이모할머니 생신이어서 너무 좋다. 어쩐지 어제 미역국을 끓여 주신 이유를 이제야 알 것 같다. 이모할머니 생신 축하드리고 사랑해요~

7월 31일 금요일

〈자전거〉

민혜와 나는 각자 자전거가 1대씩 있다. 나는 내 자전거보다 더 큰 자전거를 사고 싶은데, 큰 자전거는 20만 원이라 너무 비싸고 내 키에 안 맞아 아직은 기다려야 한다. 엄마는 내가 6학년을 졸업하면 사 주신다고 약속하셨다. 이유는 6학년을 졸업하면 키도 크고 지금 자전거는 작아서 못 탄다고… 그때는 내가 타는 자전거는 다연이 에게 물려주려고 한다. 하루빨리 큰 자전거가 내 손에 있으면 좋겠다. 민혜와 나는 언덕길에서 자전거 시합하였는데, 언덕이라 위험해도 오히려 더 재미있다. 쌩~쌩~쌩 달리는 자전거의 소리는 요란하지만, 빨리 달리니 기분은 좋고 바람이 내 얼굴을 스치니 시원하다. 농심가까지 시합했는데 내가 이겼다. 기분이 좋아 민혜를 마구 놀려주었다. 비가 와서 사고위험과 미끄러지기가 쉬웠는데 조심조심 타니 휴~ 다행히 사고는 안 났다. 다음부터는 비 오는 날 자전거 시합을 안 할 거다. 스트레스 해소! 기분 만점!

8월 일기

8월 1일 토요일 - 8월 31일 월요일

8월 1일 토요일
〈장흥유원지 구경〉

8월 2일 일요일
〈친구와 전화 통화〉

8월 3일 월요일
〈할 일 없이 빈둥빈둥〉

8월 4일 화요일
〈매미 관찰〉

8월 5일 수요일
〈비 오는 날의 풍경〉

8월 6일 목요일
〈나뭇잎을쓸어내며(시)〉

8월 7일 금요일
〈음악 감상〉

8월 8일 토요일
〈벽제증조할머니산소〉

8월 9일 일요일
〈가족 외식〉

8월 10일 월요일
〈이화여대 쇼핑〉

8월 11일 화요일
〈부모님과 물난리 보러 감〉

8월 12일 수요일
〈핑클 인기〉

8월 13일 목요일
〈대전 외할머니네 간다!〉

8월 14일 금요일
〈대전 외할머니네 마당〉

8월 15일 토요일
〈안녕! 외할머니네여~〉

8월 16일 일요일
〈떡볶이〉

8월 17일 월요일
〈이모할아버지 텔레비전 보시는 모습〉

8월 18일 화요일
〈엄마의 공부 해!〉

8월 19일 수요일
〈남산타워〉

8월 20일 목요일
〈용평으로 출발!〉

8월 21일 금요일
〈용평에서 논 일〉

8월 22일 토요일
〈안녕! 용평이여〉

8월 23일 일요일
〈클래식 음악회〉

8월 24일 월요일
〈63빌딩 관람〉
8월 25일 화요일
〈청평호수에서 보트 타기〉
8월 26일 수요일
〈몸이 너무 아파〉
8월 27일 목요일
〈개학이 기대된다〉
8월 28일 금요일
〈개학식〉
8월 29일 토요일
〈상은이의 햄스터〉
8월 30일 일요일
〈교환 일기〉
8월 31일 월요일
〈오빠 휴대폰〉

9월 1일 화요일

〈가방 바꿔 쓰기〉

나와 상은이는 가방을 잠시 서로 바꾸기로 했다. 나의 룩크(LOOK)라고 쓰인 가방과 상은이의 이지이지 가방과 바꾸었다. 상은이 가방은 검은색이고 주머니가 많으며 책가방 모양으로 뒤로 매는 가방이다. 내 마음에 쏙 든다. 다가오는 토요일에 동시에 바꾸기로 하였는데 상은이도 내 가방이 마음에 든 눈치인 것 같다. 아이고~ 상은이는 자꾸 자기 가방 얘기만 한다. 자랑하는 거라고나 할까? 상은이는 솔직히 매사에 자기 자랑만 한다. 나도 자랑할 때가 있지만 상은이는 너무 지나칠 정도로 심하다. 가방을 바꾸니 왠지 기분이 좋고 기쁘다. 상은이 가방 안은 커서 많이 들어가는데 아빠가 일본에서 샀다고 자랑투성이다. 침이 마를 정도로 자랑하는 소리를 가만히 듣고만 있는 내 신세가 불쌍하다. 그리고 절약을 위해 내 것이 마음에 안 든다고 새로 돈 주고 사는 것보다는 친구와 가방을 서로 바꿔 쓰는 게 훨씬 좋은 방법이다. '아나바다'라는 말처럼 우리 국민은 이 IMF 시대에 아껴 쓰고 서로 나눠 쓰고 바꿔 쓰고 다시 써야 한다. 상은이와 나처럼 서로 바꿔 쓰는 것도 '아나바다'에 포함되어 우리는 애국자다.

9월 2일 수요일

〈보따리 싸기〉

우리 식구는 집 리모델링으로 책상을 비닐로 덮고 책들도 다 보따리에 싸 놓았다. 이불도 싸 놓아 내 방에는 가구만 있다. 꼭 이사 가는 집 같다. 보따리에 싸 놓은 물건을 거실로 옮겼다. 그리고 그 짐을 창고로 다시 옮겨 정리해 놓았고, 가구들은 2층 베란다에 놓았는데 2층 베란다는 마당처럼 넓다. 앞으로 잘 장소인 안방에다 먹을 것과 이불을 옮겨 놓았고, 이모할아버지는 언니와 함께 짐 정리를 힘들게 하시고, 이모할머니는 주방에서 음식을 만드시다 파와 칼을 물에 같이 넣고 파를 씻다가 손을 베었다. 나의 비상! 비상! 소리와 함께 이모할머니를 재빨리 응급 처치했다. 빨리 나으셔서 아프지 않으면 좋겠다. 우리는 그럭저럭 안방에서 밥을 먹으며 오빠를 기다렸는데 오빠는 끝내 오지 않고 동훈이 오빠네서 잠을 잔다고 전화가 왔다. 우리 집은 여기저기 보따리투성이다. 거실에도 짐이 엄청 많다. 내일이 기대된다. 내일은 어디서 잘까? 내일은 화장실 리모델링 하는데… 아휴~ 걱정이 태산이다. 그리고 오늘은 그럭저럭 넘어갔다.

9월 3일 목요일

〈본격적으로 집 리모델링〉

완전한 리모델링은 오늘부터 시작이다. 낯선 아저씨들이 우리 집으로 들어와서는 모든 물건을 옮기신다. 나는 세수하고 아침에 허겁지겁 학교로 갔다. 학교 다녀온 후 집안을 살펴보니 방바닥은 시멘트로 지저분하다. 방바닥과 화장실이 모두 돌과 흙투성이다. 2층도 마찬가지이다. 이제부터 우리 식구의 방은 차고다. 차고에 TV도 놓고 옷도 정리하고 이불도 펴 놓았다. 진짜 집 같다. 나무로 문도 만들어 놓고 식탁 위에 수저와 그릇 등등을 놓았다. 거기가 부엌이고 그 옆에 비닐 문을 설치해 놓고 모기향도 펴 놓았다. 이제 모기 걱정은 안 해도 된다. 차고가 진짜 집처럼 편안하다. 민박이나 여관보다 훨씬 좋고 시설이 잘되어 있다. 빨리빨리 공사가 끝나 우리 식구들이 예전처럼 각자의 방에서 지내면 좋겠다. 열흘 뒤에 끝나는데… 어느 세월에 기다리지?

9월 4일 금요일

〈유진이 언니가 불쌍해!〉

유진이 언니가 일어나자마자 가방 전쟁이 시작되었다. 언니는 학교 가방 지퍼가 망가졌다고 안절부절 걱정한다. 언니의 부산한 소리에 모두가 잠에서 깨어버렸다. 언니는 이곳저곳을 뒤지며 가방을 찾았다. 하지만 가방을 보따리에 싸놔서 어디에 있는지 아무도 모른다. 그러니 가방의 흔적을 찾을 수 없었고 볼 수도 없는 상태다. 또 아침이니 모두 출근을 위해 짐 옮기고 밥 차리느라 각자 바쁘다. 유진이 언니는 가만히 앉아 심각하게 고민하는데, 나는 학교 갈 준비로 책 정리하고 있어 언니를 도와줄 수 없었다. 만약 도와주면 내 책 정리를 못 해 학교에서 공부를 못한다. 그래서 약간 미안한 마음이 들었다. 언니는 아! 생각났다~ 하더니 갑자기 음악 공책에 악보를 붙이더니 '책이 없어졌다고 거짓말해야지!' 하고는 딸랑 음악 공책만 들고 대학교로 갔다. 그런 언니가 너무 안타깝고 불쌍하다.

9월 5일 토요일

〈포토 사진 찍기〉

운희랑 봉금이와 함께 오늘 학교 끝나고 교보문고로 갔다. 교보문고에서 포토 사진을 찍는다고 말했다. 교보문고를 다녀온 후 운희는 내게 다이어리를 보여 주었다. 거기에는 둘이 함께 찍은 포토 사진이 있었다. 그래서 나는 막 달라고 졸랐다. 운희는 그리 쉽게 주지 않았다. 10분 뒤에야 나와 정아에게 스티커 사진을 주어 우리 둘은 포토 사진을 반으로 잘라 나누어 가졌다. 운희는 이제 정아와 내가 포토 사진을 다 가지고 가서 없다. 포토 사진 1개는 봉금이와 운희가 찍었는데 봉금이는 신랑이고 운희는 신부다. 또 한 개의 포토 스티커 사진에는 맥주 그림이 있고 맥주에 얼굴이 나와 있다. 운희는 이미 봉금이와 반반씩 나눠 가졌고, 봉금이와 운희는 예전에도 교보문고에서 책도 사고 음식도 먹었다고 한다. 운희와 정아는 많이 놀러 다녀서인지 포토 스티커도 많이 찍은 것 같다. 둘이 친하게 시간을 잘 보내니 보기에 좋다.

9월 6일 일요일

〈민혜 증조할아버지 산소〉

민혜네는 일요일에 산소에 간다. 나도 민혜를 따라가기로 했다. 민혜, 나, 지혜, 우섭, 민혜 엄마와 아빠, 할머니, 할아버지, 증조할머니와 함께 봉고차를 타고 민혜 증조할아버지 산소로 갔다. 산소는 금촌이다. 1시간~ 2시간이 지났을까? 드디어 도착했고 민혜와 나는 무거운 짐을 들고 영차영차 열심히 산소로 걸어갔다. 너무 더워 이마에는 땀이 뻘뻘 났다. 땀으로 옷은 축축하게 젖었다. 증조할아버지 산소에 도착하자마자 소나무 밑에다 돗자리를 펴고 앉았다. 제사를 지내고 밥도 먹고 또 고기 등등의 반찬을 먹었다. 역시 산소에서 먹으니 꿀맛이다. 음료수도 먹고 뛰어다니며 꽃도 따고 민혜와 재미있게 놀았다. 증조할아버지 제사를 다 지내고 우리는 산 아래로 내려갔다. 다시 봉고차를 타고 1시간~2시간쯤 지나서 점심쯤에야 우리 집에 왔다.

9월 7일 월요일

〈서오릉 주변의 도리원〉

나의 상장 받은 기념으로 온 가족이 상의한 끝에 서오릉으로 갔다. 서오능 주변에 보일러 아저씨 식당이 있어 그쪽으로 갔는데 딱 보니 그곳은 도리원이라고 쓰여 있었다. 사람도 무진장 많고 차들도 많았다. 들어가는 순간 고기 냄새가 솔솔~ 나를 반겨주었다. 냄새만 맡아도 입에서 사르르 녹을 것 같았다. 돼지고기 4인분을 시켰다. 한번 먹는 순간 사르르~ 녹는 고기가 이렇게 맛있다니! 불이 너무 세서 고기가 빨리 구워진다. 사라다와 물김치도 먹었는데 무지무지 많이 먹어 배가 터질 지경이다. 고기가 아주 많고 맛있어 TV 보면서도 잘 넘어갔다. 도리원 음식점을 나와 사탕 3개를 먹고 달을 보며 서로 이야기하며 유자차도 마셨는데 몇 분 안 되어 집에 도착했다.

9월 8일 화요일

〈화장실 리모델링〉

우리 집은 아직 리모델링이 끝나지 않았다. 도배와 장판을 뜯고 바닥에다가는 시멘트를 부어 딱딱히 굳어 있다. 2층도 마찬가지이다. 집안은 소음으로 시끄럽고 쓰레기가 여기저기 널려있다. 그 와중에도 화장실 창문은 그대로고 양옆은 칠을 마치고 바닥도 다 깔아 놓았다. 보일러는 최우선으로 미리 교체했다. 2층 화장실도 1층과 색칠이 똑같은데 회색 바탕에 무늬가 있어 흰색과 어울리고 분위기나 색상이 조화를 잘 이룬다. 변기는 아직 미설치고 욕조는 흰색이다. 너무 예쁘다. 화장실 바닥은 미끄럼방지로 올록볼록하다. 거울도 바꾸었고 칫솔통도 바꾸었다. 아직은 전체적으로 수리가 덜 되었고 화장실 수리만 다 끝났다고 볼 수 있다. 이제 장판과 도배하고 짐만 옮기면 리모델링은 끝이다. 그런데 그게 말처럼 쉽지 않고 시간이 걸린다. 그래도 다음 화요일에는 수리가 끝난다니 다행이다.

9월 9일 수요일

〈운희, 봉금, 정아〉

운희, 봉금, 정아와 함께 친구 집이 가까운 순서대로 가방을 각자 놓고 운희네 집으로 갔다. 운희네 집에는 식구들이 다 모여있었다. 나는 실례라 생각이 들어 고양이처럼 조용히 걸어갔다. 살금살금… 우리는 운희 방에서 사회 스크랩했다. 스크랩북은 500원 주고 샀으며 자료를 하나씩 모아서 스크랩북에 붙였다. 그리고 유형문화재 사진을 찍으러 가기로 했다. 봉금이와 운희는 슈퍼에 다녀왔고 부엌에서 버터 고구마를 만들고, 나와 정아는 하나라도 자료를 더 스크랩북에 붙였다. 음식이 오자 짠~ 하는 소리에 우리는 맛있게 먹었다. 정아는 거의 다 먹었고 봉금, 운희, 나는 조금 먹었기에 기다려라! 기다려라! 했다. 정아는 맛있으면 무조건 빨리 먹는다. 뜨거워도 그냥 입속에 집어넣고 씹어 삼킨다. 음식을 먹고 각자의 집으로 갔다.

9월 10일 목요일

〈한국 귀신 전 1권〉

상은이가 한국 귀신 전 1권을 나에게 보라고 빌려주었다. 한국 귀신 전은 거의 옛날 귀신만 등장한다. 첫 번째 장은 `우물 속 귀신, 신임 사또'가 등장하며 제2화에는 `황 철, 달걀귀신, 학질 귀신'이 나오고 제3화에서는 `원사용, 처제, 조상귀신'이 나오며 제4화에서는 `마니와 귀왕부를 잃어버린 귀신'이 나오고 제5화부터는 `구미호 한 쌍, 잡귀, 일본대사' 마지막 장에서는 `도사, 신막점, 집 귀신'들이 나와 이야기를 재미있게 꾸민다. 내용은 한 마을에 귀신이 돌아다녀 사람들이 무서움에 떨고 있는데 어떤 양반이 귀신을 쫓아다녀 귀신을 없애는 이야기다. 책은 능인 출판이며 가격은 5,000원이고 상은이가 빌려준 책으로 너무너무 재미있다. 그런데 귀신을 쫓는 사람이 양반인데 왜 주인공으로 나오는지 궁금하다. 이 책은 귀신 전에 불과하고 무서운 책은 아니며 제일 재미있다.

9월 11일 금요일

〈행운 연속〉

오늘은 기분 좋은 하루다. 학교 수업이 끝나고 집에 오는 길에 뭐가 있어서 가보니 1,000원짜리 물총이 딱하니 있었다. 나는 들뜬 마음으로 소리쳤다. "웬 그림의 떡이야!" 하고 소리치니 주위는 썰렁~해졌다. 나는 오줌싸개 짱구 물총을 가지고 집에 오는 길에, 반짝거림이 있어 버스정류장 나무 밑을 자세히 보니 500원짜리 동전 2개가 있는 게 아닌가? 나는 아~싸! 또 "땡잡았다."하고 주었다. 3번째 행운은 집 리모델링이 거의 다 끝나간다는 것이다. 아~ 오늘은 나에게 3가지 행운이 찾아왔다. 3가지 행운은 앞으로 좋은 일을 의미하는 것 같다. 음~ 좋은 일…상장? 궁금하고 신기하다. 매일매일 3가지의 행운이 찾아오면 좋겠다. 오늘은 재수 좋은 날인 것 같다.

9월 15일 화요일

〈연신내에 갔다〉

언니와 함께 연신내로 갔다. 연신내에 도착하니 중학생 언니들이 무척 많았다. 연신내를 돌아다니다가 어느 한 곳에 들어가니 그곳은 시계와 가방이 있고 전화, 공책 등등이 있었다. 역시 그곳은 사람들이 가득 차 들어갈 틈도 없을 정도라 우리는 밀고 간신히 들어가 구경했다. 나는 나비 핀, 영아트 반지, 편지지를 샀다. 언니는 조금 더 가서 스티커 사진 찍는 데서 나와 함께 얼굴을 마주 대고 '찰칵'하고 스티커 사진을 찍었다. 언니와 나는 돈이 부족한 상태라 분식집에서 떡볶이와 만두를 사 먹었는데 비싼 음식은 아니어도 다 꿀맛이다. '꿀꺽'하고 한 번에 넘어갔다. 너무 걸어 다녀서인지 배도 고프고 허기가 졌다. 언니와 나는 다음에 또 오기로 손도장까지 찍어 약속하였고 버스를 타고 9시쯤 집에 왔다. 다행히도 이모할아버지 오시기 전에 도착하여 이모할머니 빼고 아무도 모른다(쉿!).

9월 16일 수요일

〈짐을 옮기자! 내 방 짐을…〉

이제야 우리 집 리모델링이 모두 끝났다. 내 방바닥은 황토방이며 벽지는 흰 배경에 회색 줄무늬고 아래에는 띠가 있다. 1층 화장실 벽은 흰색이고 욕조, 변기통, 세숫대도 모두 흰색인데 거울은 훨씬 커졌다. 2층 화장실 벽은 붉은색 배경으로 세숫대, 변기 등등도 붉은색이다. 거실 바닥은 우드륨 이고 이모할머니 방은 꽃무늬 벽지이며 나머지 방 벽지는 모두 흰색으로 통일했다. 창고에 있는 짐들을 모두 거실에다 갖다 놓았는데, 나는 쓸 것과 안 쓸 것을 잘 분리해서 내 방으로 짐을 옮기고 책은 책대로 차곡차곡 정리해 놓았다. 이제야 조금은 내 방 분위기가 나는 것 같다. 더운 날씨에 땀 흘리며 정리하고 짐을 옮기니 힘은 들지만 뿌듯하고 깨끗해졌다. 돈은 많이 들었어도 리모델링을 하니 방이 마음에 들어 너무나 기분이 좋고~ 최고이다. 그리고 내 방 가구들의 위치를 바꿔 정리하니 더욱 깨끗한 것 같다.

9월 17일 목요일

〈언니와 나는 종점으로 쇼핑 갔다〉

학교 수업 마치고 집에 와서 머리를 다시 빗고 언니와 걸어서 종점으로 갔다. 종점에 오니 옷 가게가 줄지어 있었다. 옷 가게에 들어가 내가 입을 흰 티셔츠 한 벌을 샀다. 한 벌을 사고 종점을 두루 돌아다니다가 검은색 통바지도 샀다. 긴 바지이다. 나는 너무 말라 옷 사기가 만만치 않다. 허리는 가늘어 안 맞고 길이만 딱 맞으니 사기가 무척 어려웠다. 하지만 윗옷은 다 맞는다. 조금 돌아다니다가 흰색 영아트 예쁜 가방이 너무 이뻐 샀다. 언니와 배스킨라빈스 31에서 아이스크림을 먹고 롯데백화점으로 가서 쇼핑하다가 올 때는 버스 타고 왔다. 버스에는 사람이 무진장 붐비고 있었다. 담배 냄새 때문에 머리가 어지러웠는데 한숨 자니 우리 집 근처였다.

9월 18일 금요일

〈엄마에게 편지를 드렸다〉

점심쯤에 엄마가 나를 보러 오셨다. 엄마께 사랑의 편지를 드리고 상장과 작은 선물도 드렸다. 엄마는 빙그레 웃으시며 선물과 편지를 얼른 가방 속에 넣으셨다. 배가 고파 밥을 먹으려 하니 갑자기 치킨이 실컷 먹고 싶었다. 생각 끝에 '엄마! 파파이스에 가요! 말했고, 엄마는 주차장에 주차하고 언니와 이모할머니와 함께 파파이스로 들어갔다. 막 들어가려고 할 때 언뜻 본 파파이스 내부는 바쁘게 움직이고 자리가 없을 것 같았다. 다행히 한자리가 비어 우리는 콜라, 감자튀김, 치킨, 콘을 맛있게 먹었다. 먹고 싶었던 걸 다 먹으니 왠지 맛도 있고 기분이 좋다. IMF가 끝나면 오늘처럼 자주 오면 좋겠고 진짜 맛이 있다.

9월 19일 토요일

〈유리와 커플 은반지 끼기〉

유리와 나는 짧은 시간에 친한 친구가 되었다. 그러므로 우리는 앞으로 서로 싸우지 않으려고 노력한다. 우리가 서로 친해졌다는 뜻으로 은반지를 맞추어 함께 커플 반지를 끼기로 했다. 나는 5,000원을 가지고 금은방에 갔는데 은반지 1쌍에 8,000원이라는 아저씨 말씀에 내 얼굴이 새파래져 나왔다. 더 싼 곳을 찾아다니다 은반지가 있다는 문구박사라는 팬시점으로 갔다. 정말 친구의 말대로 은반지 1쌍이 있어 가격을 아줌마에게 여쭈어보니

3,000원이라고 하셨다. 1,500원, 1,500원씩 돈을 아줌마께 내고 은반지를 끼고 나니 손에 딱 맞는다. 손에 딱 맞으니 기분이 정말 좋다. 그곳 은반지가 가장 이쁜 것 같다. 기분이 왠지 좋다. 유리와는 더욱 친해질 거고 은반지는 유리와 나의 우정 반지다. 우리는 서로 진정한 친구라는 걸 의미하는 반지이다. 힝~ 너무 좋다.

9월 20일 일요일

〈예술의 전당 콘서트홀〉

오늘은 예술의 전당에 가는 날이다. 언니와 오후 5시부터 샤워하고 갈 준비를 했다. 6시 30분에 버스를 타고 예술의 전당으로 출발했다. 지하철도 타고 걷고 걸어 예술의 전당 입구에 왔다. 들어서자마자 사람들이 왁자지껄했다. 언니와 나는 피아노 연주를 듣기 위해 콘서트 장소로 들어갔다. 7시에 시작이라 우리는 1등 석 좌석에 앉아 음료수를 마시며 이야기했는데 7시 30분이 되어 연주회가 시작되었다. 갑자기 러셀 셔먼 아저씨가 인사를 하더니 피아노 의자에 털썩 앉아 베토벤 쏘나타 '열정' '발트 슈타인' '브람스' '쇼팽' '그리그' '슈만'을 연주하였다. 처음에는 저 사람이 누구인지도 연주 제목도 몰랐는데 언니가 옆에서 가르쳐 주어 알게 되었다. 피아노 연주가 너무 멋지고 아름다웠다. 러셀 셔먼의 손은 인간 손이 아니고 신의 손처럼 너무 빠르다. 나의 피아노 치는 실력이 러셀 셔먼처럼 연주하면 점수가 꽤 높을 것 같다. 늙었는데도 너무 피아노 연주를 열정적으로 잘하신다. 연주회는 늘 감동적이다. 8시 30분에 끝나 잘 보고 나왔다. 아~ 환상적인데… 나도 모르게 졸음이 스르르~ 온다. 밖으로 나와 내가 방금 본 사람을 생각하며 러셀 셔먼의 안내문 종이를 가지고 걸어왔다. 나오니 캄캄한 밤이고 집에 오니 별이 무진장 많이 생겼다.

9월 21일 월요일

〈김밥, 만두, 오뎅〉

길을 가다가 우연히 유리엄마와 유리가 보였다. 유리가 오라길래 가보니 분식집으로 들어가 나에게 김밥, 만두, 오뎅을 사 주는 것이었다. 유리와 나는 배가 고픈 나머지 허겁지겁 다 먹고 오뎅 국물까지 싹쓸이했다. 너무 많아 못 먹겠을 때는 유리엄마가 도와주셨다. 찐빵은 속이 맛이 있었고, 김밥은 참기름이 겉에 자르르 발라져 있어 일품이고, 오뎅은 따뜻해서 더욱 맛이 있었다. 오늘은 단수로 집에 물이 안 나와 밖에서 거의 사 먹을 수밖에 없을 것 같다. 역시 사람은 물 없이 못 산다는 것과 물이 소중하다는 것을 또 한 번 느꼈다. 내일은 물이 나온다니 천만다행이다.

9월 22일 화요일

〈집 외벽을 페인트로 색칠하다〉

우리 집은 리모델링이 거의 끝났는데 밖과 안 일부는 칠하지 않은 곳이 남아 있다. 그곳만 하면 완벽하게 끝난다. 아침에 어떤 아저씨가 오시더니 먼저 현관문을 색칠하셨는데 문은 모두 흰색이었다. 문 색칠은 일찍 끝나고 마당의 나무는 썩지 말라고 니스로 다시 칠했는데 썩은 나무가 있어 걱정이다. 그 아저씨는 갑자기 밖으로 나가 아줌마 3명, 아저씨 2명을 모시고 오셨다. 아줌마 1명과 아저씨 1명은 담을 흰색으로 칠하셨고, 아줌마 1명과 아저씨 1명은 창고 벽과 문을 색칠하셨고, 아저씨 1명은 1층과 2층 지붕을 칠하시고, 아줌마 1명은 뒤곁에 가셔서 칠하셨다. 우리 집은 완전히 끝났다. 오늘은 칠하는 데만 하루가 걸렸는데 무사히 끝나서 다행이다.

9월 23일 수요일

〈시험 본 날〉

학교에서 자습하는데 갑자기 선생님께서 교탁으로 뚜벅뚜벅 걸어오시더니 시험을 본다고 말씀하셨다. 그제야 나는 시험 본다는 사실을 알고 후회했다. 드디어 시험 보는 시간이 왔다. 시험 공책 펴고 시험을 보았는데 처음은 어렵지 않았다. 점차 가면 갈수록 모르는 문제가 나왔다. 1번부터 15번까지 대충대충 풀었다. 얼마나 지났을까? 종이 '땡' 치고 선생님은 10분 동안 시간을 주시겠다고 말씀하셨다. 그 순간 나는 불안해졌다. 혹시나 '많이 틀린 거야'라는 생각이 들어 마음이 조급해졌다. 시간은 흘러 시험시간이 끝났다. 시험을 다 본 나는 체크도 안 하고 그냥 엎드려 있었다. 앞에 있는 유리와 시험지를 바꿔 채점하였는데 내 점수가 유리보다 낮았다. 나도 유리처럼 공부를 잘하면 좋겠다. 다음에는 열심히 공부하여 좋은 성과를 올리겠다. 휴~

9월 24일 목요일

〈토끼와 거북이 모자이크〉

오늘 우리 3조가 모자이크를 하는 날이다. 우리 3조는 밑그림 그린 그림을 책상 위에 올려 놓고 미술 선생님이 오시길 기다렸다. 미술 선생님이 오시자 우리는 재빨리 풀과 색종이를 꺼내었다. 우리 조 아이들과 함께 모자이크하기 시작했다. 문제는 토끼와 거북이이다. 색

종이 하나하나를 잘라 밑그림에 붙였다. 그리고 나무부터 시작했는데 색종이를 붙이면 붙일수록 나무의 형태가 잘 나타났다. 주인공부터 붙이라는 미술 선생님 말씀에 나무를 끝내고 토끼와 거북이 모양으로 모자이크 시작했다. 토끼는 분홍색으로 정했고 거북이는 노란색으로 했다. 2시간이 흐르고 흘러 미술 검사를 받을 시간이 되었을 때 우리 3조는 배경을 마무리 못하고 끝낼 수밖에 없었다. 할 수 없이 다 못한 채로 검사받고 내가 가졌다. 책상은 여기저기 색종이 난장판이어서 미술 선생님 가신 후에야 깨끗이 쓸고 정리했다. 그런데 결과는 우리 3조가 제일 높은 점수를 받았고 우리 모두 기분이 좋아 입이 찢어졌다.

9월 25일 금요일

〈나는 마스코트가 없다〉

나에게는 아직 나만의 마스코트가 없다. 유리는 유리만의 생쥐 마스코트가 있고, 현경이는 애벌레 마스코트가 있으며, 유안이는 사람 마스코트이고, 원우는 도깨비 마스코트가 있다. 하지만 나는 불행인지 다행인지 없다. 토끼 마스코트도 누가 해버렸다. 나는 귀여운 걸 하고 싶은데 아이들이 다 해버렸을 뿐 아니라 이제는 더 이상 생각도 안 난다. 이정익이 나에게 마스코트를 그려 달라고 부탁했다. 유리와 함께 연습하고 궁리했는데 생각이 떠오르지 않아 모르겠다고 하니 오히려 비웃었다. 내가 마스코트 없다고 말한 것을 가지고 온종일 놀려 화가 솟구친다. 마스코트 없는 것도 죄인가? 모르겠다. 나에게도 나만의 마스코트가 생기면 좋겠다. (하루빨리) 뭐가 좋을까? 음? 어? 아무리 생각생각 또 생각해도 모르겠다. 어쩌면 나만의 마스코트는 없을지도 모르겠다. 하~ 나는 바보인가 보다. 마스코트도 없는 바보….

9월 26일 토요일

〈커튼과 마루 천장〉

우리 집수리는 다 끝났는데 아직 부족한 부분이 있다. 커튼과 마루 천장이다. 우리 가족은 아직 덜 꾸민 데가 있어 하얀 꽃무늬 천을 사서 커튼을 만들어 달았다. 안방, 부엌, 내 방, 언니, 오빠 방도 커튼을 달았는데 이모할머니께서 만드시느라 힘드셨다. 땀을 뻘뻘 흘리시는 모습이 안타까웠고 속상했는데 나 때문에 더욱 힘드신 것 같아서 속이 상했다. 이모할머니께서는 커튼을 다 마치시고 쉬고 계셨다. 몇 분 뒤 아저씨께서 오셔서 마루 천장을 꽃무늬 흰 벽지로 바꾸셨다. 시간이 지나 드디어 마루 천장의 색이 깨끗한 흰색으로 바뀌었다. 우리 집에 놀러 온 사람마다 깨끗하다고들 한다. 커튼과 마루 천장 수리가 끝나 소파도 제자리로 이동했다. 이제 수리할 것 없는 깨끗하고 편한 집이 되었다.

9월 27일 일요일

〈진관사〉

아침 8시에 일어나 후다닥 준비하고 차를 탔다. 아침이라 그런지 졸리고 진관사 절로 가는 차를 타니 머리가 어지럽고 토할 것 같아 괴로웠다. 엄마 차는 편안히 누워가서인지 멀미가 절대로 나지 않는데… 드디어 절에 도착했다. 우와~ 산 냄새다. 절에 들어가 절을 하고 부처님께 인사를 드렸다. 스님 말씀을 적어가며 또 무슨 말씀인가? 귀 기울이고 스님의 말씀을 귀담아들었다. 절을 나와 음식 먹는 곳으로 가서 절 다니는 사람들과 이야기하며 식사했다. 역시 부처님이 잡수신 밥은 내가 먹어도 꿀맛이다. 참 신기하다. 부처님은 너무 좋으시고 훌륭하신 분인 것 같아 존경스러운데 아침에 짜증 내고 절에 온 것이 신경 쓰이고 더욱 미안해진다. 다음에는 즐거운 마음으로 절에 꼭 참석하겠다.

9월 28일 월요일

〈나의 다이어리〉

다이어리가 2개 있다. 1개는 미키 다이어리이다. 4,000원이고 오빠가 사주었다. 속은 미키마우스이며 자와 포토 사진 붙이는 종이도 있다. 이 다이어리는 포토 사진이 제일 많고 내가 제일 아끼는 다이어리라서 소중하다. 또 하나는 다이어리는 귀여운 영아트 다이어리이다. 사실 다이어리는 내가 산 거다. 문제는 속지가 없다. 그래서 문방구에 가 속지를 처음부터 끝까지 다 샀다. 그래서 이젠 나의 영아트 다이어리가 뚱뚱해졌고 속지도 다양하다. 자꾸 사는 건 안 좋지만 굳게 마음먹고 사니 다이어리가 예뻐졌다. 너무 비싸다. 하지만 비록 돈을 많이 썼지만 예쁘게 꾸민 다이어리가 내 맘에 쏙 든다. 너무너무 예쁘고 귀엽다. 옛날처럼 다이어리의 속지를 무지막지하게 다 쓰지는 않겠다. 그리고 내 다이어리 2개 미키, 영아트가 최고이다.

9월 29일 화요일

〈사회 스크랩〉

선생님께서 '사회 스크랩 하라!' 말씀하셨다. 그래서 학교 수업 마치고 유리와 함께 우리 집에 왔다. 국립민속박물관 책 1권으로 유리와 반반씩 나눠 사회 스크랩에 붙였다. 나는 유형문화재와 무형문화재로 나누어 자로 줄을 그어 설명을 쓰고 유물 자료를 책에서 오려 풀로 붙였다. 유리는 미리 조금 해왔다. 그런데 무형문화재 자료가 없어 문방구에 가서 1,000원 주고 자료를 사서 추가로 붙였다. 수다 떨며 하다 보니 시간은 더 빨리 흘러갔다. 우리는 사회 스크랩 겉표지에 그림을 그렸다. 유리는 나와 똑같이 세로로 했고, 하는 방법도 비슷하게 했는데 나보고 따라 하지 말라고 해서 기가 막혔다. 사회 스크랩을 내가 반 정도 했을 때 유리는 집에서 해와서인지 빨리 끝냈다. 유리가 먼저 끝났다길래 도와달라고 하니 안 도와주었고, 나는 내 방을 깨끗하게 정리한 후 유리가 자기 집까지 데려다 달라길래 데려다주었다. 데려다주는 길에 나는 자료가 필요해 혹시 남은 자료 있냐?고 유리에게 물어보니 모른다고 대답했다. 그런데 집에 도착해 쓰레기통 안에 유리가 버린 자료를 발견한 순간 유리의 거짓말에 화가 났다.

9월 30일 수요일

〈9월호 잡지 책〉

유진이 언니가 9월호 잡지 책을 주었다. 여기는 무지무지 많은 내용이 있는데 내가 중심으로 보는 게 있다. 그것은 핑클(FINKL) 미니 브로마이드와 스티커 속지이다. 거기에는 핑클의 깜찍한 옷차림과 화장법 소감이 쓰여 있다. 아~참! 또 가방, 팬시, 옷을 모두 함께 본다. 그리고 연예인들의 생활도 주로 본다. 책 페이지 수가 많아 두껍기는 한데 읽으면 재미있고 몰랐던 내용도 알게 된다. 9월호 잡지 책은 연예인이 많아 더욱 재미있다. 9월은 다 지났어도 잡지가 없던 나는 한 권 생겨서 좋고 심심할 때마다 본다. 만약 잡지가 없었다면 따분할 것이다. 언니는 마음씨가 너무 착해 나에게 잡지 책도 주는 고마운 언니다. 내가 언니한테 말대꾸해도 나를 좋게 대해주는 언니를 보며 한 가지를 깨달았다. 이제부터는 고마운 언니에게 말대꾸하지 않겠다고 다짐 또 다짐했다.

10월 1일 목요일

〈미술 시간에 뭘 그리지?〉

1교시가 미술 수업으로 시작한다. 담임 선생님 지시에 따라 스케치북과 2B 연필을 들고 아동 대기소로 갔다. 5분 뒤에 남자 미술 선생님이 오시더니 학교 주변을 정하여 보고 그리라고 말씀하셨다. 운희와 나는 보도블록을 그리려 했는데 봉금이와 정아가 먼저 하겠다고 해 하지 못하고, 놀이 기구를 그리려는데 운희가 반대하여 연못을 그리기로 하였다. 그러나 우리는 구령대 위로 올라가 '굳세게 슬기롭게 돌'을 그리고 그 옆의 배경으로 꽃과 나무를 그려 넣었다. 다시 교실로 들어와 나머지 색칠하였다. 색칠하다 보니 허전한 데가 보여 좀 더 세밀히 그려 놓고 색칠하니 아주 높은 점수를 받았다. 처음에는 뭘 그리지? 하고 망설였는데 다 끝내고 나니 홀가분하고, 남들 관심 없는 것이 오히려 더 좋은 주제가 되어 그리니 너무 좋다. 내 생각에는 운희도 높은 점수 받았을 것 같다. 괜히 뭘 그릴까? 걱정한 것 같다.

10월 2일 금요일

〈방석과 주머니〉

나는 어제 방석과 주머니를 밤늦게까지 만들었다. 그리고 책가방에 챙겨 학교로 가져갔다. 천은 남색이고 주머니와 방석이 조그마하다. 주머니 끈은 파란색이고 방석 색은 검은색이다. 내가 봐도 귀엽고 예쁘다. 꼭 인형 방석 같다. 실과 선생님께 검사받고 나서 나는 내 주머니에 풀, 가위, 자를 넣었다. 마침 풀, 가위, 자를 어디에다 넣을까 생각했는데 어제 만든 남색 주머니가 생겨 거기에 넣으니 편하고 너무 좋다. 작은 주머니와 방석의 천색도 같고 쌍이라서 너무 예쁘다. 어젯밤 늦게까지 만든 보람이 있는 것 같다. 이게 나의 빛나는 솜씨인가 보다. 예전 큰 방석은 모양은 별로지만 실속 있다. 내가 만든 이 방석은 모양이 예쁘고 실속은 없어도 실속보다는 모양이 예쁜 게 훨씬 더 좋다. 나는 무조건 예뻐야 한다. 다음에는 어제처럼 늦게 하지 않고 그전에 일찍 하는 습관을 들여야겠다.

10월 3일 토요일

〈개천절〉

오늘은 개천절이다. 아침 일찍 일어나 태극기를 달았다. 개천절은 국경일의 하나로 우리나라 건국을 기념하는 뜻을 가진 날이다. TV에서도 개천절에 대하여 나온다. 좀 지루하고 재미없지만 그래도 개천절이니 당연히 TV에 나와야 한다고 생각한다. 신문에는 주말인 데다가 추석 연휴로 인하여 고속도로가 막힌다고 나왔다. 많은 사람이 개천절 날 미리 시골에 가니 도로가 막힐 거라고는 당연히 생각한다. 우리 가족은 차가 막힐 것을 예상해 다음 주 토요일에 출발하여 일요일에 제사를 지낼 예정이다. 와~ 바쁘다 바빠! 10월에는 연휴와 개천절이 있어 좋다. 한 달에 한 번씩 연휴가 있으면 참 좋을 것 같다. 다음 주에 갈 생각하니 설레고 금방이라도 뛰어가고 싶다. 개천절이라 친구들이 시골에 가서 없다. 아~ 심심한데 송편 먹을 생각을 하니 음~ 벌써 눈에 아른거리고 얼른 먹고 싶다.

10월 4일 일요일

〈추석 준비〉

내일이 추석이기 때문에 미리 추석 준비해야 한다. 그래서 이모할머니, 이모할아버지와 함께 문산 이모할아버지 형님네로 갔다. 형님네에는 친척들이 미리 와 있고 모두 분주하게 왔다 갔다 하며 설거지하시고 음식을 만드셨다. 친척 동생 다연이가 왔다. 다연이, 나, 이모할머니, 친척들과 쌀가루 반죽하여 조금씩 손으로 뜯어 송편을 만들었다. 송편에 깨를 넣고 만드니 보기만 해도 군침이 돈다. 문산에 가서 집 앞 아이스크림 집에서 500원짜리 아이스크림을 최다연, 최형섭과 각각 사 먹었다. 형님네 집에서 TV도 보고 다연이와 놀아주며 시간을 보냈다. 내일이 추석이라 음식 장만하시는 어른들은 힘드실 것 같다. 내일이면 맛있는 송편과 근사한 음식을 먹을 수 있을 것 같고 문산에 미리 와 돕기를 참 잘한 것 같다. 어른들이 힘드셔도 추석 준비를 잘하시면 좋겠다. 아마 내일도 추석 때문에 문산에 다시 올 것 같다.

10월 5일 월요일

〈추석〉

추석이라 우리 가족들은 아침 일찍 준비해 문산 이모할아버지 형님네 갔다. 형님네는 몹시 분주해 보였다. 형님네서 어제 만든 송편을 맛있게 먹고 제사도 지냈다. 점심밥은 너무 푸짐했는데 고기, 생선, 시금치, 콩나물, 전류, 과일 그 외에 등등의 반찬이었다. 이렇게 친척들이 모여 함께 먹는 시간은 추석이나 설날 빼고는 없을 거다. 다연이와 함께 이방 저방 곳곳을 뛰어다니며 신나게 놀았다. 추석이라 송편과 과일을 먹으니 더 좋다. 추석이라 신나게 놀려고 오빠, 나, 다연이 이렇게 셋이 함께 오락실에서 게임을 하였다. 오락실에 가면 머리가 어지러워도 스트레스가 확~ 풀리고 너무너무 즐겁다. 실컷 놀다가 우리 가족은 밤 9시경에 인사하고 차를 타고 우리 집으로 왔다. 추석이라서 온 친척이 모여 오손도손 오붓한 시간을 보낸 것 같다. 추석은 친척을 만날 수 있는 좋은 명절이고 그런 추석이 나에게는 즐겁고 고마운 날이다.

10월 6일 화요일

〈증조할머니 산소〉

오늘은 마지막 연휴다. 그래서 나는 엄마, 아빠, 이모할머니, 이모할아버지와 함께 증조할머니 산소에 가기로 했다. 엄마 차를 타고 증조할머니 산소로 출발했다. 잠을 자고 일어났을 때는 이미 벽제에 도착했다. 증조할머니 산소를 가려고 산으로 높이높이 올라가니 드디어 도착했다. 증조할머니 산소에서 음식을 꺼내 놓고 제사를 지냈다. 제사를 지내고 밥과 반찬을 맛있게 먹었다. 역시 증조할머니 산소에서 먹으니 꿀맛이다. 맛있는 점심밥을 먹고 큰 가위로 잔디를 잘랐다. 이제 좀 깨끗해진 것 같다. 증조할머니 산소에 자주와 손질을 해야 할 것 같다. 자주 안 오면 잡초가 자라고 넝쿨이 생기지만, 자주 오는 산소는 잔디가 깨끗하고 넝쿨도 없어 비교된다. 다음에도 와서 또 손질해 드려야겠다. 그래야 묘가 깨끗해진다. 산소를 내려와서 이동막걸리와 부침개를 먹었고 차 안에서는 감을 먹었으며 7시쯤에야 우리 집에 도착했다.

10월 7일 수요일

〈감기에 걸렸다〉

나는 일주일 동안 감기에 걸렸다. 감기에 걸릴 걸 예상하지 못하고 나는 맛있는 아이스크림을 많이 먹었다. 그다음 날 감기에 걸려 지금은 목이 아프고 코가 막히고 자꾸 기침이 나와 너무 괴롭다. 약을 지어서 아침저녁에 먹었는데도 오늘은 너무 심하다. 감기가 심해지고 시간이 가면 갈수록 입맛의 감각이 없고, 침 삼키기도 힘들 뿐 아니라 목소리도 이상해졌다. 역시 감기란 건 무서운 것 같다고 생각한다. 감기에 막상 걸리고 나니 남에게 옮을 수도 있어 불안하다. 학교 수업 시간에도 자꾸 콧물이 나와 참고 있는데, 참는 것이 보통 쉬운 노릇이 아닌 것 같다. 감기가 회복되면 다시는 아이스크림을 너무 많이 먹지 않아야겠다고 다짐한다. 또 이렇게 소리쳤다. "감기 좀 낫게 해주세요"라고 큰 소리로 외쳤다. 감기는 정말 무섭고 괴롭다.

10월 8일 목요일

〈피구 시합〉

미술 시간이 끝나고 선생님께서 밖으로 나가라고 하셨다. 홀짝으로 나누어 출석번호대로 섰다. 피구를 하기 위해 공을 준비하고 규칙을 정하여 피구 시합하기로 했다. 시작! 소리와 함께 공을 패스했다. 역시 리나는 운희와의 패스에서 공을 홀수 팀에게 주었다. 불행하게 홀수 아이들이 다 밖으로 나가고 금 안에는 정지은과 나만 남았다. 짝수에서는 운희만 남았다. 나는 전력을 다해 공을 잡아 운희를 정면으로 맞춰 1:0으로 홀수가 이겼다. 다시 자리를 바꿔서 했는데 홀수의 수는 4명이고 짝수가 2명이었는데 시간 초과로 홀수 사람의 수가 많아 홀수가 이겼다. 남자들은 축구를 했는데 홀수가 지고 짝수가 이겨서 아쉽다. 여자 홀수는 열심히 해 이겼는데 남자들은 뭣들 했는지 한심해서 한숨이 휴~하고 나온다. 나의 결정 골로 피구 시합에서 홀수가 이겨 정말 좋고 신체 운동도 되어 기분 좋은 하루다.

10월 9일 금요일

〈HOT 테이프〉

엄마가 HOT 테이프를 가져다주셨는데 나는 HOT 테이프를 받는 순간 너무 좋고 기뻐 '폴짝폴짝' 뛰었다. HOT는 정말 인기가 많다. HOT 테이프를 나는 오디오에 넣고 신나는 노래를 들었다. 며칠 동안 안 보이던 HOT가 새로운 앨범으로 다시 돌아오니 너무 좋다. 나는 지금도 HOT의 열렬한 팬이다. HOT 테이프에는 13개의 노래가 녹음되어 있어 HOT의 목소리를 생생하게 들을 수 있다. 특히 강타 목소리가 많이 나와 HOT 테이프를 자꾸만 듣게 된다. HOT가 다시 나와 활발한 모습으로 돌아와 마음이 놓인다. 지금도 HOT의 하나라는 `아름다운 느낌'을 듣고 있다. 노래가 신나고 좋으니 자꾸 따라 부르게 된다. 아직은 HOT 노래를 못 외워도, 시간이 갈수록 자꾸 들으면 저절로 외우게 될 거다. HOT의 파이팅! 노래가 빠르며 신난다. 내일도 HOT의 음악을 들을 거다. HOT가 더 유명해지면 좋겠다.

10월 10일 토요일

〈유리의 전학〉

유리가 오늘 전학을 간다. 나는 유리에게 미처 편지와 선물을 주지 못했다. 유리가 갑자기 전학을 간다니 유리 보고 '전학 잘 가'라는 말을 차마 못 하겠다. 그동안 유리와 몇 번 싸웠고 유리 옆에 잘 가지 않았기에, 나는 내 자리에서 유리에게 하고 싶은 말을 중얼거리며 마음속으로 말했다. '미안하다고…' 유리는 몇몇 친구들과는 우정을 나누고 있어 그동안 내가 유리한테 다가서지 않았나 보다. 드디어 운명의 시간이 다가왔고 유리는 1교시에 아이들의 박수 소리를 들으며 살며시 자리를 비웠다. 나는 유리가 떠나는 뒷모습을 사라질 때까지 보았다. 유리가 떠나기 전에 내가 먼저 사과 못한 나 자신이 밉고 후회가 되었다. 싸웠다고 '전학 잘 가'라는 말도 못 한 내가 싫었고 이럴 줄 알았다면 그전에 친절하게 해줄 걸··· 만약 유리가 다시 돌아오면 싸우지 않고 먼저 사과하고 내가 하고 싶었던 말을 해야겠다고··· 그냥 떠나보낸 나의 마음은 후회로 가득 찼고 떠나는 유리의 초조한 뒷모습을 나는 느꼈다. 그 순간 나는 유리창 밖으로 나의 마음을 큰 소리로 외치고 싶었는데 그럴 용기가 나지 않았다. '유리야! 미안해. 전학 잘 가! 그리고 좋은 친구 많이 사귀어!.'라고 마음속으로 외친다. 나는 친구들과의 다툼은 아주 무섭고 후회로 남을 수 있음을 오늘에야 깨우쳤다. 역시 이별은 슬픈 것인데 더 슬픈 건 서로 화해하지 못한 이별이다. 나중에 만나면 더 잘해 줄 것이고 유리에게 많이 미안하다. 정말··· 하지만 유리와 함께하던 지난 시간은 내 머릿속에 소중한 추억으로 영원히 영원히 간직될 것이다. 안녕, 유리야~

10월 11일 일요일

〈엄마와 교보문고에 갔다〉

할 일이 없는 일요일이다. 그래서 친구 운희를 불러 함께 숙제하기로 했다. 봉금이도 나오기로 했는데 나오지 않아 2시 15분까지 한참 기다리다 운희와 둘이서만 우리 집으로 왔다. 물 한 컵을 마시고 어제 숙제하려는 순간 '딩동~' 누구인가? 보니 엄마다. 우리 엄마가 오셨다. 그래서 할 수 없어 숙제를 멈추고 언니, 운희, 엄마, 나 이렇게 4명이 교보문고로 갔다. 와 우~교보문고다! 교보문고로 들어가니 사람이 셀 수 없이 많았고 또 물건이 쭉 깔려있었다, 한참을 구경하다 운희는 HOT 테이프를 사고 엄마는 운희가 사고 싶어 하는 머리띠를 사 주시고, 유진이 언니가 시계가 없는 걸 아신 엄마는 언니를 위해 아주 비싼 예쁜 시계를 사 주셨다. 우와~ 보석처럼 하얗고 반짝반짝 빛이 난다. 나는 악세사리 코너에서 나비 핀을 사고 학용품을 구경했는데 엄마는 여러 권의 책도 사줄 테니 고르라고 하셨다. 내가 원하는 건 무조건 다 사 주시는 엄마가 좋고 항상 감사한 마음이 든다. 우리는 책을 산 후 기념으로 포토 사진을 찍고 밖으로 나갔다. 밖은 이미 밤중이었다. 밤하늘과 광화문의 불빛이 멋있었다. 엄마 차를 타고 내가 좋아하는 파파이스로 출발했다. 엄마 차는 한국에 몇 대밖에 없는 고급 차라 넓고 절대로 멀미가 나지 않는다. 그래서 나는 엄마 차를 타면 편안하고 좋다. 어느덧 우리는 금방 파파이스에 도착했다. 도착하자마자 치킨과 음료수를 시켜 먹었는데 배가 고플 때 먹으니 꿀맛이다. 역시 엄마, 언니와 함께 오니 좋다. 파파이스에서 음식을 다 먹고 집으로 가는데 운희네 집이 응암 1동이라 엄마 차로 데려다주었다. 오늘은 교보문고에서 온종일 있으니 좋다. 오~ 해피데이! 다음에도 오늘처럼 엄마와 쇼핑하고 먹으면 돈은 많이 들어도 신나고 재밌을 것이다. 즐거운 하루다. 룰루랄라~

10월 12일 월요일

<운희 집으로 가다>

운희네 집으로 숙제하러 간다. 운희한테 가려고 아침 일찍 일어나 백과사전, 신문 자료, 복사할 돈을 가지고 갔다. Let's GoGo! 운희 집에서 숙제를 다 끝내고 재빨리 문구점에 가서 백과사전을 복사하였다. 아저씨가 페이지 쪽수를 잘못 복사하셔서 추가로 돈을 더 냈다. 나는 스티커, 샤프심, 빨간 색연필, 운희 도장을 샀다. 운희는 자기 도장을 사줬다고 싱글벙글한다. 에고~ 그동안 많이 가지고 싶었나 보다. 운희의 얼굴은 웃음꽃이 피었다. 예전 운희 도장은 너무 썰렁했는데… 운희야! 내가 고맙지! 운희와 함께 서부 시장에서 떡볶이 1,000원어치를 시켜 먹었다. 우와~ 이제야 살 것 같다. 아까는 배가 고파 배에서 꼬르륵~ 했는데… 이제는 그 반대이다. 운희네 집에서 숙제를 모두 끝내 기분이 좋고 온종일 함께하니 재미있다. 역시 운희의 춤과 노래 솜씨는 따봉이다.

10월 13일 화요일

<심은하 머리띠>

유진이 언니가 나에게 줄 선물이 있다고 한다. 언니는 '짠~' 하고 무언가를 내게 내밀었다. 아니, 웬? 언니는 심은하 머리띠를 나에게 선물로 주었다. "언니! 웬 심은하 머리띠야?" "아~ 너 가져! 선물이야." "언니 어디서 샀어?" "응, 연신내." 언니와 이런저런 대화하고, 내가 머리띠가 필요하다는 걸 알고 선물해 준 언니한테 감사하다. 말도 잘 안 듣는 보라에게 선물을 주다니! 이제부터라도 언니가 사 준 선물 보답으로 언니에게 충성을 다하겠다고 굳게 다짐하고 앞으로 말을 잘 듣겠다고 하늘에도 맹세한다. 심은하 머리띠를 준 보답으로 언니의 내년 생일에는 값진 선물을 해주려고 한다. 언니가 원하는 제일 좋은 선물을 꼭 준비하려니 한번 기대해 보시라 요! 심은하 머리띠는 상아색이고 동그란 무늬가 있어 비싸 보여 고급스럽고 아름답고 멋지다. 우와~ 반짝반짝 빛나 더욱 세련되어 보인다.

10월 14일 수요일

〈주장하는 글쓰기〉

뜨드드 득~ 드디어 오늘은 주장하는 글을 쓰는 날이다. 자료를 가지고 떨리는 마음으로 학교로 출발했다. 학교에 와 가만히 있는데 마침내 `주장하는 글쓰기' 대회가 시작되었다. '두근두근' 심장이 뛰었다. 종이를 받는 순간 '에게~ 아무것도 아니잖아'라는 생각이 들었고 자료를 읽고 종이에다가 써 내려갔다. 한 글자 한 글자를 쓰다 보니 팔에 힘이 없어지고 힘들어 잠시 쉬었다. 다시 쓰고 쉬고 또다시 썼다. 드디어 뒷장을 넘기는 순간 다 썼다는 생각이 들며 흐뭇해졌다. 아~ 드디어 다 썼다. 다 쓰고 나서 생각하니 `주장하는 글쓰기' 내용은 나의 성격이 잘 나타났고 나의 주장이 확실하게 표현됐다. 담임 선생님께 완성한 종이를 제출했다. 내 짝은 지금 반 정도 썼는데 아직 열심히 쓰고 있다. 나는 좋은 성과를 올리면 참 좋겠고 기대된다. 흐뭇~

10월 15일 목요일

〈엄마와 이모할아버지 생신 선물〉

이모할아버지의 생신은 10월 17일이어서 우리 가족은 생일 파티하려고 음식에 신경을 많이 쓰고 나는 무슨 선물을 사 드릴까? 생각 중이다. 이모할아버지 생신 선물로 나는 양말을 사고 유진이 언니는 티셔츠를 샀다. 그런데 우리 엄마 생신 선물도 곧 해드려야 한다. 생신이 10월 17일 같은 날이기 때문이다. 알뜰하게 모은 용돈으로 양말 세트를 사서 예쁘게 포장하고 있다. 이모할아버지 형님과 친척들이 모두 오신다. 그래서 더욱 바쁘다. 이모할아버지께서는 IMF에 무슨 선물이냐고 반대하시지만 나는 축하하고 싶어 선물을 샀다. 엄마 생신 선물도 사야 하는데 고민이다. 엄마 생신 선물로 1학년 때부터 해마다 7만 원짜리 아모레 `레티놀 아이크림'을 선물했는데 이번에는 색다른 선물을 하고 싶다. 내일쯤 유진이 언니와 우리 엄마 생신 선물을 사러 가야겠다. 이모할아버지와 엄마 생신 날짜가 같아 한꺼번에 하니 번거롭지 않고 이번에는 IMF라 비싼 것 사지 않아도 되니 참 좋다. 이모할아버지와 엄마 생신 파티가 궁금하고 기대된다. 친척들이 모두 모여 재미있을 것 같다. 빨리 17일이 오면 좋겠다. 선물을 살 생각하니 신난다.

10월 16일 금요일

〈죠리퐁〉

냉장고를 열어 보니 그곳에 죠리퐁이 있었다. 학원을 금방 다녀온 나는 출출한 참에 덥석 집어먹었다. 죠리퐁은 우유에 말아 먹는 게 맛있다고 봉지 뒤에 쓰여 있어 우유를 꺼내 말아 먹었다. 죠리퐁은 색이 고동색이며 먹으면 먹을수록 으~ 고소해진다. 죠리퐁은 이런 맛에 먹는 것 같다. 자꾸만 우유에 말아 먹다 보니 배가 부르고 죠리퐁의 양이 줄어들었다. 죠리퐁 봉투에서 스티커가 나왔다. 그 스티커를 잘 꺼내어 일기장에 예쁘게 붙였다. 죠리퐁, 썬칩 등등의 과자들의 스티커를 작게 해서 다이어리에 끼고 다니면 좋겠다. 이 죠리퐁 스티커의 마스코트는 이상해서 싫다. 잘 생겼으면 '따봉'일 텐데… 죠리퐁의 양은 많은데다 또 고소하니 나는 죠리퐁을 좋아한다. IMF라서 자주 먹지는 못하지만 어쩌다 한번 먹으면 또 그 맛이 생각나고 맛있어 잊어버리지 않는다.

10월 17일 토요일

〈친척들과 함께 보낸 날〉

오늘은 이모할아버지 생신이다. 그래서인지 이모할머니는 음식 장만하시느라 분주하시다. 여기저기 음식이 '짠~" 하고 준비되어 있고 상을 6개나 붙여 맛난 음식들이 차려져 있었다. 잠시 후에 친척들이 오셨다. 나는 너무 좋았다. TV를' 틀고 차린 밥을 먹기 시작했는데, 우와~ 반찬이 여러 가지인데 소갈비까지 너무 맛있어 '냠냠 쩝쩝' 뜯어 먹었다. 반찬이 너무 많아 배가 불렀다. 친척들과 오손도손 이야기하며 밥을 먹고 이모할아버지 생신 파티했다. 케이크를 갖다 놓고 '생신 축하합니다' 노래를 부르고 촛불을 이모할아버지께서 후~ 하고 부셨다. 친척들이 모두 축하 박수를 짝짝짝~쳤다. 케이크를 먹으니 배가 불러 나는 친척 동생과 함께 놀아주고 어른들은 어른끼리 즐겁게 이야기하셨다. 오후 9시경 내가 다연이에게 준 선물을 차에 싣고 9시 15분에 작별 인사하고 떠났다. 내 방이 지저분해졌는데 이유는 내 방에서 꼬마 아이들과 놀아주었기 때문이다. 다연이는 언제 봐도 귀엽다. 다음에 또 오면 좋겠다.

10월 18일 일요일

〈엄마 생신〉

오늘 아침 10시경 엄마가 케이크를 들고 오셨다. 엄마가 오셔서 나는 무척이나 기뻤다. 미리 준비한 10,000원으로 엄마 생신 선물을 사려고 했는데 일요일이라 모두 다 문이 닫혀 못 사고, 다음 주 토요일에 엄마와 함께 가서 가죽 다이어리를 사러 가기로 약속했다. 엄마는 피곤하셔서 잠시 주무시고 1시 30분에 일어나서 잠시 TV를 시청하고 언니와 내 방을 구경하셨다. 나는 잘 정리된 나의 책상 서랍을 보여줬는데 엄마는 감탄하셨다. 이모할머니, 이모할아버지가 오시자 엄마의 생신 파티를 시작했다.'생신 축하합니다~ 생신 축하합니다~사랑하는 엄마의 생신 축하합니다' 짝짝짝~ 박수 소리와 함께 폭죽이 '펑'하고 터지고 촛불을 끄셨다. 엄마는 나를 위해 일부러 케이크를 사 오셔 덕분에 나는 맛있는 초코케이크를 5조각이나 먹었다. 입에서 사르르 녹고 맛이 기가 막혔다. 진심으로 생신 축하드리고 다음 주 토요일에는 엄마와 함께 생신 선물 사러 갈 예정이다.

10월 19일 월요일

〈신문 기사: 벼가 태풍에 폭삭 쓰러졌다! 비상! 비상!〉

남부 지방에 태풍이 와 잘 자라는 벼들이 쓰러졌다. 그래서 육군 맹호부대 장병들이 16일 경기도 가평군 상면 들판에서 벼를 열심히 베고 있다. 이 신문 기사는 조선일보에 남부 '태풍 비상' '벼 베기도 비상'이라고 제목이 붙여져 나와 있다. 아직 수확 못한 논이 많은 것 같아 걱정이다. 이번 태풍으로 곡식이 많이 줄어들어 큰 걱정이다. 지금 형편이 어려운 사람들이 얼마나 많은데 홍수와 태풍으로 벼가 차츰 없어지는 것 같다. 그리고 벼가 아무 때나 '뚝딱' 나오는 것이 아니라 일 년에 한 번 벼(곡식)를 수확하는데 자꾸만 벼를 망치니 걱정이다. 이제부터라도 우리 벼가 잘 자라서 성공적으로 수확하면 좋겠다. 벼가 태풍에 폭삭 쓰러져 나의 기분은 별로 좋지 않은데 내년에는 정말 벼 농사가 잘 되길 바란다. 그때는 일손이 많아 농부들이 걱정하지 않고, 농부들의 얼굴에 환한 미소가 있기를 바라며, 풍년으로 땀의 결실이 맺혀지길 기대한다.

10월 20일 화요일

〈운희의 타고난 예쁜 글씨〉

운희는 글씨를 예쁘게 대학생 글씨처럼 쓴다. 하도 부러운 나머지 운희에게 '너는 어떻게 글씨를 잘 쓰니? 하고 물어보니, 운희는 자기 언니 글씨 보고 2주일간 연습한 끝에 '성공'했다고 말했다. 운희의 글씨는 보면 볼수록 부럽다. 나는 연습을 하려고 해도 학원 갔다 오면 숙제하기도 바쁜 탓에 미처 글씨 연습을 할 수가 없었다. 그렇다고 수, 토, 일요일에 할 수 있는 것도 아니다. 또 그날은 학원 숙제하기 바빠서 글씨 연습을 할 수 없다. 아~ 내가 운희의 글씨 딱 반만 따라가면 정말 좋겠다. 시간이 흘러 유진이 언니처럼 나이가 되면 글씨가 예뻐지겠지만 더 빨리 예뻐지고 싶다. 글씨 연습할 시간이 생기면 연습할 거고, 만약 못한다면 계속 일기장에다 라도 연습해야겠다. 운희도 예전에는 이상한 글씨체로 일기장에 썼는데 이제는 성공했다고 하니 언젠가는 나에게도 성공할 날이 찾아올 것이다. 꼭! 운희의 타고난 멋진 글씨가 정말 부럽다. 운희에게 하고 싶은 말은, '운희야! 너는 공부 빼고 전부 다 완벽한 것 같다. 완벽 그 자체라고나 할까? 운희가 부럽다.

10월 21일 수요일

〈국어 시험〉

드디어 그날! 국어 시험 보는 날이다. 국어 시험 연습을 미리 하고 싶었는데 시간이 부족하여 충분히 하지 못했다. 학교에 와서는 평균대 연습으로 국어 시험공부를 하지 못한 것이다. 음~ 평균대 연습을 대충 하고 교실에 들어오니 국어 시험으로 걱정이 태산이다. 가림판을 가리고 시험 공책을 꺼내 날짜를 썼다. 선생님께서는 문제를 읽고 답만 쓰라고 말씀하셨다. 시험 공책에다 선생님께서 들려주시는 이야기를 듣고 차츰차츰 쓰기 시작했다. 1번부터 24번 문제까지 시험 보았는데 중간중간에 선생님 말씀을 못 들어 답을 못 쓴 문제도 있었다. 국어 시험은 어렵지도 쉽지도 않지만, 내가 국어 시험을 잘 못 본 까닭은 바로 두뇌가 나빠서가 아니라 공부를 평소에 안 해서이다. 부끄럽게도 나는 국어 시험을 잘 보지는 못했다. 하지만 다음에는 꼭 공부를 열심히 미리 하여 잘 보려고 한다. 기회는 언제든지 있는 법 그러므로 나는 성공할 수 있고, 잘 할 수 있다. 지금은 국어 시험을 못 봐 기분이 엉망인데 나의 부족함을 받아들인다.

10월 22일 목요일

〈윤선생 영어〉

윤선생 영어를 하다 한 달만 쉬기로 했는데 우리 집 리모델링으로 인해 두 달이 지나 버렸다. 결정적인 순간은 윤선생 영어 예습을 못 했는데… 영어 선생님께서 오셨다. '뜨아-' 선생님께서는 반가운 목소리로 "잘 지냈니?" 하시며 영어책 좀 보자고 말씀하셨다. '이를 어떻게 하지!' 하는 생각과 함께 할 수 없이 영어책을 보여드렸다. '앗, 이럴 수가?' 하는 말과 함께 선생님은 그동안 안 했다고 깜짝 놀라셨다. 선생님께서는 '음~' 하고 잠시 생각하시더니 조금 있다가 '오늘은 할 수 없으니 시간 계획표만 짜주지.'라고 말씀하셨다. 영어 계획을 섬세하고 꼼꼼히 정확하게 잘 써주셨다. 선생님께서는 '다음에는 열심히 해라!'하고 말씀하시고 금방 가셨다. 윤선생 영어는 재미있다. 많이 쉬었더니 하기가 싫다. 앞으로는 계획대로 지금부터라도 열심히 할 거다. 열심히 하려고 하는 이유는 선생님께 죄송해서이다. 너무 많이 안 해서… 지금부터 아니 이 순간부터 영어 공부를 초심으로 돌아가 열심히 하겠다.

10월 23일 금요일

〈포토 사진〉

수경이랑 포토 사진을 찍기로 한 날이 돌아왔다. 사실 오래전에 약속했는데 수경이 사정으로 거의 매일매일은 찍지 못했다. 그런데 오늘은 수경이와 내가 서로 시간이 있어 그전에 못 찍은 사진을 오늘 찍기로 하여 이쁘게 차려입고 만났다. 수경이와 함께 예일 초등학교로 갔다. 예일 초등학교에 도착해 포토벨리로 들어갔다. 우리는 가발을 쓰고 포토 사진을 찍고 다시 가발을 벗어 제 자리에 놔두고 그냥 있는 그대로의 모습으로 포토 사진을 또 찍었다. 1, 2, 3 찰칵~ 포토 사진을 가지고 나왔다. 2장 500원, 500원짜리끼리 모아 1,000원을 내고 또 500원, 500원 해서 1,000원 2번을 찍었다. 예쁜 포토 사진을 가지고 우리는 뺏지를 만들었다. 포토 사진 뺏지가 멋지다. 히~ 포토벨리 에서 쿠폰 1장도 받았다. 수경이와는 처음 찍는 거라 그런지 재미있다. 수경이는 겉보기는 안 그래도 속은 천사다. 오늘은 Happy! 라고나 할까?

10월 24일 토요일

〈싸움〉

사실 오늘 지형이 집에서 호박죽을 먹기로 하였다. 그런데 갑자기 운희와 봉금이가 안 먹겠다고 한다. 호박죽을 먹고 봉금이와 함께 포토 사진을 찍으려 가기로 했는데 이모할머니도 그렇게 알고 계신다. 호박죽을 안 먹겠다는 봉금이 말이 너무 거칠어 지형이와 봉금이가 서로 심하게 다투었다. 운희가 봉금이를 설득해도 봉금이는 오히려 더 화를 낸다. 계속 사정했는데도 지형이네 호박죽 먹기 싫다고… 봉금이 화로 인해 운희도 화가 났고 그 둘은 각자 자기네 집으로 가버렸다. 지형이 엄마가 우리를 위해 일부러 호박죽을 끓이셨는데… 또 만드시다가 손도 비셨는데 죄송하고 미안하다. '봉금아! 호박죽 먹고 포토 사진 찍으러 간다고 했으면서 안 간다고 하면 어떡하냐고요~' 내 모양새가 난감하게 됐다. 도대체 내가 뭘 어떻게 해야 할지 도무지 모르겠다. 밤에 운희에게 전화해서 지형이가 호박죽을 좋아해서 만드신 게 아니라 우리를 위해 만드신 거라고…우리의 행동이 잘못돼서 우리는 지형이 엄마에게 미안한 마음을 가져야 한다고 말했다. 지형이와 봉금이는 서로 싫어하니 앞으로는 함께 놀 수가 없다. 운희와 봉금이 화가 풀어지면 봉금, 운희, 지형이와도 다시 놀아야겠다.

10월 25일 일요일

〈엄마와의 하루〉

엄마께서 오늘 오전 일찍 오셨다. 엄마가 오시자마자 선물을 드렸다. 엄마가 가지고 싶어 하신 다이어리와 스티커 볼펜 등의 선물을 드린 것이다. 모두 총 10,000원이 들었다. 온종일 엄마와 다이어리 스티커 등등을 끼고 엄마, 언니, 이모할머니, 나 이렇게 4명이 파파이스로 가 치킨, 콜라, 감자튀김, 아이스크림 등등을 먹었다. 먹고 나니 배가 부르다. 아~ 배불러… 온종일 다이어리 스티커를 끼느라 시간을 다 빼앗겼는데 엄마는 나의 생신 선물을 받고 참 기특하다며 너무 기뻐하셨다. 엄마의 얼굴은 온종일 활짝 핀 목련처럼 웃음꽃이 피었고 나도 엄마와 함께 있으니 아주 행복하다. 엄마의 다이어리를 예쁘게 꾸며 드리니 정말 기분이 좋았다.

10월 26일 월요일

<비밀 일기장>

아직 비밀 일기장을 만들지 못했는데 곰곰이 생각해 보니, 엄마와 일본 여행 가서 사 온 이쁜 공책이 있어 사용하기로 마음먹었다. 공책이 쓸 때가 마땅치 않고 또 시대가 바뀌면 사용 못하니까? 일본 공책을 비밀 일기장으로 선택했다. 이 비밀 일기장은 아주 특이하다. 일본 공책이 나의 비밀 일기장이라니… 친구들은 3,000~4,000원짜리 아니면 다이어리, 종합장을 비밀 일기장으로 사용한다. 오늘부터 비밀 일기장을 일본 공책에 쓸 거다. 비밀 일기장 속이 모두 만화이다. 비밀 일기장에는 재미있고 설레는 내용을 쓸 예정이다. 벌써 쓰려고 하니 기분이 왠지 묘하다. 이 일본 공책에 비밀 일기장으로 쓰는 이유는 유행이 지나버리면 아까우니 미리 사용하려고 한다. 비밀 일기장이 꼭 필요한 건 아니지만 그래도 일기장이 있으니 좋다. 비밀 일기장 겉표지는 분홍색이고 일본인이 웃으며 말하는 표지다. 일본 공책은 깜찍하고 귀여워 인기다. 일본 공책을 보니 어린 시절 엄마와 단둘이 일본 디즈니랜드를 아주 많이 갔는데, 동화 속의 집들을 구경하며 좋아하던 나의 모습이 생생하게 떠오른다. 그런데 일본 디즈니랜드보다는 내 기억에는 미국 디즈니랜드가 훨씬 크고 볼거리가 많아서 좋다고 생각한다. 그리고 미국의 그랜드캐년과 라스베가스도 즐거운 기억으로 남는다. 우리 가족과 친척들이 모두 모여 미국 서부와 중부 여행하는 데만 1달 걸렸는데 쉬지 않고 계속 여행만 해서인지 다 기억이 나지는 않는다. 그래서인지 또다시 가보고 싶다. 이제부터는 일주일에 한 번 일본 공책에다 일기를 쓸 거다. 지켜보시라요!

10월 27일 화요일

<회화부>

나는 회화부다. 그래서 화요일만 되면 지현이와 함께 3-3반으로 간다. 사실 예전의 내 짝꿍은 이유리였는데 유리가 전학을 가고 나니 섭섭하고 가끔은 보고 싶다. 서로 화해하지 못하고 전학으로 인해 헤어져 더욱 안타깝다. 지현이는 회화부가 싫은 눈치다. 다른 반 애들이 치사하게 남의 자리에 무턱대고 함부로 앉는다. 그리고는 뻔뻔스럽게 웃고 떠들고 있다. 우리는 서 있는데 선생님께 여쭤보니 알아서 하라고 짜증 내신다. 우리는 어떻게 하냐고요~ 그냥 빈자리에 무턱대고 앉아 그림을 그렸다. 나는 이곳에 그림을 배우러 왔는데 코치를 해주지 않아 혼자서 그리고 있다. 선생님은 그냥 둘러보시기만 한다. 차라리 혼자 그림 그리는 연습 할걸…왜 회화부에 와 혼자서 그림 연습하는지 모르겠다. 다음부터는 친구들과 함께 열정적인 선생님이 있는 좋은 부를 정해서 할 거다. 회화부에서 나는 장구를 주제로 크게 그려 색칠했다. 내 물감은 색깔이 별로다. 얼른 물감을 다 쓰고 예쁜 물감으로 쓰겠다. 우리 집에는 묵혀두고 있는 예쁜 물감들이 아주 많다. 방학 때는 그림 연습을 열심히 해서 그림 점수를 향상하겠다.

10월 28일 수요일

〈그렇게 하면 교장 선생님께 걸린다고요!〉

선생님께서 머리 염색한 아이들, 귀걸이 한 아이들, 옷차림이 단정하지 못하고 바지 질질 끌고 다니고 윗도리가 대학생처럼 길어 꾸겨 입고 다니는 아이들, 신발 굽이 높은 아이들은 앞으로 조심하라고 하셨다. 교장 선생님께서 단속을 철저히 하시겠다고 하신다. 나는 그중 귀걸이 한 애들에 속한다. 학교에서는 귀걸이를 절대 안 하겠다고 스스로 결심했다. 선생님 말씀대로 우리는 지금 멋 낼 때가 아니다. 멋은 커서 좋아하는 사람이 생겼을 때 멋 내고 꾸미면 된다. 지금은 순수한 그 마음과 얼굴을 보존하고 나중에 커서는 염색도 하고 멋 낼 거다. 생각하면 할수록 선생님 말씀이 다 옳다. 지금은 공부만 할 때인 것 같다. 지금부터 교장 선생님의 눈에 안 거슬리도록 하겠다. 학생은 단정해야 하는데 나는 귀걸이를 좋아해 좀 단정하지 못한 것 같다. 우리 반 애들 머리 색깔이 좀 갈색과 빨간색이 있는데 그건 코팅 파마라서 머리 색이 달라진 거다. 우리 반에 염색한 애들은 없는데 코팅 파마한 애들은 조금 많다. 이제부터는 더욱더 단정하게 할 거다.

10월 29일 목요일

〈꽃을 만들자!〉

오늘은 1교시가 바로 미술 시간이다. 나는 종이접기 책, 녹색 테이프, 색종이, 꽃술, 꽃바구니를 가져오고, 영빈이는 색종이, 나은이는 꽃술을 가지고 왔다. 또 세영이는 잎, 꽃을 가지고 왔다. 우리는 하나씩 순서대로 만들기 시작하였다. 영빈이는 남자인데도 색종이 접기를 아주 잘한다. 영빈, 나은, 세영이가 꽃을 제일 많이 만들었고 나는 색종이가 부족하여 많이 만들지 못했다. 꽃을 다 만든 후 이제 철사를 꽃술에 묶어 꽃 가운데 (중심)에 푹 집어넣어 꽃바구니에 하나씩 가득 채우기 시작했다. 꽃이 모자라면 또 접어 만들며 바구니 빈 곳을 가득 채웠다. 나는 운희네 분단에서 학을 조금 얻어와 장식하여 예쁘고 아름답게 꾸몄다. 바구니에 꽃이 가득 차니 더욱 예쁘다. 와~ 미술 선생님께 검사받았다. 그런데 최선을 다해 예쁘게 만들었는데 합동 작품이라 억울하게도 점수가 없다는 것이다. '띠용!'

10월 30일 금요일

〈선생님께 드릴 말씀〉

선생님 저 보라예요. 저는 예전부터 발표를 많이 안 해 선생님이 시키시면 말이 안 나와 큰 창피를 당한 적이 한두 번 있어요. 그런데 자꾸 내 차례만 오면 떨리고 또 말 더듬겠지 하는 생각이 나고 그래요. 선생님께서 나에게 책을 읽으라고 하실까 봐 불안해서 일부러 선생님 눈 안 마주치고 엉뚱한 페이지를 펼쳐 놓고 내 짝과 잡담해요. 그래서 선생님 설명을 잘 못 들어요. 예전에도 그랬어요. 그때도 말이 잘 안 나오더라고요. 그래서 선생님이 시키시면 너무 떨려서 대답을 못 하겠어요. 그런데 지금은 조금씩 많이 나아지고는 있는데 저도 내가 왜 말을 더듬는지 모르겠어요. 다른 애들은 안 그런데 나 혼자만 그래서 내가 싫어요. 말 더듬을 때와 떨리는 것 때문에 수업 말씀을 못 들어 공부를 못하나 봐요. 하기도 싫고…요. 선생님이 일부러 발표 안 시키시는 것도 아는데, 저는 알면서도 왜 그러는지 모르겠고… 제 입장에는 발표를 안 시키는 게 좋고 편해요. 하지만 나를 위해서는 말을 더듬더라도 선생님께서 자꾸 시켜 고쳐야 하는데… 저도 모르겠어요. 교탁으로 나가면 더 심해져요. 그런데도 선생님께서는 저를 칭찬하시고 엄마께 좋게 말씀해 주셔서 선생님께 감사의 말씀 드려요. 조금은 엄하시지만 내 생애 제일 기억에 남는 선생님으로 기억되리라 생각해요. 공부를 못해도 친절히 잘 대해주시는 우리 임경아 선생님이 저는 좋아요. 저는 말괄량이고 말도 잘 안 듣는데 항상 친절하게 잘 대해주시다니… 아~ 그리고 제가 선생님 얼굴을 자꾸 쳐다본 건, 선생님이 너무 좋고 아름다우셔서 쳐다본 거예요. 그러니 오해하지 마시고 이상하게 생각하지 마세요. 그리고 선생님은 그냥 옷보다 정장이 제일 잘 어울리세요. 왜냐면 더 젊어 보이고 아주 잘 어울리시니까요. 만약 제가 커서 'TV는 사랑을 싣고'에 나가면 선생님을 꼭 찾을 거예요. 늙으셔도요. 선생님은 국악과 소설을 많이 아시는 훌륭하고 똑똑하신 분이지요. 제가 선생님 말씀 잘 안 듣는데도 언제나 잘해 주셔서 늘~ 감사하고요. 6학년 때도 담임 선생님이 되시면 좋겠어요. 선생님 사랑해요. 그리고 무지무지 선생님이 좋아요. -보라 올림-

10월 31일 토요일

〈유진이 언니 생일〉

'생일 축하합니다~ 생일 축하합니다' 오늘은 유진이 언니 생일이다. 하지만 언니 생일은 우리 집에서 나 이외에 아무도 모른다. 나도 언니 생일을 몰랐다가 조금 전에 알았는데 식구들이 언니 생일을 기억하지 못하니 무척 섭섭한 눈치다. 미리 알았으면 돈 모아 생일 선물을 미리 준비할걸~ 그래서 후회가 막심하다. 언니에게 선물을 주지 못해 나는 미안한 표정으로 언니의 얼굴을 쳐다보았다. '띠용' 웬 쇼핑 가방? 자세히 보니 언니의 친구들이 사 준 선물들이다. 옷, 립스틱, 인형, 현금, 속옷, 18K 목걸이, 팔지, 반지 등 언니가 환히 웃는 모습을 보니 나도 덩달아 기분이 좋았다. 나는 언니에게 못 사줘 미안한데… 친구들이 저녁도 사 주고 선물도 주고 언니가 환히 웃으니 말이다. 언니는 나에게 해준 게 많은데 나는 선물을 주지 못해 자꾸 마음에 걸린다. 한집에 사는데 생일을 늦게 알아서 선물도 못 해주고… 언니는 너무 착해서인지 인기가 많아 친구들이 많이 축하 하나 보다. 언니는 오늘이 기쁘고 즐거운 날 중의 날일 거다. 언니가 매일 지금처럼 밝게 웃으면 좋겠다. 왜냐하면 보는 사람도 좋고 또 즐겁기 때문이다.

1998년 11월~1999년 1월 일기

11월 1일 일요일 - 11월 30일 월요일

11월 1일 일요일
〈할아버지, 엄마 감사해요!〉
11월 2일 월요일
〈우리 학교 도서실〉
11월 3일 화요일
〈교감 선생님 말씀〉
11월 4일 수요일
〈줄넘기〉
11월 5일 목요일
〈어제 일 때문에 기분이 엉망〉
11월 6일 금요일
〈운동화〉
11월 7일 토요일
〈소중한 친구 지연이〉
11월 9일 월요일
〈내 머리 어때요?〉
11월 10일 화요일
〈뽑기〉
11월 11일 수요일
〈빼빼로 데이〉
11월 12일 목요일
〈좋고 재미있는 노래를 들으며〉
11월 13일 금요일
〈음악 평가〉
11월 14일 토요일
〈이의정이 입고 다니는 조끼〉
11월 16일 월요일
〈일기장 내는 날〉
11월 17일 화요일
〈내일은 9시 40분까지 등교래〉
11월 18일 수요일
〈겨울 풀 (시)〉
11월 19일 목요일
〈하얀 눈을 보며〉
11월 20일 금요일
〈귀뚜라미 울음소리 (시)〉
11월 21일 토요일
〈아빠와 엄마가 함께 오셨네!〉
11월 22일 일요일
〈카드와 편지지〉
11월 23일 월요일
〈핑클 테이프〉
11월 24일 화요일
〈수학 경시 대회〉
11월 25일 수요일
〈엄마가 사주신 하얀 내 모자〉
11월 26일 목요일
〈지연이네에서 잠을…〉
11월 27일 금요일
〈운희와 싸움〉
11월 28일 토요일
〈슬픈 Story (시)〉
11월 29일 일요일
〈우리 집 감나무〉
11월 30일 월요일
〈11월이여~〉

12월 1일 화요일 - 12월 31일 목요일

12월 1일 화요일
〈날씨가 춥다〉

12월 2일 수요일
〈지형이와 포토 사진〉

12월 3일 목요일
〈호박죽〉

12월 4일 금요일
〈이모할머니께서 편찮으시다〉

12월 5일 토요일
〈유자차〉

12월 6일 일요일
〈카드 쓰느라고 바쁘다 바빠〉

12월 7일 월요일
〈봉금이 생일이 곧 온다〉

12월 8일 화요일
〈외할머니께 드릴 학〉

12월 9일 수요일
〈봉금이 생일〉

12월 10일 목요일
〈귀가 아프다〉

12월 11일 금요일
〈서울시립교향악단〉

12월 13일 일요일
〈SES가 새 노래 부르다〉

12월 15일 화요일
〈겨울 방학 생활계획표〉

12월 16일 수요일
〈민혜의 요리 솜씨〉

12월 17일 목요일
〈미술 시간에 크리스마스카드를 만들다〉

12월 18일 금요일
〈외식〉

12월 19일 토요일
〈겨울 방학이다〉

12월 20일 일요일
〈실컷 먹자! 뽑기를…〉

12월 21일 월요일
〈학원에서 새로운 친구가 오다〉

12월 22일 화요일
〈봉사활동〉

12월 23일 수요일
〈문산〉

12월 24일 목요일
〈크리스마스이브〉

12월 25일 금요일
〈메리 크리스마스〉

12월 26일 토요일
〈샤프 예쁘네〉

12월 27일 일요일
〈깨끗하다 내 가방〉

12월 28일 월요일
〈송유선과 김현진이 놀러 오다〉

12월 29일 화요일
〈지킬 박사와 하이드 책〉

12월 30일 수요일
〈운희와 보라가 오빠에게 쓴 편지〉

12월 31일 목요일
〈붉은 주황색 감〉

1999년 1월 1일 금요일 - 1월 31일 일요일

1월 1일 금요일
〈새해구나! 새 각오와 새 다짐!〉

1월 2일 토요일
〈대전 외할머니 집〉

1월 3일 일요일
〈외할머니네서 출발〉

1월 4일 월요일
〈언니가 웬일이지?〉

1월 5일 화요일
〈호용이 아저씨와 정미 아줌마〉

1월 6일 수요일
〈오빠는 뭐할까?〉

1월 7일 목요일
〈이집트 전시회〉

1월 8일 금요일
〈편찮으시다. 누가? 이모할머니〉

1월 9일 토요일
〈아니! 이모할머니께서 집에 오시다니!〉

1월 10일 일요일
〈유선이와 현진이가 웬일?〉

1월 11일 월요일
〈수경아, 너희 집에서 숙제하자!〉

1월 12일 화요일
〈신민혜, 오래간만이네!〉

1월 13일 수요일
〈문구박사에서 일하는 언니 흉보기〉

1월 14일 목요일
〈마지막 장〉

1월 15일 금요일
〈나는 그동안 뭘 했지?〉

1월 16일 토요일
〈오늘 하루를 지연이네서〉

1월 17일 일요일
〈고마워, 지연아!〉

1월 18일 월요일
〈새 옷〉

1월 19일 화요일
〈새 핀과 귀걸이〉

1월 20일 수요일
〈한문 공책 좀 봐〉

1월 21일 목요일
〈드래곤 책방〉

1월 22일 금요일
〈삐삐와 휴대폰〉

1월 23일 토요일
〈상은, 지연, 나〉

1월 24일 일요일
〈농업박물관〉

1월 25일 월요일
〈수경이 따라 볼링장〉

1월 26일 화요일
〈다연이가 왔네!〉

1월 27일 수요일
〈현진이와 나는 서로 똑같다〉

1월 28일 목요일
〈롯데월드〉

1월 29일 금요일
〈사진〉

1월 30일 토요일
〈상은이와의 하루〉

1월 31일 일요일
〈방학 숙제란?〉

2월 1일 월요일

〈겨울 풀 (시)〉

눈 쌓인/ 논두렁/ 볕받이// 속잎 겉잎/ 잎 잎마다/ 초록 피가 돌아 눈부신/ 겨울 풀 한 그루// 아가 손처럼 쥐어도 보고 싶다/ 병아리처럼 손에 올려놓고도 싶다// 봄/ 빨리 왔으면 좋겠다.

2월 2일 화요일

〈개학식〉

오늘은 학교에 가는 아주 중요한 날이다. 뭐! 할 수 없이 일찍 일어나 과제물 정리를 검토하고 일찍 준비해 들뜬 마음으로 8시 5분에 금약국으로 갔다. 상은이가 안 나와 상은이 집까지 가서 상은이와 함께 학교로 갔다. 개학이 별로 실감이 안 난다. 내내 룰루랄라~ 놀다 학교에 가니 머릿속에는 시험, 공부, 숙제, 발표, 생각밖에 안 난다. 다른 아이들은 어떻게 지냈을까? 궁금하고 왠지 들뜬 마음이다. 어느새 역촌 초등학교에 왔다. 우와~ 아이들이 모여 있고 별별 친구들을 다 만났다. 나 혼자 학교 왔으면 어떨까? 하는 생각도 해 봤다. 내 예상과는 달리 왁자지껄 시끌벅적 소리와 함께 아이들이 5-3반 교실에 모였다. 선생님이 오셔서 제 자리에 앉아 과제물을 꺼내고 개학식을 시작했다. 짧은 시간에 과제 제출하고 알림장만 적고 일찍 끝났다. 수업 끝! 나는 친구들과 함께 집에 왔다. 방학이 비록 41일간이지만 재미있게 잘 보냈고, 내일부터 수업에 들어가니 싫고 아쉽다. 그래도 오랜만에 친구들과 선생님을 보니 반갑고 기쁘다.

2월 3일 수요일

〈연신내! 누구랑? 운희, 운희 언니, 나〉

운희는 학교 끝나고 자기 언니와 연신내로 간다고 했다. 나는 2시 30분쯤 재빨리 준비하고 운희네로 가 운희와 운희 언니, 나 이렇게 세 명이 연신내로 갔다. 걸어 걸어서 드디어 도착! 힘들었는데 눈이 번쩍 떠진다. 사람들 사이를 뚫고 「헤이데이」로 들어가 구경을 실컷 했다. 예쁘거나 사고 싶은 물건은 하나도 없었다. 운희 언니만 친구 생일 선물을 샀다. 우리는 살 게 없어 돌아다니다가 연신내 핀 전문점으로 들어가 구경하다 4,000원 주고 구슬 실핀과 일자로 된 큐빅 박힌 핀을 각각 1쌍씩 샀다. 무슨 핀 1개가 1,000원, 1,500원, 2,000원인지 모르겠다. 너무 비싸다! 1쌍이면 으잉~ 1개보다는 1쌍이 더 예쁜데 비싸다. 운희와 운희 언니도 예쁜 핀을 사고, 우리는 포토 스티커를 찍고 와플을 먹었다. 돌아다니는 것은 춥고 힘든데, 구경하고 사는 순간의 기쁨은 나를 기분 좋게 한다. 소중한 나의 핀! 너무 예쁘다.

2월 4일 목요일

〈이모할머니 빨리 회복되세요〉

우리 이모할머니께서는 갑자기 쓰러지셔 병원에 입원하셨다가 효과가 없어 그만 퇴원하셔 집으로 오셨다. 그동안 여러 병원을 두루 다니셨는데 병원에서는 건강에 이상이 없고 왜 그러는지 이유를 모르겠다고만 말한다고 하셨다. 그런데 어느 다른 병원에서 약을 지어서 드시고서야 회복이 조금 되었다. 또 언제 쓰러지실지 몰라 사고뭉치인 나는 뛰거나 말을 크게 하는 것이 금지되었다. 오늘 갑자기 이모할머니께서 몸이 더 안 좋으시다. 그 이유는 아침에 아줌마들이 놀러 와 장시간 있다가 가셔서 더 몸이 안 좋으시다. 왜 그러시는지 원인을 몰라 고칠 길 없고 '그냥 약을 드시며 안정해야 한다'고 병원 의사 선생님께서 말씀하셨다. 그런데 오늘 온종일 몸이 안 좋으셨는데, 밤 9시쯤 방에 들어가 주무시려던 이모할머니께서 갑자기 일어나시려다 힘이 빠져 도로 앉으셨다. 나는 그 자리에서 부추겨 누우시도록 하고 이불과 베개를 갖다 놓았는데 이모할머니께서 '내가 왜 이러지' 하시며 눈물을 흘리셨다. 나는 그 순간 해 드릴 것이 없어 눈물을 닦아 드린 후 내 방으로 조용히 왔다. 눈물 흘리는 이모할머니 모습이 자꾸 내 마음을 아프게 한다. 이모할머니 빨리 회복되셔야 해요! 아프지 말고 빨리 건강해지셔야 해요. 제발 제발 제발요~ 하나님! 우리 이모할머니를 지켜주시고 안 아프게 해주세요~

2월 5일 금요일

〈소식이 빠르네!〉

어제 엄마한테 전화가 왔는데 나는 기분이 꿀꿀 하였다. 어제 이모할머니께서 몸이 편찮으시다는 소식을 전화로 엄마께 말씀드렸는데 '알았다'라고 하시더니 이게 웬일? 오늘 엄마가 오신다고 전화 주셨다. 나는 그 순간 깜짝" 놀랐다. 놀란 이유는 내일 일찍 백화점으로 출근하셔야 하는데 여기 오시면 백화점 출근이 늦어지고 그만큼 일을 못 하시는데… 그것도 평일에 오신다는 것은 엄마가 너무 힘드시다. 쉬는 날 오시면 모를까? 이 먼 곳까지… 그렇게 생각하고 있는 순간 "띵동" 엄마가 오셨다. "뜨아" 그 말이 사실이라니… 나는 그냥 장난이라고 생각한 게 실제로 일어났다. 우리는 저녁밥을 함께 먹고 엄마는 이모할머니와 잠시 말씀하시고 너무 피곤하셨는지 금방 주무셨다. 운전을 2시간 해서 나를 보러오고, 70~80명이나 언니들에게 월급 주느라 온종일 다리가 아프게 뛰어다니며 일하시는 우리 엄마! 얼마나 피곤하신지 오신 지 얼마 안 되어 주무셨다. 무척 힘드셨나 보다. 내일도 엄마는 아침 일찍 백화점으로 출근하셔야 한다. 잠자는 엄마를 보니 안쓰러운데 함께 자니 행복하고 기분이 매우 좋다.

2월 6일 토요일

〈서오릉 도리원〉

이모할아버지께서 오래간만에 외식하자고 말씀하셨다. 나는 깜짝 놀라 "이모할아버지 웬일로 외식이에요?" 하고 여쭈어보았다. 이모할아버지께서는 빨리 갈 준비하라고 하셨다.'이모할머니께서 갈비가 먹고 싶다고 하셔서 이모할머니 덕분에 외식하는 거다' 라고 말했다. 아~ 신난다. 우리는 차를 타고 서오릉으로 출발했다. 서오릉으로 간 한 가지 이유는 거기는 갈비로 유명할 뿐만 아니라 이모할아버지 친한 친구분이 운영해서 서오릉으로 갈비 먹을 때는 그곳으로 간다. 드디어 도착! 우리는 서오릉 도리원을 두리번거리며 찾았는데 도리원은 거의 안 보이는 뒤쪽에 있다. 도리원으로 들어가 먼저 숯불갈비 4인분을 시키고 나오는 동안 언니, 나, 이모할머니, 이모할아버지는 야채 샐러드를 먼저 먹었다. 드디어 으와~ 숯불갈비네! 숯불갈비를 맛있게 배부르게 먹고 음료수인 콜라도 마셨다. 맛있게 배불리 먹고 우리는 차를 타고 집에 왔다.

2월 7일 일요일

〈내 머리가 달라졌다〉

나는 일요일인데 심심해하며 그냥 할 일 없이 집에만 있었다. '따르릉따르릉' 전화는 계속 울려 전화를 받으니 지연이가 함께 놀자고 전화한 거였다. 지연이 엄마 미용실로 가서 지연이와 놀다가 지연이 엄마에게 내 앞머리를 잘라 주시고 뒷머리는 약간 다듬어 달라고 부탁드리니 내 머리를 가위로 '싹둑싹둑' 순식간에 잘라주셨다. 아~ 앞머리와 뒷머리를 너무 많이 자른 느낌이 팍팍~ 온다. 내일 학교에 어떻게 갈까? 얘들의 반응은? 놀리거나 이상하다고 하지 않을까? 내 머리 이상한데 어떡하지? 내 머릿속에는 온통 짧은 머리로 걱정이 가득하다. 나는 짧아진 내 머리로 속상했는데 정성껏 잘라주신 지연이 엄마에게 차마 말할 수 없었고 속마음과 달리 이쁘게 잘라주셔서 감사하다고 말하고 나왔다.

2월 8일 월요일

〈상장이 2개?〉

나는 내 머리가 이상하다는 생각에 앞머리를 가리고 오느냐고 정신없었다. 그런데 아니 어째 이런 일이… 담임선생님께서 몇 명 아이들 이름과 내 이름을 부르셨다. 나는 앞으로 나가 우수상 상장 1개와 저축 최우수 상장 1개 이렇게 2개의 상장을 받았다. 저축 상장은 1반에 단 1명에게만 주는 아주 좋은 상장이다. 집에 와서 이모할머니, 이모할아버지, 언니에게 보여드리니 잘했다고 칭찬도 해주시고 무척 기뻐하셨다. 아~ 오래간만에 상장받으니 기분이 무척 좋다. 머리 때문에 스트레스를 받았어도 상장 덕분에 기분 좋은 일이 무지무지 많이 있었다.

2월 9일 화요일

〈빵〉

우리 집에는 빵이 아주 많다. 이모할아버지 누님께서 주신 빵이다. 이 빵에는 건포도와 밤이 있다. 버터를 발라 전자렌즈에 넣고 몇 분 있다가 빵을 보면 버터 바른 게 녹아 노랗게 된다. 그리고 또 다른 빵은 롤빵인데 3종류의 빵을 먹었다. 나는 아침에는 주로 빵을 먹고 학교에 간다. 그러나 배가 고플 때, 밥 먹은 뒤 후식, 심심할 때, 밤에 TV 볼 때도 빵을 자주 먹는다. 롤빵보다 빵에 건포도와 밤이 들어 있는 것을 좋아한다. 롤빵은 길고 많이 먹어야만 배부르고 끝맛이 약간 이상하다. 하지만 빵에 건포도와 밤이 있는 건 조금만 먹어도 배부르며 색이 곰팡이 색 같아도 버터를 발라 녹여 먹으면 진짜 맛있다. 내일 아침은 건포도와 밤이 있는 빵을 먹을 거다. 음료수는 우유다. 우리 집은 빵이 너무 많은데 5개 있던 빵이 2개로 줄어든 걸 보니 신기할 뿐이다.

2월 10일 수요일

〈봉금, 운희, 나랑 연신내로〉

봉금, 운희, 나는 연신내에 가기로 약속하여 운희 동네 산타페에서 만나기로 했다. 나는 부지런히 돈을 챙기고 산타페로 쌩~ 하고 달려갔다. 우리 3명이 연신내로 갔다. 길을 건너 요리조리 바쁘게 간 끝에 드디어 도착했는데 아이고! 연신내 찾아가는 길은 정말 복잡하다. 연신내에 온 우리는 먼저 헤이데이를 구경하였다. 여기 온 이유는 딱 한 가지! 운희 생일이 2월 13일이라 생일 선물을 미리 사러 온 거다. 이리저리 둘러보는데 편지지에 부적 스티커가 있고 예쁜 물건이 무지무지 많아 전부 다 사고 싶었다. 하지만 뭐! 운희가 마음에 들어 하는 물건이 없는 것 같아서 나 혼자 몰래 나와, 핀 전문점에서 파란색 S자로 큐빅 박힌 머리띠와 달 모양 핀으로 가운데 큐빅이 있는 달 핀 1쌍을 사고 상아 색깔에 테두리는 흰색인 곱창 1개를 샀다. 포장을 하고 돈을 계산하니 5,500원이 나왔다. 나는 입술 사탕 2개를 사고 아이스크림을 먹으면서 다시 걸어서 집에 왔다. 밖은 무척 추워 집에 얼른 들어가 편지 3개와 아까 산 입술 사탕 2개를 운희에게 주려고 포장한 곳에 같이 넣었다. 생일 선물을 준비하니 이제야 좀 마음이 놓인다.

2월 11일 목요일

〈몸이 아프다〉

학교가 끝나고 학원으로 갔다. 집에 오는데 갑자기 막 몸이 아프기 시작했다. 다행히 집 근처에 있어 아픈 몸을 이끌고 집에 빨리 왔다. 집에 들어오자마자 이불 속에 누워 있었다. 나도 모르는 사이 몸이 으슬으슬 추우면서 콧물도 나오고 열이 나기 시작했다. 갑자기 내 얼굴은 빨간색이 되며 식은땀이 흘렀다. 나 나름대로 안 아파지려고 애써도 몸이 말을 듣지 않았다. 7시에 이모할머니께서도 아프신데 나보고 밥을 먹으라고 하셨다. 나는 아픈 몸을 이끌고 나가 부엌에 가서 자리에 앉는데 머리가 어지러웠다. 내가 좋아하는 콩나물국을 조금 먹고 밥은 한 숟가락 먹자마자 토했다. 어제 먹었던 바나나와 아이스크림 때문에 아픈 것 같다. 내일 학교 가는데 얼른 다 나서 건강해지면 좋겠다. 온종일 누워만 있었다. 아직도 끙끙~ 너무 아프다.

2월 12일 금요일

〈저금통〉

나는 단소부의 진이 언니와는 그냥 알고만 지내는 사이인데 진이 언니가 내게 자꾸만 졸업 선물을 사 달라는 거다. 나는 망설이다가 1,500원짜리 기다란 저금통 1개를 문구박사에서 사 집에 왔다. 진이 언니는 친하지도 않고 나에게 해준 것도 없는데, 생각해 보니 산 게 후회가 되기도 하고 친구들도 '주지 마'라고 말했다. 고민하다가 나는 내가 소유한 저금통이 미키마우스 큰 저금통밖에 없기에 그냥 내가 가지기로 마음먹고 저금하기로 했다. 이제 앞으로 만날 일도 없을 거고, 산 게 후회가 되지만 내가 잘 활용하면 어쩌면 돈 낭비가 아니라는 생각도 든다. 아~ 딸기 공주 그림인데 저금통 중에는 제일 예쁜데 긴 모양의 핑크색이다. 이제부터 이 저금통에 사고 남는 거스름돈을 열심히 저축할 거다. 앞으로 얼마나 가득 돈이 모여지나 기대해 보시라니까요!

2월 13일 토요일

〈운희의 생일 파티〉

아침부터 운희에게 줄 생일 선물과 편지를 가방에 챙기고 허겁지겁 학교에 왔다. 운희의 생일 파티는 학교 수업이 끝나고 곧 열린다. 그러므로 미리 선물을 사 두고 챙겨 학교에 가지고 와야 한다. 또 허락도 미리 받아야 한다. 나는 모든 게 다 완벽하게 갖추어져 있다. 오늘은 토요일이라 땡! 학교 수업이 일찍 끝났다. 나는 학교가 끝나고 친구들과 함께 선물을 들고 분식점으로 가 떡볶이 2인분과 뽑기를 먹었다. 그러고 나서 학교 아동대기소에서 생일 선물을 주기로 해 아동대기소로 우리는 쌩~ 하고 뛰어갔다. 깜짝 놀라게 폭죽을 터트리며 포장한 사탕 2개를 주었더니 운희는 '이게 뭐야' 하고 기절초풍했다. 나는 다시 눈 스프레이를 뿌리며 진짜 선물을 주었다. 내가 준비한 선물은 머리띠, 핀 1쌍, 곱창 5,500원짜리~ 친구 중에 내가 제일 비싼 선물을 한 것이다. 운희는 내 선물을 받고 감동의 눈물을 흘리고 편지는 집에 가서 읽겠다고 했다. 우리 모두 '생일 축하' 노래를 부르며 진심으로 축하해 주고. 봉금이 집 근처 놀이터 쪽으로 향했다. 우리는 해가 질 무렵까지 놀이터에서 땅따먹기, 얼음 땡, 바이킹, 거미줄, 천사의 키스, 미끄럼틀, 88 열차 놀이하며 재미있게 놀다 보니 어느덧 시간이 다 갔다. 음료수로 목을 축이며 각자 헤어졌는데 오늘 이쁜 추억 한 페이지를 만든 것 같다.

2월 14일 일요일

〈밸런타인데이〉

오늘은 여성이 사랑하는 남성에게 초콜릿을 주며 사랑을 확인하는 날로 발렌타인 데이다. 작년에는 여자애와 남자애들이 서로 초콜릿과 사탕을 주고받았는데 요번에는 반이 갈라져 따로 만나든지 반으로 찾아가는 수밖에 없다. 나는 줄 사람도 없고 돈이 아까워 아무에게도 주지 않았다. 어차피 못 받는 것 돈 낭비라고 생각했기 때문이다. 특별히 좋아하는 사람이 없으면 친구에게 주던지 혼자 먹는 것이 좋다. 초콜릿 장사들이 돈 벌려는 속셈으로 만든 날 같다.

2월 15일 월요일

〈블루마블〉

오늘은 심심한데 뭘 할까? 곰곰이 생각하던 도중 봉금이한테 전화가 왔다. 나는 나갈 준비를 하고 만나러 산타페로 뛰어갔는데 봉금이가 늦게 나왔다. 우리는 마땅히 갈 곳이 없어 봉금이 집으로 갔다. 우리는 블루마블을 꺼냈다. 이야! 이건 이름조차 블루마블이다. 원래는 도둑잡기, 둘리 등등의 게임의 이름이 블루마블인데 같은 이름이라니! 이름이 특이하다. 이 블루마블은 주사위 2개 던져서 합해 몇 칸씩 가는데 땅의 이름이 있다. 그 땅을 사서 빌딩, 호텔, 별장 등등을 지으면 누군가 그 땅의 건물과 땅을 산 사람에게 시세에 따라 돈을 주는 게임이다. 시간 가는 줄도 모르고 우리는 열심히 블루마블을 했다. 땅을 많이 산 내가 이겼다. 해가 질 무렵이라 집에 허겁지겁 달려오니 정각 5시다. 우와~ 오늘도 알차게 재미있게 보냈다.

2월 16일 화요일

〈노래방〉

오래간만에 엄마가 오셨다. 금방 오신 엄마는 이모할아버지와 얘기하시고 저녁 7시에 안방에서 나오시더니 언니가 음식 차리는 걸 열심히 도와주셔 부엌일이 후다닥 금방 끝났다. 저녁을 먹고 언니, 나, 엄마 우리 셋은 뭘 할까? 생각하고 있는 도중 엄마가 '우리 스트레스 풀려면 노래방 가서 스트레스 풀면 안 될까? 우리 노래방으로 갈까?' 하고 말씀하셨다. 언니와 나는 엄마의 의견에 찬성해 노래방으로 가기로 했다. 잠깐! 그런데 돈을 누가 낼까? 문제다. 곰곰이 생각해 보니 아까 친척이 오셔 내가 돈을 많이 벌었으니 내가 노래방 비용을 내기로 하고 즐거운 마음으로 노래방에 들어갔다. 1,200원을 내고 8번 방에 들어가 신나게 노래를 불렀다. 나는 'Steal away, Dreams come true, 프러포즈, 오락실'을 목소리 높여 신나게 부르고 음료수도 마시니 아~ 스트레스가 풀리고 기분이 너무 좋다. 다음에 또 오기로 약속하고 노래방에서 선물로 주신 수건 2개를 받아 집에 왔다. 엄마가 오셔서 덕분에 너무 재미있는 하루가 되었다.

2월 17일 수요일

〈아빠가···〉

엄마는 하룻밤을 나와 함께 주무시고 아침밥 드시고 좀 있다가 11시쯤 차를 타고 출근하셨다. 가신 지 10분 후 '따르릉' 소리가 마루에 울려 퍼졌다. 전화를 건 분은 우리 아빠였다. 아빠는 '1시간 후에 도착한다.'라고 말씀하셨다. 아쉽고 아깝다! 엄마가 늦게 출근하셨으면 아빠, 엄마, 나 셋이 있을 수 있는데 시간이 안 맞다. 아빠는 오시는 길이 밀리시는지 벌써 1시간이 지나고 2시간이 지난 1시! '빨리 오시면 좋겠다.'라고 생각하던 중 '띵동' 그렇게 기다리던 아빠의 얼굴이 인터폰에 보이기 시작하더니 금방 들어오셨다. 아빠가 오시니 그냥 마냥 좋기만 할 뿐이다. 아빠가 용돈을 주셨는데 얼른 '고맙습니다.' 하고 말하였다. '상 받은 얘기' 등등을 얘기하다 보니 벌써 3시! 아빠는 '또 볼일이 있어 빨리 가야 한다.'라고 하시며 3시쯤 가셨다. 엄마와 함께 자고 아빠도 오시니 기분이 좋다. 이제 1999년 새해는 부모님 말씀 잘 듣고 존댓말 하는 착한 딸이 되어 효도하고 상장을 많이 받아 기쁘게 해드릴 거다. 아빠 ♡사랑해요.

2월 18일 목요일

〈불광시장〉

나는 민혜와 136-1 버스를 타고 민혜 엄마 가게로 갔다. 민혜가 세뱃돈 받을 걸로 꼬꼬마 텔레토비 인형 '뽀'를 사겠다고 하여 민혜 엄마에게 허락받고 함께 불광시장으로 갔다. 민혜 엄마 가게는 불광시장과 아주 가까워 5분도 채 안 걸린다. 불광시장에 들어가니 생선 냄새가 진동한다. 또 많은 물건이 여기저기 있어서 이리저리 구경하며 꼬꼬마 텔레토비 인형 '뽀'를 찾았다. 그런데 여기는 너무 비싸 밖으로 나가 꼬꼬마 텔레토비 인형 '뽀'를 샀다. 조그맣고 소리 안 나는 걸로 샀다. 민혜는 좋아 죽는다. 어! 이제 민혜 엄마 가게에 가서 간다고 인사하고 집으로 가야겠다. 민혜 엄마가 음료수와 아트라스를 주셔 집으로 가는 길에 민혜와 맛있게 먹었다.

2월 19일 금요일

〈엄마의 선물〉

엄마가 저녁 7시에 출발하여 8시이나 9시쯤에 도착하신다고 말씀하셨다. 나는 7시쯤 미리 저녁밥을 먹고 엄마는 8시에 오셔 식사하시고 나에게 예쁜 시계 2개, 용돈 30,000원, 하트 상자에 담긴 초콜릿을 가방에서 꺼내 '선물'이라고 주셨다. 나도 엄마께 저축상, 우수상장 2개를 선물로 드렸더니 아주 기뻐하셨다. 조금 후 언니에게도 용돈 30,000원을 주셨는데 언니는 그 돈으로 5,000원짜리 ABC 초콜릿과 5,000원짜리 ABC 과자를 사와 덕분에 맛있게 먹었다. 엄마는 TV를 보시다 피곤하신지 씻고 일찍 주무셨다. 오늘 밤도 엄마와 내방에서 함께 자니 기분이 좋고, 엄마가 평일에 오시니 오늘이 꼭 일요일 같다. 나는 잠자는 엄마의 얼굴을 찬찬히 보니 많이 피곤하신 모습이다. 엄마와 함께하는 이 시간이 너무 소중하고 안 심심해서 너무 좋다.

2월 20일 토요일

〈친구와 영풍문고에 갔다〉

오늘 봄 방학이라 일찍 끝나 수경, 상은이와 함께 영풍문고로 가기로 약속했다. 1시까지 만나기로 하여 부지런히 준비하고 박성원 크라운 베이커리로 나갔다. 수경, 상은이와 152번 버스를 타고 영풍문고로 갔는데 우와! 여기는 영풍문고! 우리는 얼른 들어가 새로 발간된 책들을 구경했다. 나는 6학년 1학기 국, 수, 사, 자 합쳐진 문제집을 사려고 하는 데 없어 사지 않았다. 우리는 아래층으로 내려가 액세서리와 학용품을 구경했는데 수경이와 나는 머리띠를 샀고 내 머리띠는 흰색이며 큐빅이 박혀있다. 다시 학용품 쪽으로 가서 샤프 1개, 은색 펜 1개, 빨간 볼펜 1개, 전화번호 수첩 1개, 스카치테이프 1개, 화이트 1개를 먼저 계산하고 공책 파는 데로 이동하여 중·고생 노트 5권을 샀다. 공책들이 쓰기 아까울 정도로 너무 예쁘다. 나오는 길에 콜라를 마시고 152번 버스를 타고 다시 집에 왔다. 영풍문고에 사람이 무척 많아 복잡했어도 이쁜 물건들을 사고 나니 기분이 아주 좋다.

2월 21일 일요일

〈봄 방학〉

오늘부터 봄 방학이다. 3월 2일부터 6-10반으로 곧바로 올라간다. 휴~ 2년 동안 같은 아이들과 있어 더 친해졌는데 또다시 헤어진다는 사실이 너무 슬프다. 시간이 이대로 멈추면 좋겠다. 나, 봉금, 운희와 우리는 앞으로도 항상 자주 만나고 우정 변치 말자고 약속했다. 이 약속이 영원하길 나는 바란다. 아~ 얼마 전 겨울 방학을 맞이했고 얼마 안 지나서 봄 방학이라 너무 좋다. 하지만 봄 방학이 왔음에도 딱히 할 일이 없어 오늘은 처음으로 낮잠을 잤다. 어제 성적표를 이모할머니, 이모할아버지께 보여드렸는데 '좀 더 열심히 하라'시며 그래도 칭찬해 주셨다. 칭찬해 주시니 너무 기쁘고 더 잘해야겠다고 마음먹었다. 나는 칭찬받으면 더 잘 보이고 싶어 열심히 하는 성격이다. 이번 봄 방학에 뭘 할까? 생각 중이다. 뭐! 재미있는 일이 있으면 하는 생각이 잠시 들었는데, 재미있는 일은 자기 스스로 만드는 게 최고다. 이제 곧 6학년이 된다고 생각하니 실감이 안 난다.

2월 22일 월요일

〈성필이 오빠에게〉

편지지가 없어 세뱃돈 받은 것으로 새 편지지 사기로 마음먹었다. 이 동네에 예쁜 편지지 파는 곳이 문구 박사라고 생각이 들어 3,000원을 가지고 문구 박사로 가서 1,000원짜리 딸기 공주 편지지와 200원짜리 엽서 2장을 샀다. 집에 와서 곰곰이 생각해 보니 '오빠에게 쓰는 것이 좋겠다'라고 생각이 들어 일본(동경)에 있는 오빠에게 편지를 썼다. 할 말이 너무나 많아 2장이나 썼다. 오빠에게 쓴 편지를 이모할머니께 드리고 뒤돌아서 안방을 나가려는 순간, 나를 부르시더니 이 편지지가 예쁘다고 1장만 달라고 하셔서 딸기 공주 편지지 1장을 이모할머니께 드렸다. 오늘 2시쯤 편지와 소포를 일본(동경) 오빠에게 붙였다. 나는 오빠가 일본에서 열심히 공부하여 많이 깨닫고 유식해진 모습으로 내가 중1이 되는 해에 만나길 기대한다.

2월 23일 화요일

〈모든 일기장 정리〉

오늘은 1학년부터 5학년까지 쓴 일기장을 한꺼번에 묶기로 하였다. 1학년 때 쓴 일기장을 그 당시 추억들을 생각하며 대충대충 보고 2권이기에 아주 짧은 끈으로 묶었다. 2학년 일기장은 6권으로 1학년 때 쓴 일기장보다 공책 수가 많다. 검은색 긴 끈을 찾아 이모할아버지와 송곳으로 뚫고 끈으로 묶었다. 우와~ 3학년 때 일기장은 2개 더 많은 8권이고 어느새 글씨체가 이런(곧은) 글씨로 바뀌었다. 3학년부터 5학년까지는 권 수가 많고 글씨체도 많이 바뀌었다. 일일이 끈으로 계속 묶고 송곳으로 뚫느라고 힘들었다. 나는 도와드릴 뿐 힘드신 건 정작 이모할아버지다. 드디어 1학년부터 5학년까지 일기장을 다 묶었다. 휴~ 훨씬 보기 좋고 깔끔하다. '진작 이렇게 해 놓을걸!' 하고 생각이 들었다. 일기장 묶는 김에 5학년 공책과 책 등등을 폐품으로 내놨다. 한 학기 올라갈 때마다 버릴 것도 많고 새로 살 것이 많다. 6학년 되면 아낌없이 꾸준히 일기를 쓸 거다. 그리고 6학년에는 최선을 다해 열심히 하리라 다짐하고 또 다짐한다.

2월 24일 수요일

〈맞춤 수학 6-1〉

나, 운희, 봉금이 우리 셋은 앞으로 정신 차려 열심히 공부하기로 약속하였다. 우리는 현대서점에 들어가 표준 전과를 먼저 사고 이달 학습 3월 호를 샀다. 나는 집에 와서 공부하다 수학을 집중으로 해야 한다는 운희의 말이 갑자기 생각이 나서 다시 현대 서점에 가 맞춤 수학이 우리 수준에 맞고, 문제도 적당하고 책 질도 좋고 해서 '맞춤 수학 6-1'로 6,000원 주고 샀다. 오늘은 서점에 왔다 갔다 해서 미처 공부를 못해 내일부터는 열심히 해야겠다.

2월 25일 목요일

〈영어 (The clever Rabbit)〉

이제 윤선생 영어를 배운지 딱 2년이 되었다. 이제까지 한 거 보면 신기하기도 하지만 이제 더 열심히 계속해야겠다는 생각이 든다. 윤선생 영어 선생님께서는 일주일에 1번 방문하시고 일주일에 5번 전화하신다. The Clever Rabbit (배고픈 호랑이와 꾀 많은 토끼의 한판 승부!) 다. 하면 할수록 조금 어려운데 테이프와 책이 한 권으로 영어로 되어 있는 이야기다. 영어 공책에 2번 써야 하고 테이프를 들으며 뜻을 한글로 써야 한다. 계획표대로 하는 건데 전화로 관리하니 안 하면 전화로 혼난다. 너무 힘들고 어려운데 다행히 노래가 섞여 있어 재미는 있다. 이 상태에서 배우다 끊으면 다시 또 시작할 때 ABC부터가 아니라 테스트를 다시 해야 하기에 실력을 계속 보존해야만 한다. 그러니 끊기가 무섭다. 하지만 몇 날이고 쉴 수 있는데 그 대신 진도가 떨어진다는 점을 각오해야 한다. 영어책과 테이프 가격은 한 달에 30,000원인데 진도에 따라 다르기에 값이 정해진 것은 아니다. 나는 지금 Hi, kids! 1권 The Cleves Rabbit를 한다. 비록 어려워도 자꾸 쓰다 보니 영어 체도 바뀌고 열심히 노력해서인지 너무 재밌다.

2월 26일 금요일

〈6학년 책들〉

봉금이 동네는 책 크기의 책 비닐이 5장에 500원이라고 하는데 우리 동네 문방구는 5장에 1,200원을 받는다. 책을 책 비닐로 싸야 하는데 하고 생각하다가 봉금이에게. 돈을 주고 책 비닐 좀 사달라고 부탁하려고 한다. 마침 오늘 봉금이 집에서 맞춤 수학을 푸는 날이라 '옳지 잘 됐다!' 싶어 얼른 준비하고 산타페로 나갔다. 산타페에서 봉금이와 운희를 만나 봉금이 집으로 가 맞춤 수학을 열심히 다 풀었다. 그러다 보니 으잉~ 3:30 과외 학원 갈 시간이 되어 5분 동안 시험 문제를 마무리하고 봉금, 운희와 문방구에서 책 비닐 1,500원어치를 사고 과외 학원으로 갔다가 집에 왔다. 집에 와서 이모할아버지와 내 방에서 책 비닐로 책을 쌌다. 가위로 자르고 테이프로 붙이고 힘들게 책 15권을 모두 다 쌌다. 우와! 책을 다 싸놓으니 깔끔하고 보기 좋다. 앞으로 1년 동안 열심히 정신 차려 공부해야겠다. 책을 싸고 나니 기분이 좋다.

2월 27일 토요일

〈외할머니네에 간다고…〉

아침 11시 엄마가 오늘 외할머니네 갈 거니까 준비하고 있고 1시 30분에 도착한다고 말씀하셨다. 나는 후다닥 가방에 맞춤 수학, 필기도구, 일기장, 책받침과 가서 입을 옷, 시계, 손거울, 미니 휴지를 영아트 가방에 챙겨 넣었다. 그리고 예쁜 머리핀과 예쁜 옷으로 갈아입고 엄마를 기다렸는데, 1시 20분에 엄마가 오셔 곧바로 엄마 차를 타고 대전 외할머니네로 출발했다. 엄마와 둘이 휴게소에서 통감자와 버터구이 오징어를 먹으며 가는데 3.1절 연휴라 차가 막혀 7시간 뒤 밤 9시에 대전 외할머니댁에 도착했다. 엄마는 휴게소에 딱 1번 들리고 7시간 운전하셨는데 엄마의 얼굴은 전혀 피곤해 보이지 않고 행복해 보인다. 나는 대전에 도착하여 빨랑빨랑 씻고 개를 볼 새도 없이 외할아버지께 인사를 드리고 코를 골며 곤히 잤다.

2월 28일 일요일

〈대전에서 서울로〉

엄마가 오늘 중요한 약속이 있다고 일찍 대전에서→ 서울로 가야 한다고 말씀하셨다. 아침 일찍 상쾌한 공기를 마시려고 넓은 마당으로 나가 아침 체조하고, 외할아버지 따라 개밥 주고 개 3마리와 놀며 시간을 보냈다. 개들이 너무 귀엽고 예뻐 시간 가는 줄 몰랐고, 마당 한 바퀴 돌고 들어와 손 닦고 새우탕, 삼겹살, 김치 등등을 먹고 TV 조금보다 시간이 없어 짐을 챙겨 차에 싣고, 외할아버지께 '안녕히 계세요? 하고 인사한 후 바로 서울로 출발했다. 으잉! 대전→서울로 오는 데는 3시간밖에 안 걸렸다. 어제는 7시간 걸리더니… 엄마는 이모할머니 집에 나를 무사히 내려주시고 바로 출근하셨다.

3월 1일 월요일

〈3.1절, 명동으로〉

3.1절의 하루가 시작되어 아침 일찍 마당 앞에 태극기를 매달아 놓았다. 언니가 6학년 올라가는 기념으로 나가자고 하여 무작정 나갔다. 언니와 나는 좌석버스를 타고 명동에 내려 롯데백화점으로 들어가 구경했다. 우리는 찻길 건너 명동으로 갔는데 야~ 사람이 무척 붐비고 어지럽다. 여기저기 들어가 액세서리를 구경하다 머리띠 사고, 인형 가방을 구경하다 학교 가방도 사고, 한문 공책과 파란색, 초록색 펜도 사고- 속옷(팬티)도 샀다. 언니도 나름대로 언니 바지와 구두 등을 샀다. 우리는 파파이스로 가 음료수(사이다)를 마시고, 치킨, 콘, 치즈, 감자튀김도 실컷 먹고 즐겁게 돌아다녔는데 막상 집에 오니 다리가 아프고 몸이 힘들다.

6학년

1999년

6학년 일기를 보아요. 보라는 시도 쓰고 편지도 쓰면서

몸도 쑥, 마음도 쑥쑥 자란 걸 알 수 있죠.

자신을 돌아보고 친구를 배려하고 선생님 가르침을 따르고

부모님과 돌봐주신 분들께 깊은 감사를 드리는 보라를 만날 수 있죠.

곧 중학생이 되는 보라의 각오도 담았답니다.

3월 2일 화요일

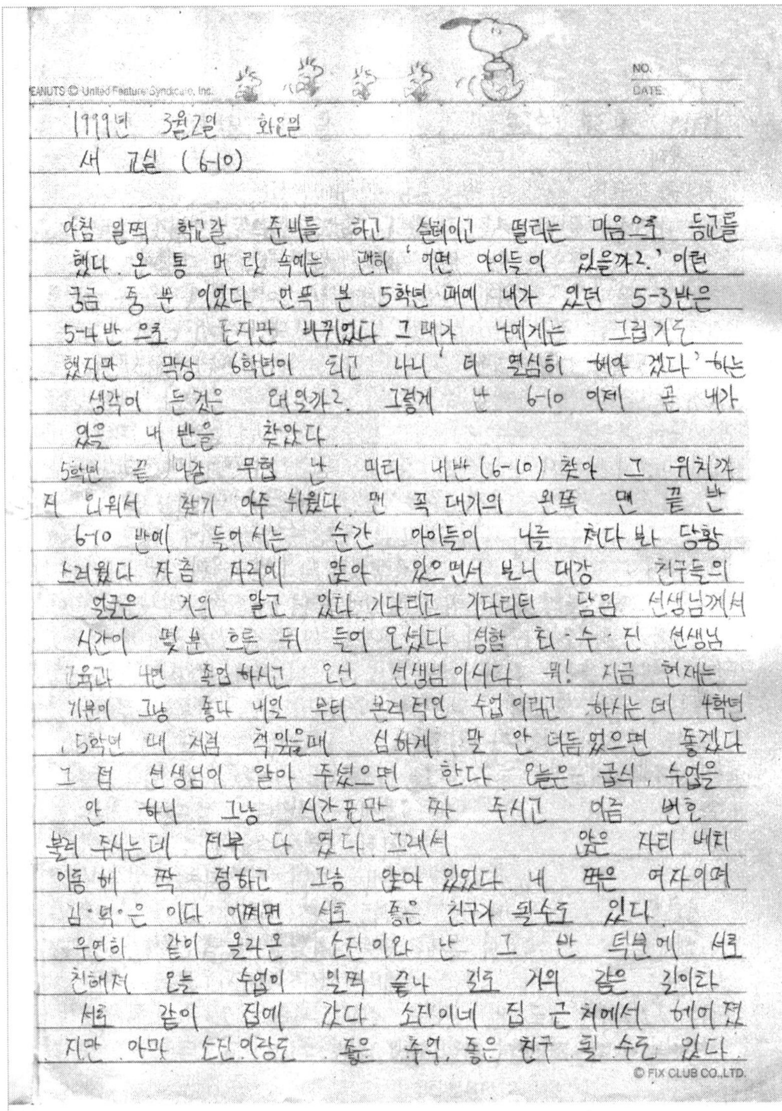

1999년 3월2일 화요일

새 교실 (6-10)

아침 일찍 학교갈 준비를 하고 설레이고 떨리는 마음으로 등교를 했다. 온 통 머 리 속에는 괜히 '어떤 아이들이 있을까?' 이런 궁금 증 뿐 이었다. 언뜻 본 5학년 때에 내가 있던 5-3반은 5-4반 으로 표지만 바뀌었다 그 때가 나에게는 그립기도 했지만 막상 6학년이 되고 나니 '더 열심히 해야 겠다' 하는 생각이 든것은 왜일까?. 그렇게 난 6-10 이제 곧 내가 있을 내 반을 찾았다.

5학년 끝 나갈 무렵 난 미리 내반(6-10) 찾아 그 위치까지 외워서 찾기 아주 쉬웠다. 맨 꼭 대기의 왼쪽 맨 끝 반 6-10 반에 들어서는 순간 아이들이 나를 쳐다봐 당황스러웠다 자즘 자리에 앉아 있으면서 보니 대강 친구들의 얼굴은 거의 알고 있다 기다리고 기다리던 담임 선생님께서 시간이 몇분 흐른 뒤 들어 오셨다 성함 최·수·진 선생님 교육과 4년 졸업 하시고 오신 선생님 이시다. 뭐! 지금 현재는 기분이 그냥 좋다 내일 부터 본격적인 수업 이라고 하시는데 4학년, 5학년 때 처럼 적었을때 심하게 말 안 더듬었으면 좋겠다 그 럼 선생님이 알아 주셨으면 한다. 오늘은 급식, 수업은 안 하니 그냥 시간표만 짜 주시고 이름 번호 불러 주시는데 전부 다 였다. 그래서 앉은 자리 배치 이름 써 짝 정하고 그냥 앉아 있었다 내 짝은 여자이며 김·덕·은 이다 어쩌면 서로 좋은 친구가 될수도 있다.

우연히 같이 올라온 소진이와 난 그 반 덕분에 서로 친해져 오늘 수업이 일찍 끝나 길도 거의 같은 길이라 서로 같이 집에 갔다 소진이네 집 근처에서 헤어졌지만 아마 소진이랑도 좋은 추억, 좋은 친구 될 수도 있다.

〈새 교실(6-10반)〉

아침 일찍 학교 갈 준비를 하고 설레고 떨리는 마음으로 등교했다. 머릿속에는 온통 '어떤 아이들이 있을까?' 이런 궁금증뿐이었다. 언뜻 본 내가 있던 5-3반은 5-4반으로 표지만 바뀌었다. 그때가 나에게는 그립기도 했는데 막상 6학년이 되고 나니 '더 열심히 해야겠다.' 하는 생각이 드는 건 왜일까? 그렇게 나는 앞으로 내가 다닐 6-10반을 찾았다. 5학년 끝 나갈 무렵 미리 내 반(6-10반)을 찾아 그 위치를 외운 탓에 찾기가 아주 쉬웠다. 맨 꼭대기의 왼쪽 맨 끝 6-10반에 들어서는 순간 아이들이 나를 쳐다봐 당황스러웠다. 자리에 앉아 주위를 살펴보니 친구들의 얼굴이 익숙하다. 기다리고 기다리던 담임 선생님께서 몇 분 흐른 뒤 들어오셨다. 최수진 선생님으로 교육과 4년 졸업하시고 오신 선생님이시다. 뭐! 지금은 기분이 마냥 좋다. 내일부터 본격적인 수업이라고 하시는데 4학년, 5학년 때처럼 책 읽을 때 심하게 말을 안 더듬으면 좋겠다. 나의 단점을 선생님이 알아주셨으면 한다. 오늘은 수업을 안 하니 그냥 시간표만 짜 주시고 이름과 번호를 불러 주시는 게 전부였다. 그래서 앉은 자리에서 이동해 짝 정하고 그냥 앉아 있었다. 내 짝은 여자이고 김덕은이다. 어쩌면 서로 좋은 친구가 될 수도 있다. 우연히 같이 올라온 소진이를 만났는데 집으로 가는 방향이 같은 길이라 함께 집으로 갔다. 소진이네 집 근처에서 헤어졌는데 아마 소진이와도 좋은 추억, 좋은 친구가 될 수도 있다.

3월 3일 수요일

〈문제 써오기〉

학교 수업이 끝나고 나는 재빨리 6-2반 1층으로 내려가 봉금이와 운희를 기다렸다. 오늘 맞춤 수학을 봉금, 운희, 나 셋이 하는 날인데 오늘 윤선생 영어 선생님께서 1시 30분쯤에 오셔 우리 집에서 문제집 푸는 것은 약속이 취소되었다. 그 대신 한 사람 앞에 25문제를 종이에 써오라고 하셨다. 교과서 (수학) 중 5문제, 맞춤 수학에서는 20문제를 써오고 해답을 써오기로 했는데 이게 다 돌아가면서 하는 거다. 집에 오니 2시인데 윤선생 영어 선생님께서 4시에 오신다고 하여, 그때 동안 문제 쓸려고 연습장을 꺼내 3장을 뜯어 옆에 표준전과 수학과 맞춤 수학을 꺼내 놓고 종이에 문제를 쓰기 시작했다. 1문제당 2문제를 쓴다. 25문제를 쓰다 보니 팔과 손가락이 힘이 빠지고 힘들다. 나는 정성을 들여 25문제를 3번 다 썼다. 휴우~ 엄청 힘들고… 뭐! 학원에서 오고부터 한 거 같다. 그걸 마저 다 끝내고 다시 숙제하려고 하니 진짜 힘들다. 오늘은 TV도 못 보고 숙제를 졸릴 때 한 탓에 오늘은 조금만 하고 내일 할걸… 괜히 오늘 들뜬 마음으로 하다 요렇게 되었다. 너무 힘들어 도저히 못 쓰겠다. 나는 조금 전에 머릿속에 '써야 한다는 생각' 밖에 없었던 것 같다. 몸은 힘들어도 숙제해서 기쁘고, 나 혼자 만든 걸로 2명(운희, 봉금)이 한다고 생각하니 힘이 들어도 끝내서인지 기분이 좋다. 비록 오늘 내가 힘들어도 다음에는 다른 1명이 힘드니 공평하고 똑같다.

3월 4일 목요일

〈정혜수와 나는 같은 반〉

정혜수와 나는 3학년 때 같은 반으로 제일 친한 친구 사이다. 1학년이 높아지면서 3학년 책을 모두 다 폐품 처리하다 보니 책에 적은 주소와 전화번호가 함께 없어져 혜수에게 그동안 전화 한번 못 했다. 어쩌다 만나면 '안녕'이라고 인사만 했을 뿐 만날 기회와 얼굴 볼 기회가 없어 그 후 자연스럽게 우리는 헤어졌다. 우연히 혜수와 내가 6-10반이 되어 다시 친해졌다. 나는 혜수를 다시 만난 후 결심했다. 혜수와 앞으로는 절대로 헤어지지 않겠다고… 학교 수업이 끝난 후 혜수와 함께 놀려고 우리 집에 왔다. 와! 이게 얼마 만인지 모르겠다. 혜수와 컴퓨터를 하려고 보니 마우스가 고장 나서 컴퓨터 게임은 결국 못하고 '뭐! 할까?' 생각하다가 A4용지에 자기소개를 썼다. 그리고 함께 그림을 그렸다. 4명이나 5명이 있으면 피구 등등 이런 놀이를 할 수 있는데… 소중한 친구가 딸랑 1명만 있으니 재미있는 놀이는 할 수 없고, 그렇다고 숙제를 할 수도 없다. 그 이유는 오늘은 학교 숙제가 없기 때문이다. 혜수와 나는 만화를 A4용지에다 그렸다. 혜수가 녹번동으로 이사 가서 그동안 자주 만나지는 못했어도, 같은 반이라 예전 그 우정을 다시 돌이켜 보는 것도 좋다고 생각한다. 오늘부터 혜수와 좀 더 친해지고 편지도 서로 같이 쓸 예정이다. 혜수와 나는 서로 오고 가며 놀기 위해 전화번호와 주소 등을 적었다. 혜수는 변하지 않은 그때 그 얼굴인 것 같다. 너무 좋다.

3월 5일 금요일

〈미술 시간〉

오늘 수업에 미술 과목이 있다. 그래서 준비물을 가방에 챙기고 바쁘게 학교로 뛰어갔다. 나는 미술을 좋아한다. 썩 잘 그리는 편은 아니지만 내 생각에는 소질이 있다고 생각한다. 나는 만화 이런 건 못 그리지만 풍경화 이런 것은 아주 잘 그린다. 하필 오늘 미술 수업이 3교시부터 4교시까지 그림 그리는 거라 시간이 오래 걸려 시간을 더 주어야 한다고 생각한다. 다른 교과서가 끝나고 드디어 미술 시간이다. 스케치북 대신 도화지를 펴고 도화지에 먼저 HB연필로 밑그림을 그렸다. 주제는 물놀이로 밑에 물을 그리고 물속에는 물고기, 그물, 바위, 미역 등등을 그려 놓고 물 위에는 폭포, 폭포 옆에는 언니와 동생 각각 1명씩 해서 2명을 그려 놓았다. 또 다른 배경은 고동색 큰 바위다. 자~ 이제 연필을 집어넣고 색칠 작업에 들어갔다. 파스텔과 물감을 이용해 색칠하였는데 거의 물감이 많이 들어갔다. 아니! 이런… 4교시가 끝나갈 무렵인데 아직 색칠을 다 못해 혜수와 덕은이의 도움으로 바탕을 초록색, 연두색, 보라색을 붓으로 찍어 끝내는 완성했다. 나는 그림을 들고 뒤에 가서 핀으로 꽂고 다시 내 자리로 와 앉았다. 미술을 하고 나니 주위가 아주 더러워 빨리 청소했다. 미술 시간이 너무 짧아 빨리 색칠하다 망칠 수 있으니 시간을 많이 주셨으면 한다. 미술을 하고 나니 재미있고 기분도 좋고 또 깨끗이 치우니 보기 좋다. 다음에도 미술을 또 하면 좋겠다.

3월 8일 월요일

〈선생님께 드리는 편지〉

담임 선생님께! 선생님 안녕하세요? 저는 보라예요. 선생님! 저는 선생님께서 6-10반에 들어오셔 저희 담임 선생님을 맡으셔서 얼마나 기뻤는지 몰라요. 저는 6학년이 되기까지 젊고 예쁘신 선생님이 단 한 번도 된 적이 없었는데, 우연히 그게 우리 반 최수진 선생님이세요. 우리 담임 선생님께서는 숙제 안 해온 애들을 혼내지 않으시고 말로 해결하셔서 저는 너무 깜짝 놀랐어요. 나는 현재 6-10반이 된 게 너무나 기뻐요. 선생님께서 저를 어떻게 생각하실지 모르지만 저는 선생님이 좋고 너무나 자랑스러워요. 선생님! 그거 아세요? 제가 선생님이 너무 좋다 보니 가족들에게 자랑했어요. 모두가 똑똑하고 훌륭한 선생님이시라고 하시던데요. 선생님! 저 결심했어요. 뭐냐고요? 1년 동안 선생님 말씀 잘 듣고 열심히 공부하려고 해요. 선생님! 저를 1년 동안 잘 좀 부탁드립니다. 저는 선생님에 대해 잘 모르는데 저에 대해 조금 알려 드릴게요. 제가 못하는 과목은 사회와 국어예요. 사회를 잘못하는 이유는 역사가 많이 나오는 게 싫고요. 또 국어는 이해를 잘 못 해요. 그리고 선생님! 저요… 4학년 5학년 때는 발표할 때 떨려서 말을 더듬었어요. 지금도 가끔가다 그러는데 그 점 이해해 주시고, 애들이 놀리면 '하지 마'라고 주의 주세요. 선생님은 한사람에 1줄씩 읽게 하시니 더듬지 않아 너무 좋아요. 그런데 왜 제 차례만 오면 떨릴까요? 선생님이 가르치시는 공부요. 정말 효과가 만점이에요. 그리고 선생님! 시험 대신 숙제 내주셔서 너무 좋아요. 선생님께서는 학교에 처음 와 아이들을 가르치시니 힘드시죠? 선생님 이럴 때일수록 힘을 내세요. 파이팅! 선생님 ♡사랑해요. -보라 올림-

3월 9일 화요일

〈감기에 걸렸다〉

요즈음 나는 감기에 걸린 것 같다. 어제부터인가 갑자기 목이 아팠다. 침을 삼킬 때 목이 엄청 아팠다. 그때부터 기침을 많이 했고 콧물이 조금 나온다. 어제 아침부터 목소리가 이상하고 기침을 심하게 하고, 콧물도 많이 나오고 몸이 춥고 머리가 어지럽다. 가끔 괜찮다가도 차가운 공기를 맞으면 아픈 증상이 온다. 오늘 학교에 와 보니 감기 걸린 아이들이 많은데 그중 나도 포함된다. 학교 갔다 집에 오니 감기 증상이 더 심해졌다. 아침보다 지금은 아주아주 아프다. 어지럼 때문인지 눈이 자꾸 스르르 감기고 열이 난다. 몸이 무거워 몸을 이끌고 돌아다니는 게 오늘따라 아주 힘들다. 나는 오늘 하루종일 기운이 없어 학원 숙제와 학교 숙제를 대충 하기로 마음먹었다. 대충 끝내고 저녁을 먹는데 내가 그렇게 좋아하는 반찬도 입맛이 없다. 8시쯤 언니가 나 대신 수강 약국에 가서 약을 사 와서 밥 먹고 30분 뒤에 감기약을 먹었다. 시간이 흐른 지금 약간 괜찮아진 것 같아 다행이다. 내일은 안 아프면 좋겠고 역시 아플 때 걱정해 주는 건 가족뿐이다. 이럴 때는 꼭 가족 생각이 난다. 아플 때 서로 걱정해 주시는 이모할머니, 이모할아버지, 언니, 엄마, 아빠께 감사드린다. 이 감기가 남에게 옮기지 않고 하루빨리 나아 건강하게 이리저리 다니면 좋겠다. 감기는 무서운 것 같다.

3월 10일 수요일

〈정은, 덕은, 은혜와 함께〉

오늘 우리 집에서 정은, 덕은, 은혜와 2시 40분쯤 사회 숙제하기로 약속하여 정은, 덕은, 은혜가 우리 집에 왔다. 오~ 이런! 그때 나는 운희, 봉금이와 1시~2시에 끝내기로 약속하고 맞춤 수학을 풀고 있었는데, 운희 반이 늦게 끝나 황당한 일이 벌어지고 말았다. 덕은, 정은, 은혜는 빵을 먹고 마당에서 놀며 나를 기다렸고, 나는 3시가 되어 재빨리 사회 전과를 꺼내 커다란 상위에 놓았고 필통과 A4용지를 꺼냈다. 운희, 봉금이에게 미안하다고 말하고, 우선 정은, 덕은, 은혜와 사회 조사하기로 했다. 어찌 이런 일이~ 내 백과사전이 안 보인다. 그래서 미안한 마음으로 정은이의 백과사전으로 공부하게 되었다. 맨 위에 사회 조사 '6-10반 16번 이보라'라고 쓰고 부여, 고구려, 옥저, 동예, 삼한 이렇게 간추려 썼더니 간신히 A4용지 한 장을 채웠다. 휴~ 다행이다. 운희와 봉금이에게 너무 미안해도 나는 사회 조사를 할 수밖에 없었다. 왜? 내일까지이고 숙제이니까? 운희와 봉금에게 미리 말할 틈조차 나지 않아 그냥 정신없이 했다. 마침내 정은, 덕은, 은혜와 사회 조사를 끝마치고 자율 학습지를 또 열심히 풀었다. 그림도 그리고 글씨도 ㄱ ㄴ ㄷ 쓰고 이렇게 바쁘게 시간이 흘러갔고, 시간이 부족해 운희와 봉금이를 미처 못 데려다주고 마침내 숙제를 끝마쳤다. 1시~2시에 끝내기로 한 약속을 지키지 못하고 운희와 봉금이를 기다리게 해서 너무 미안했고 집까지 바래다주지 못해 자꾸 마음에 걸린다. 하지만 나는 이번 기회로 정은, 덕은, 은혜와 친해질 수 있는 계기를 만든 것 같다.

3월 11일 목요일

〈스타 달력〉

엄마가 선물이라고 말씀하시며 뭔가를 꺼내셨다. 우와! 이것은 스타가 그려져 있는 스타 달력이다. 내가 좋아하는 걸 주시니 너무 기뻤다. 스타 달력에는 스타가 몇 명씩 그려져 있고, 또 스타의 모습이 머리부터 발끝까지 나오기 때문에 달력이 옆으로 클뿐더러 또 세로도 아주 길다. 그러니 보기와 다르게 아주 무겁다. 스타 달력을 더 일찍 1/1날 가져다주셨으면 더 좋았을 텐데… 라고 생각했는데 그래도 주신 것만으로도 감사드리고 만족한다. 스타 달력 맨 앞 장에 1999. Calendar. Happy New Year이라고 쓰여 있다. 자! 이제 속을 보겠다. 너무 예쁘다. 1월은 쿨, 2월은 김현정, 3월은 신화, 4월은 베이비 복스, 5월은 HOT, 6월은 Deep(딥), 7월은 이본, 8월은 젝스키스, 9월은 SES, 10월은 이현우, 11월은 RUMORS, 12월은 핑클 이렇게 되어 있다. 스타의 모습이 자리를 많이 잡아 날짜는 아주 밑에 물결 모양~식으로 쓰여 있다. 스타 달력이 생겨 하늘을 날아갈 정도로 기쁜데… 이걸 어디에다가 걸까? 생각 중이다. 부피가 커서 마땅히 놓을 자리도 없고 그렇다고 안 보고 모셔두긴 안 좋고… 내가 좋아하는 걸 가진다고 다 해결되는 건 아닌가 보다. 엄마 덕분에 예쁘고 멋진 스타 달력을 가져서 무지무지 좋긴 좋은데 마땅히 놓을 곳이 없으니… 으아~ 될 대로 되라지? 뭐! 오늘은 시간이 너무 늦었고 내일은 친구들에게 스타 달력 자랑해야지! 사랑하는 엄마! 고마워요~

3월 12일 금요일

〈참새 친구 (보라 시)〉

아침마다 우리 집 마당 단풍나무에 참새들이 날아와 살그머니 앉는다. 참새들은 뭐가 그리 좋은지 서로 재잘거리며 노래 부른다. 가방을 메고 학교 가는 길! 나도 참새처럼 재잘재잘 노래 부르며 즐거운 소리로 친구에게 행복을 전한다.

3월 15일 월요일

〈컴퓨터 부〉

나는 내 컴퓨터에 입력된 것만 하고 그 외에는 컴맹이다. 우 헤헤~ 그래서 이번에 컴퓨터 학원을 가려고 생각 중이었다. 그런데 선생님께서 방과 후 상설 특활 부에 대하여 말씀하셨다. 그중 영어 부, 바이올린 부, 종이접기 부, 회화 공작부, 한자 부, 수학 경시 부, 단소부, 문예부 가운데 컴퓨터 부가 있는 것이다. 나는 재빨리 컴퓨터 부에 손을 번쩍 들었는데 내 짝 등등의 우리 반 아이들은 거의 다 손을 들었다. 내 마음은 그때 두근거렸다. 떨어지면 안 된다는 생각이 들었고 우리는 가위, 바위, 보 대신 제비뽑기를 하였다. 나는 원래 가위, 바위, 보를 못 하는데… 휴~ 다행히 빛나가 너무 좋았다. 운에 맡긴다고 뽑은 쪽지가 O일 줄이야! 우와~ 그 순간 나는 무지무지 기뻤다. 결국 여자 2명, 남자 2명 총 4명이 컴퓨터 부가되었다. 선생님께서 99 특기 적성 교육 시간표를 나눠 주셨다. 나는 시간표를 받고 학교 수업이 끝나고 집에 갔다가 4시가 되어 컴퓨터 부로 들어갔다. 들어가서 선생님 얼굴을 보고 말씀을 들었는데, 오늘은 첫날이라 수업은 안 하고 그냥 끝났다. 아~ 다른 친구들 대신 내가 되었으니 친구들에게 미안한 마음을 가지며 열심히 친구 몫까지 열심히 하겠다. 이제 월, 수, 목, 금, 일주일에 4번 온다. 그래서 학원 시간을 바꾸었다. 그래도 다행인 건 컴퓨터 부에 아는 애들이 많다는 거다. 아~ 숨이 막힐 정도로 너무 기분이 좋아 하늘로 두둥실 날아가고 싶을 정도로 아는 친구들이 있어 좋다. 돈도 싸고 절약할 수 있어 나에게는 일석이조다. 그 많은 경쟁자를 뚫고 배울 수 있는 행운이 나에게 와 너무 좋다. 1학기 동안 절대로 빠지지 않고 열심히 배워 컴퓨터를 잘하겠다. 나의 작은 바람이 이루어져 너무나 좋다.

3월 16일 화요일

〈개교기념일〉

오늘은 '아주 자랑스러운 날' 우리 역촌 초등학교의 개교기념일이다. 그래서 오늘은 우리 학교가 처음 만들어진 뜻깊은 날이다. 그러므로 오늘은 학교에 안 간다. 이런 기회가 많이 만들어지면 너무 좋겠다. 히히~ 생각만 해도 좋네! 너무 좋아 어제와 마찬가지로 하늘로 날아가겠다. 3월에는 그것도 평일에 2번 쉬는 게 된다. 3.1날, 3.16날 이틀이나 쉬는데 더 많이 쉬면 그것은 욕심이겠다. 왜냐면 일요일도 쉬니까! 개교기념일에 쉬니까 뭘 할까? 생각 중이다. 마침 그때 지연이와 상은이가 생각나서 상은이에게 전화하니 상은이는 지금 집에 아무도 없어 지연이네로 가 있어야 한다는 것이다. 그래서 내가 같이 연신내를 가자고 하니 '그럼 지연이는 어떻게 하냐? 고 상은이가 물었다. 나는 그냥 같이 가자고 했더니 상은이가 지연이한테 물어본다고 하더니 그러자고 상은이가 찬성했다. 그런데 이때 하필 다른 친구한테 전화가 와 상은이 보고 다시 전화하라고 했다. 하지만 몇 시간이 지나도 전화는 오지 않았다. 마침 김미주한테 전화가 왔는데 같이 놀자는 거다. 그런데 우리 집에서 놀자는 거다. 지금 우리 집에 아무도 없어 나도 나가야 하는데… 그냥 상은이 전화를 기다리기로 하고, 안 된다고 말하고 계속 상은이 전화를 기다렸는데 안 왔고 전화를 해도 집에 없었다. 결국 연신내를 못 가고 상은이 전화만 기다리느라 친구와도 못 놀고 있다. 다행히 언니가 와 집에 있을 수는 있었지만 온종일 집에 있었다. 전화해 달라고 부탁도 여러 번 했는데 전화도 안 하고, 밖에서 아무리 바쁘게 놀아도 그렇지! 전화라도 해 줘야 다른 친구랑 놀 텐데… 오늘은 온종일 집에만 있었다.

3월 17일 수요일

〈새로 산 귀걸이〉

학교에서 집에 오자마자 엄마가 어디 좀 가자고 말씀하셨다. 나는 밖에 나갈 준비를 하고 엄마 차에 타고 어디론가 갔다. 어디 가냐고 여쭈어보니 엄마는 잠자코 가만히 있으라고만 말씀하셨다. 어디로 가냐고요? 몇 분이 흘러 어디론가 차가 멈추더니 엄마와 나는 내렸다. 아니 여기는 바로 연신내다. 연신내에 차 댈 때가 없어 귀금속 전문점 ONIX 앞에 차를 세워 놓고 나를 귀금속 전문점 ONIX로 데리고 들어갔다. 엄마는 나에게 예쁜 귀걸이를 고르라고 말씀하셨다. 나는 귀걸이가 매달려 있는 것이 예쁘다고 말하니, 엄마는 그거 1개와 예전에 잃어버린 14K 반쪽을 사주셨다. 휴~ 다행이다. 잃어버린 귀걸이를 다시 살 수 있으니 너무 기분이 좋다.

언니가 첫 월급 타서 사 준 귀걸이를 잃어버려 언니에게 미안했는데… 내가 봐도 나는 욕심이 많다. 내가 잘못해 잃어버린 걸 채우려고 하니 욕심이 진짜 많다. 귀걸이 한 짝만 구하기 힘든데도 불구하고 그 귀걸이가 없다고 짜증이나 부리고. 세상의 모든 걸 가질 수 없는데도 말이다. 이쁜 귀걸이와 잃어버린 귀걸이를 함께 사 주신 엄마께 감사드린다. 내 잘못으로 잃어버렸는데도 꾸지람 한번 안 하시고… 우리 엄마는 내가 갖고 싶어 하는 건 무조건 다 사주시는 참 고마우신 분이다. 이제부터 내 물건 간수 못하면 내 손해니 열심히 잘 챙기고 잃어버리지 않도록 주의하겠다.

3월 18일 목요일

〈무슨 클럽을 들까?〉

담임 선생님께서는 칠판에 독서부 3명, 만화 부 2명, 종이접기 부 4명, 한자 부 1부 4명, 한자 부 2부 4명, 종이 공작부 3명, 방송부 1명, 과학 발명부 1명, 육상기구 부 1명, 회화 부 3명, 서예부 3명, 합창부 3명, 조리부 3명을 전부 다 적어 주셨다. 나는 처음에 회화 부가 영어로 대화하는 게 회화 부인 줄 알았다. 그런데 한 학년 올라오면서 그제야 회화 부가 그림 그리는 부라는 것을 알았다. 이 많은 부 중에 무슨 부를 들까? 생각 중이다. 나는 종이접기 부와 회화 부는 다녀 보았고, 나머지는 아직 한 번도 배우지 않았다. 6학년이 나에게는 초등학교 마지막 1년이니 그동안 한 번도 배우지 않고 재밌고 특별한 걸 배워볼 생각이다. 물론 열심히 해야 하는 건 나도 알고 있다. 덕은이는 무슨 부를 들까? 나는 곰곰이 생각해 보고 덕은, 정은이와 의논한 결과 함께 합창부에 드는 것으로 결정했다. 만화 부를 들고 싶어도 2명이라 안 되고, 육상기구 부는 육상부와 같이해 싫고. 회화 부는 내가 전에 해 봤고, 조리부는 우리 아름다우신 담임 선생님이 하셔서 하고는 싶은데 비용이 많이 들 것 같아 고민되고… 나, 덕은, 정은이는 합창부, 조리부, 만화부, 수예 부를 하기로 이렇게 의논 후 결정했다. 나는 우리 담임 선생님이 조리부를 하셔서 너무 좋다. 얼굴도 세상에서 제일 예쁘시고, 마음씨도 세상에서 제일 예쁘시고, 제일 젊으신데 거기다가 요리까지 잘하시다니… 와~ 대단하시고 훌륭한 우리 담임 선생님이시다. 6학년 10반이 된 게 나에게는 행운이자 영광이다.♥

3월 22일 월요일

〈학급신문〉

오락부, 포도청, 체육부, 학급 신문부 Ⅰ, 학급 신문부 Ⅱ 중 나는 학급신문 Ⅱ에 손을 들었다. 담임 선생님께서는 저번 주에 학급신문 Ⅱ를 만든다고 말씀하셨는데 그날이 오늘이다. 은혜는 나보고 2시 30분까지 학교로 오라고 하여, 나는 집에 갔다가 집이 가까운 소진이와 만나 함께 학교 교실로 갔다. 아이들은 이미 자리에 앉아 있어 소진이와 나도 얼른 자리에 앉아 학급신문 Ⅱ를 '어떻게 만들까?'를 생각한 후 결정했다 먼저 학급신문 Ⅱ의 제목을 정하기로 의논했다. 여러 보기가 나왔는데 `우리들의 세상'으로 제목을 정하는 거로 결정하고, 큰 종이에다 위에는 학급신문이라 쓰고 그 밑에다 SES 노래 옛 이름. 꽃들의 꽃말 유머 시리즈, 앙케트 조사 등을 사인펜으로 적고 색연필로 예쁘게 색칠하고 꾸몄다. 아이들은 학원에 늦겠다고 모두가 아우성들이다. 그 이유는 지금이 4시라 대부분 학원에 가야 할 시간이기 때문이다. 오늘은 4시에 끝내기로 하고 나머지 못한 부분은 내일 3시까지 하기로 했다. 4시에 끝낸 이유는 옆 반 선생님께서 4시에 끝내달라고 하셨기 때문이다. 다행히 4시에 끝나 책상 줄을 맞추고 정리 정돈하다가 나는 곧바로 컴퓨터 부로 갔고 소진이와는 중간에 헤어졌다. 내일은 학급신문이 멋지게 예쁘게 완성될 거다. 완성된다고 생각하니 기분이 아주 좋다. 내일은 오늘처럼 늦게 끝나지 않으면 좋겠다. 정해진 시간까지 끝내기를 바란다. 우리 반이 최고다!

3월 24일 수요일

〈다마고찌(그림일기)〉

1면: (예쁘시고 고우신 우리 담임 선생님과 내 뒷모습 그림) 나는 펭귄 다마고찌를 가방에 챙겨 8시 40분까지 학교로 갔다. 2면: (보라와 소진이 모습 그림) 쉬는 시간에 소진이가 내 자리에 와서 다마고찌를 보여 달라고 했다. 3면:(보라 다마고찌와 소진이 모습 그림) 오늘 가져온 다마고찌를 소진이에게 보여줬다. 4면:(보라와 소진이 모습 그림) 소진이는 내 다마고찌가 예쁘다고 서로 바꾸자고 했다. 5면: (보라 다마고찌와 소진이 모습 그림) 나는 바꾸자는 소진이 제안에 잠시 생각에 잠기던 중, 소진이가 자기 다마고찌를 가져와 나에게 보여줬다. 6면: (보라 다마고찌와 소진이 모습 그림) 소진이 다마고찌가 예뻐 내 펭귄 다마고찌와 소진의 병아리 다마고찌를 서로 바꿨다.

3월 25일 목요일

〈하늘이란? (보라 시)〉

옅은 하늘에 구름 한 점 떠 있는 수채화같이 멋있는 하늘! 하늘은 새들이 노래하는 곳으로 생각을 많이 할 수 있는 행복한 공간! 하늘이 왜 생겼냐고 물으면 그냥 하늘이니까! 나는 희망과 꿈이 춤추는 그런 하늘을 바라보며 내 소원을 빌어본다.

3월 26일 금요일

〈선생님 죄송해요! (반성문)〉

선생님! 오늘은 제가 그동안 죄송했던 일을 하루종일 반성하려는 뜻에서 일기장에 쓰려고 합니다. 선생님. 그때 화이트데이에 죄송했어요. 저는 그때 사탕을 드리고 싶었는데 못 드려서 죄송해요. 그게 계속 마음에 걸렸다고요. 다음 스승의 날에는 꼭 사 드릴게요. 그때 애들은 다 드렸는데 저만 선생님께 못 드려서 얼마나 죄송하고 속상했는지 아세요? 그리고 오늘뿐만 아니라 자주 제 주위의 애들과 떠들고 장난쳐 죄송해요. '하지 말자'하면서도 자꾸 그래요. 하루 만에 고칠 수 없으니 앞으로 고치도록 노력할게요. 선생님! 오늘 기분 나쁘셨죠? 오늘은 비가 와서 저뿐만 아니라 아이들이 다 흥분했어요. 그래서 '귀신 얘기' 해달라고 조른 거예요. 제가 나쁘죠? 떠들지 않으면 선생님께서 '귀신 얘기'해 주신다고 하셨는데 실컷 떠들어 놓고 5교시 때 해달라고 조르기나 하고 죄송해요. 선생님께서 '선생님과 제자 사이에는 선이 있고, 아무리 친한 사이라도 선생님과 제자 사이라 내가 너희들이 싫다면 그냥 내 버려두지 왜 혼내냐'고 말씀하실 때 내 마음이 '찡~'하더라고요. 언니 동생 사이면 얼마나 좋을까? 생각도 해봤는데 나중에는 진심으로 선생님이 우리를 위하고, 아까 하신 말씀이 옳다는 걸 깨달았어요.

선생님! 한 가지 더 아실 게 있어요. 애들이 자꾸 말 안 들을 때 '1반 선생님이 오면 안 떠들고 내가 오니까 실컷 떠들지?'라고 하셨는데 그 이유는 선생님이 너무 좋고 이런 선생님을 처음 만나 편해서 그런거고, 1반 선생님은 무섭고 때리실까 봐 싫어서 그런 거예요. 선생님을 무시하는 게 절대 아니에요. 선생님이 저희를 사랑하고 생각하는 만큼 저희도 그래요. 화이트데이에 사탕 많이 받으신 게 그 이유예요. 어떻게 첫날인데 그렇게 많이 받으실 수가 있겠어요? 저도 많은 애들이 선생님께 선물한 것이 궁금해요. 선생님! 그때 사탕 받으신 날 기분 좋으셨죠? 비록 저는 못 드렸는데 선생님이 웃고 즐거워하셔서 저도 무척이나 기뻤는걸요. 때로는 마음이 더 중요하다고 생각해요. 선생님을 이렇게 좋아하는 제자가 나 말고 또 있나요? 제 생각인데요. 선생님이 가르치시는 점수는 100점인 것 같아요. 선생님! 저희도 선생님이 베푸신 만큼 꼭 돌려 드릴게요. 그리고 저희가 비록 떠들어도 예쁘게 봐주세요. 오늘은 정말 죄송했으니 용서해 주세요.

3월 27일 토요일

〈김백승 생일〉

학교 쉬는 시간에 갑자기 지영이가 오더니 무슨 종이쪽지를 주고 자기 자리로 가 버렸다. 그 종이는 백승이 생일 초대장이었다. 갑작스럽게 1시 10분까지라 황당했다. 학교 수업이 끝나자마자 집에 얼른 갔다가 2,500원을 가지고 다시 학교에 왔다. 우리 문방구에 가 '뭘 살까?' 고민하다 선물 세트와 힙합 수첩 한 개를 사니 딱 2,500원이었다. 포장하고 아동대기소로 가니 1시 10분인데 아이들이 거의 다 와 있었다. 아이들과 함께 백승이 집으로 갔다. 백승이 집은 크고 마당이 있는 단독 주택이다. 현관문을 열고 들어가니 가족들이 다 계셨다. 거실에는 큰 상에 맛있는 음식이 잔뜩 있었다. 거기에 앉아 '생일 축하합니다' 노래를 불러주니 백승이는 케이크 위에 있는 촛불을 '후~' 하고 불었다. 우리는 폭죽을 터트리는 동시에 준비한 선물을 백승이에게 주고 맛있는 음식을 먹었다. 우리는 놀이터로 가서 그네를 타고 그냥 재미있게 놀았다. 3시쯤에 정희와 미주는 약속이 있어 노는 자리에서 미리 간다고 말하고, 백승이 집에 가서 가방을 가지고 자기 집으로 먼저 갔다. 오늘은 맛있는 것도 많이 먹고 놀기도 하고 온종일 신나는 하루다.

3월 28일 일요일

〈어깨 50번 주물러 드리기〉

학교 담임 선생님께서는 '부모님 어깨 50번 주물러 드리기'라고 알림장에 적어 주셨다. 무슨 일? 조금 황당하기도 했다. 선생님은 앞으로는 일기를 토요일, 일요일 중에 1번만 쓰라고 하셔서 무지무지 기분이 좋았다. 오늘은 일요일인데 할 일이 별로 없었다. 일하시고 오신 엄마 아빠 어깨를 주물러드렸다. 힘을 줘서 하니 힘이 다 빠진다. 하지만 학교 숙제니 주물러드리고 또 주물러드려 드디어 50번이 되었다. 진짜 힘들었다. 손에 너무 힘을 많이 주어서인지 글씨를 잘 못 쓰겠다.

부모님께서는 '네가 웬일이냐?' 하고 말씀하시며 기특하다고 칭찬을 많이 해주셨는데 힘든 점이 한둘이 아니었다. 하지만 나는 칭찬을 듣고 나니 기분이 다시 좋아졌고 나를 위해 열심히 일하시는, 부모님의 어깨를 내 작은 손으로 주물러드리니 보람도 있고 뿌듯했다. 예전에도 가끔 어깨를 주물러 드렸는데 물론 안 할 때도 있었지만… 이제는 종종 어깨를 주물러드릴 거다. 이렇게 부모님 어깨를 주물러드릴 기회를 주신 선생님께 감사하다. 엄마, 아빠께서는 '어깨가 시원하다'하고 말씀하시며 너무 좋아하시고 입가에는 웃음꽃이 활짝 피셨다. 어깨 50번 주물러드리기를 하니 내 기분도 좋고, 하고 나니 오히려 내 몸이 가벼워지는 것 같다. 우리 가족은 모두 다 싱글벙글하였다. 선생님 덕분에 효도하는 방법 한 가지를 알게 되어 감사하다. ^^ 엄마, 아빠 힘내세요~

3월 29일 월요일

〈새싹 (보라 시)〉

어느새 우리 집 마당을 보면 새싹이 피어나려고 몸부림치네요. 새싹처럼 나도 1살 더 먹어 자꾸 커가요. 새싹은 나의 소중한 친구로 언제나 내 곁에 있어요. 자고 일어나 보니 땅속에서 어두운 흙을 뚫고 새싹이 피어났어요.

3월 30일 화요일

〈음악감상 부〉

오늘은 화요일이라 클럽활동이 있는 날이다. 나는 음악감상 부로 덕은, 정은, 나 이렇게 세 명이 가입했다. 학교 수업이 끝나고 곧바로 6-9반 음악감상 부로 들어갔다. 우리 반 반장은 박정은이 되었다. 6-9반 선생님께서는 클라리넷, 오버에, 플루트, 목관악기를 들려주시고 종합장에다 느낌을 쓰라고 하셨다. 음악을 듣고 써 보니 클라리넷에서는 소리가 신나며 음이 빠르다. 그리고 오버에는 소리가 다양하며 평화롭다. 플루트는 소리가 조용하고 은은하며 아름답다. 6-9반 선생님께서는 목관악기에 관한 종이를 나눠 주시며 '이 종이는 중 1학년이 되면 음악 공부에 도움이 된다!'하고 말씀하셨다. 나는 그 종이를 종합장에 붙이고 중요한 부분에 -줄을 쳤다. 6-9반 선생님께서는 음악을 듣는데 아이들이 떠들어 소리가 조금이라도 안 들리는 걸 너무 싫어하기에 교실이 늘 조용하다. 그리고 선생님이 무서워 한마디 말조차 못 하겠다. 너무 조용해 아주 조그마한 소리까지 다 들리기 때문이다. 6-10반은 바로 옆이 6-9반이라서 가기는 편하다. 생각보다는 음악감상 부가 재미있다. 여러 가지 음악을 들은 후 감상문을 쓰고, 이러다 음악 박사가 되겠다. 수년 동안 피아노를 배운 거가 귀가 열려 음악감상에는 큰 도움이 된 것 같다. 나는 사실 합창부, 조리부, 수예 부를 들고 싶었는데 전부 다 떨어져 할 수 없이 음악감상 부가되었다. 사람이 모두 자기가 원하는 걸 갖는 건 아니기에··· 음악감상 부도 좋은 부니까? 만족한다. 이제부터 열심히 음악감상 부에서 좋은 성과 올리겠다. 기분이 마냥 좋다. ☆☆☆

4월 일기

4월 1일 목요일 - 4월 30일 금요일

4월 1일 목요일
〈나의 머리핀〉

4월 2일 금요일
〈새 양말〉

4월 3일 토요일
〈현진이 소개〉

4월 4일 일요일
〈상은이와 식목일 나무 심기〉

4월 5일 월요일
〈가족과 외식〉

4월 6일 화요일
〈흰 구름 (보라 시)〉

4월 7일 수요일
〈상은이네 올챙이〉

4월 9일 금요일
〈날씨는 변덕쟁이 (보라 시)〉

4월 10일 토요일
〈민혜가 준 선물〉

4월 11일 일요일
〈다이어리 속지〉

4월 14일 수요일
〈나쁜 TV (보라 시)〉

4월 15일 목요일
〈역사 인물 인터뷰〉

4월 17일 토요일
〈부모님 사랑해요〉

4월 18일 일요일
〈친구들과 생일 파티〉

4월 19일 월요일
〈호암미술관과 에버랜드〉

4월 20일 화요일
〈진정한 친구 (보라 시)〉

4월 22일 목요일
〈다마고찌〉

4월 24일 토요일
〈우리 반〉

4월 25일 일요일
〈상은이와의 하루〉

4월 26일 월요일
〈여름 (보라 시)〉

4월 27일 화요일
〈시험지〉

4월 30일 금요일
〈몸이 아프면 (보라 시)〉

5월 1일 토요일

〈이모할아버지 형님 생신〉

이모할아버지 형님 생신이라 나, 이모할머니, 이모할아버지는 얼른 준비하고 차를 타고 문산으로 갔다. 문산에 오니 친척들이 모두 와 있었고, 생신상을 바쁘게 차리고 계셨다. 나는 이모할머니 옆에 앉아 밥을 먹었는데, 많은 반찬과 고기랑 함께 먹으니 맛이 있었다. 나는 친척들과 생신 축하 노래를 부르고 이모할아버지 형님께서는 촛불을 '후~'하고 부셨다. 우리는 케이크를 잘랐고 먹고 싶은 사람은 먹으면서 큰 박수로 생신 축하드렸다. 밥을 다 먹은 지은, 자영, 다연이, 예나, 형섭, 승재는 방으로 들어가 TV 보고 친척 동생들과 수건돌리기와 동대문을 열어라 또 귀신 놀이 하였다. 친척 동생들이지만 내 동생같이 귀엽고 웃는 모습이 너무 사랑스러워 보기 좋았다. 친척 동생들과 아기공룡 비디오를 빌려 보았는데, 비디오에만 시선이 집중되어 숨 쉬는 소리조차 들리지 않았다. 너무 눈이 아파 비디오를 끄고, 달콤한 사탕을 '쪽쪽' 빨아먹으며 '뭘 할까?' 하다가 병원 놀이 하기로 했다. 예나는 손님, 자은이는 의사 선생님, 자영이는 간호사, 다연이는 옆에서 물건 주는 사람, 나머지 승재와 형섭이는 손님, 나는 접수하는 사람인데 이렇게 역할을 정해놓고 재미나게 놀다가 9시 50분이 되어서 우리 집으로 출발했다. 이모할아버지 누님네는 금촌이라 잠시 금촌에 들려 누님을 집에 모셔드리고 우리 집에 왔다. 나는 왜 이렇게 졸 린지 그냥 차 안에서도 자고 집에 오자마자 쿨쿨 세상모르게 자서 이미 저 먼 꿈나라에 있었다. 오늘은 재미도 있었는데 몸은 피곤한 하루다.

5월 2일 일요일

〈그냥 집에서 하루를…〉

오늘은 친구에게 아무리 전화해도 다 놀러 가서, 나는 그냥 하루를 집에서만 지냈다. 빈둥빈둥 집에서 하루종일 토마토(재방송), 종이학(재방송), 왕초(재방송)를 마루 소파에 앉아 TV를 재미있게 보았다. 또 사회 숙제 3장과 책 조사를 다 하고 언니와 문방구, 슈퍼를 함께 갔다 와서, 참외와 사과가 있길래 껍질을 깎아 먹다 보니 이 시간이 되었다. 일부러 혼자 있기가 너무 싫어서 '시간아! 빨리 가라' 하고 속으로 말했는데 시간이 정말 빨리 흘렀다. 온종일 아무와도 못 놀고 집에만 있기는 두 번째다. 그래서 하루종일 심심했는데 역시 TV를 보니 시간이 더 빨리 지나가는 것 같았다. 그냥 집에만 있으니 재미없고 지루하다. 기분도 별로 안 좋고 두 번 다시 이렇게 보내지는 않겠다. 진짜 재미없는 하루다!

5월 3일 월요일

〈컴퓨터 바이러스〉

요즈음 컴퓨터 바이러스가 우글우글하다. 잘못 알고 그냥 켰다가는 컴퓨터 바이러스에 걸리기가 쉽다. 담임 선생님께서 컴퓨터 바이러스 활동 시간을 복사해 주셔서 나는 그걸 보고 잘 활용하고 있다. 컴퓨터 바이러스는 이름도 여러 종류가 있으며 한 달에 3~5번은 꼭 생겨난다. 그리고 5월 1일, 5월 2일에는 하드디스크 데이터를 파괴하는 날로 아주 무시무시한 날이다. 우리 학교 컴퓨터 부에서도 1반 선생님께서 깜빡 잊고 컴퓨터 바이러스 날 컴퓨터를 켜 놓으셔서 컴퓨터에 바이러스가 감염된 걸 확인할 수 있었다. 그다음 날 선생님께서는 CD를 모두 빼셨다. 선생님의 실수로 우리는 컴퓨터를 못 하고 대신 시험을 보았다. 그때 그 일만 생각해도 끔찍하다.
집에서 곰곰이 생각해 보니 컴퓨터 바이러스 활동 시간을 전부 다 빼면 할 수 있는 시간이 거의 없는 거 같아 슬프다. 내 컴퓨터를 내가 아무 때나 못 켜는 이유를 알다가도 모르겠다. 그놈의 컴퓨터 바이러스! 이렇게 무서운 컴퓨터 바이러스를 누가 왜 만드는 걸까? 그것도 이름을 다양하게…. 마음 놓고 편안히 컴퓨터 바이러스 신경 안 쓰며 컴퓨터를 하면 얼마나 좋을까? 나의 작은 바람이다. 컴퓨터 바이러스 이름만 들어도 소름이 끼치며 무섭다. 하루빨리 컴퓨터 바이러스가 없어지면 좋겠고, 빨리 과학 기술이 발달해 바이러스 없는 새로운 컴퓨터가 자꾸자꾸 나오면 좋겠다. 컴퓨터 바이러스는 세상에서 가장 못 되고 나쁘다. 왜냐면 사람들에게 큰 피해를 주기 때문이다.

5월 4일 화요일

〈체육대회〉

나는 아침에 일어나서 체육복을 입고 학교로 갔다. 학교 운동장에서 오늘은 소 체육대회를 한다. 담임 선생님께서 운동장으로 나와 줄 서라는 지시가 내려졌다. 나는 키대로 줄을 서고 계단을 내려왔다. 아까 문 앞에서 미리 신발을 갈아 신었기 때문에 그냥 운동장으로 가서 또다시 줄을 섰다. 우리는 뜨거운 햇빛 아래서 교장 선생님의 말씀을 다 들었다. 교장 선생님께서는 5월 5일 어린이날에 대하여 말씀해 주시고 2학년, 4학년, 6학년은 잠시 들어가고 1학년, 3학년, 5학년은 운동장에 있으라고 말씀해 주셨다. 이제 우리 차례인데 운동장에서 우리는 줄을 서고 쿵따리 샤바라 노래에 맞춰 춤을 추었다. 6학년의 춤이 끝나고 4학년이 둘리인가? 하여간 무슨 춤을 추고 우리는 8명씩 조를 짜 달리기할 준비를 하였다. 탕! 소리와 함께 최선을 다하여 뛰는 모습을 보고 있다가 드디어 내 차례가 왔다. 약간 떨리기는 했어도 최선을 다해서 뛰었다. 나는 평상시 달리기는 항상 1등을 했는데 이번에는 난희가 1등이고 나는 2등으로 이렇게 되었다. 난희와 나는 엄청 차이가 났고 난희가 그렇게 빠른지는 오늘 처음 알았다. 우리는 이어달리기를 곧 한다. 무성, 난희가 우리 반 대표로 나가 뛰었는데 난희가 따라잡아 백 팀의 승리로 끝났다. 운동장에는 아이들의 환호성이 대단했다. 소 체육대회를 마친 우리는 6-10반 교실로 얼른 들어가 맛있는 음식을 먹었다. 오늘 급식 메뉴는 스파게티 샐러드 등이고 또 간식으로 게토레이 음료수와 빵으로 배불리 먹었다. 소 체육대회를 마쳐 기쁘다.

5월 5일 수요일

〈마지막 어린이날〉

5월 5일 오늘은 어린이날이다. 언니가 어린이날 선물로 아무거라도 사러 나가자고 나에게 말했다. 그래서 들뜬 마음으로 나갈 준비를 했다. 하얀 블라우스에 회색 치마 이렇게 입고 언니와 나갔다. 버스를 타고 명동으로 향했다. 명동에 도착하니 윤미 언니가 있었다. 아마도 언니와 만나기로 해서 나온 것 같았다. 역시 내 말대로 언니를 만나려고 나온 거였다. 윤미 언니와 우리 언니는 예쁜 옷을 사러 돌아다녔다. 여기저기 다니며 옷을 고른 결과 베이지 색깔로 반바지 SIZE S로 사고 밖으로 나왔다. 역시 명동에는 사람들이 쉴 새 없이 아주 많았다. 윤미 언니가 어린이날 선물로 내게 목걸이를 사 주었는데 정말 고맙고 진짜 예뻤다. 우리 언니는 벅스바니 주머니를 내게 사 주었다. 언니의 또 다른 친구 윤숙이 언니가 1시 30분까지 온다는 얘기에 우리는 아무것도 안 먹고 기다리고 있다. 너무 배가 고파 간식으로 환타 1개만 마셨다. 드디어 윤숙이 언니가 도착! 우리는 함께 피자헛으로 들어가 피자를 먹고 나와 돌아다니며, 나의 회색 조끼를 1벌 샀으며 또 포토 스티커를 함께 찍었다. 이제 윤숙이 언니가 정장을 산다고 하여 여기저기 가 본 결과 예쁜 정장이 있길래 그걸 사고, 또 윤미 언니는 눈썹 미는 거를 화장품 가게에서 샀다. 점차 다리가 아플 무렵 커피숍으로 가서 나는 아이스크림을 맛있게 먹었다. 보라 사 주라고 돈을 주신 이모할머니께 감사하고, 힘들게 돌아다니며 사 준 언니가 진짜 고맙다. 이제 어린이날도 오늘이 시작이자 마지막 날인데 아주 즐겁고 보람찬 어린이날을 보냈다.

5월 6일 목요일

〈학교에 늦을까 봐 (보라 시)〉

아침 일찍 일어나 학교에 가려 하니 눈은 감기고 발걸음이 무거워요. 행여 늦을까? 걱정되어 마음을 다잡아도 콩탁콩탁 뛰는 내 마음! 시계가 빠르게 돌아 마음이 조마조마해요. 학교에 오면 내 눈은 시계 소리에 마음이 쿵쾅쿵쾅… 어느덧 시계 쪽을 보며 안도의 한 줄기 빛을 발견해요.

5월 7일 금요일

〈감기 (보라 시)〉

아이스크림을 먹는 어느 날! 코는 훌쩍훌쩍 목은 따금따금 기침은 콜록콜록… 감기 친구가 놀러 왔어요.! 약을 먹어도 쉽게 안 낳고 숨쉬기조차 힘들어요. 감기야! 나는 너를 정말 싫어한단다. 내 몸이 쉬고 싶다고 하니 떠나가다오. 내 코와 목을 아프지 않게 해다오.

5월 8일 토요일

〈어버이날〉

오늘은 어버이날이다. 학교에서 부모님께 편지를 쓰고 카네이션 재료를 사서 꽃을 만들었다. 집에서는 깜빡하여 못 만들 수도 있는데 학교에서 만드니 너무 좋다. 어제 문방구에서 카네이션 재료 사 온 것으로, 꽃 습자지를 핑킹가위로 10cm 정도 자르고, 그 위를 세로로 3cm 정도 잘라 손으로 늘린 후 돌돌 말아 밑을 V(브이) 자로 가위로 잘라 녹색 테이프로 감아 주며, 가짜 꽃 잎사귀를 같이 넣고 은박지로 싸면 예쁜 카네이션 완성이다. 오늘이 어버이날이라 어제는 편지를 쓰고 집에 도착하자마자 조금 손질한 후, 점심 조금 지나 부모님께 드렸다. 엄마, 아빠는 예쁘고 고맙다고 하시며 내가 만든 카네이션과 편지를 보셨는데, 카네이션은 부모님 가슴에 달고 편지는 읽으신 후 엄마 서랍장 속에다 넣으셨다. 나는 엄마한테는 백화점에서 산 비싼 핀을 아빠께는 손수건을 드렸다. 다음에는 용돈이 많이 생기면 더 예쁜 걸로 사드릴 예정이다. 그리고 오늘 어버이날이라 부모님께서 너무 좋아하시니 나도 기분이 좋았다. 그렇게 기대만큼 비싼 걸 드리지는 않았어도 정성의 편지와 정성의 카네이션을 만들어 드리니 뿌듯했고, 또 좋아하시니 더 뿌듯한 걸 느낄 수 있었다. 이 기회에 부모님께 잘해 드릴 수 있는 날이 있다는 게 좋고 어버이날이라 기쁘다. 부모님께서 낳아 주시고 길러 주셔 감사하고요, 엄마 아빠 사랑해요~

5월 9일 일요일

〈일산 이마트〉

오늘 늦게 일어나 교회도 못 가고 해서 평소에 안 했던 숙제를 엄마 집에서 하고 있었다. 나는 시간이 빨리 갔으면 좋겠다고 생각했다. 1시 30분에 한 통의 전화가 왔는데 엄마 친구 정은이 아줌마께서 함께 일산 이마트로 가자고 하셨다. 나와 엄마는 준비하고 태선이 아줌마와 함께 정은이 아줌마 차를 타고 일산 이 마트로 갔다. 정은이 아줌마와 태선이 아줌마, 나, 엄마는 엘리베이터를 타고 B1으로 내려갔다. B1 층은 슈퍼인데 나는 슈퍼 옆 약국에서 해충 약 4개, 데이밴드 4개, 염색약을 사고 퐁퐁, 새우, 설탕, 프림, 무공해 비누 등을 사고 계산하니 부피는 우리가 더 크고 무거운데 오히려 값은 우리 거가 33,000원이 들었다. 아줌마와 나, 엄마는 B2 층이 학용품 가게가 있어 구경했는데, 태선이 아줌마와 정은이 아줌마가 어린이날 선물 못 주었다며, 태선이 아줌마는 흰 양말 3개, 정은이 아줌마는 수성 시티펜을 사 주어 너무 감사했고 참 좋았다. B1 층으로 올라가 소프트아이스크림과 빵 4~5개를 사고 다시 차를 타고 우리 집에 왔는데 일산이 너무 많이 변했다. 높은 건물도 많이 생기고 원래 아무것도 없는 땅이 순식간에 바뀌니 좀 황당하기도 하고 신기했다. 엄마와 일산 이마트에 다녀오니 재미있었고 기분이 좋았다. 이 다음에도 시간 있으면 또 엄마와 일산 이마트에 다시 가고 싶다.

5월 12일 수요일

〈민혜와 함께〉

수요일이라 집에 일찍 왔다. 소풍 갈 준비하려고 슈퍼에 가려는데 함께 갈 사람이 없어 민혜를 불렀다. 민혜와 나는 우리 집 앞에서 만나 함께 현대화 마트로 갔다. 우리 집에는 음료수 등은 다 있어 현대화 마트에 가서는 그냥 과자 3개를 샀는데 새우깡, 치토스, 콘칩 3개가 1,000원이라서 사고, 참기름을 사려고 방앗간에 가 반병을 사서 집에 왔다. 생각하니 민혜와 우리 집에서 논 지도 몇 달 만이다. 서로 학교, 학원, 공부, 숙제하느라 바빠 학교 갈 때만 함께 가고 방과 후에는 놀지 못했는데 오래간만에 함께 노니 기분이 좋다. 우리는 롤러블레이드 연습을 집 앞 세현교회 주차장에서 했다. 민혜는 어린이날 선물로 롤러블레이드를 받았다고 하는데 꽤 잘 탄다. 나는 초보인데 넘어진 적은 없어도, 언덕 내려가는데 아직은 서투르다. 롤러블레이드를 타고 나서 우리는 옛 기억을 되살려 인형 놀이 했다. 인형 놀이하고 나서 열심히 숙제를 끝냈다. 숙제를 다 하고서 정리하고 준비물도 챙겼다. 우리는 진짜 진짜 오래간만에 노는 것 같아 한편으론 민혜에게 미안하기도 하고 재미있기도 했다. 다행히 숙제를 다 끝내고 소풍 가니 다행이다. 민혜와 나! 앞으로라도 자주 놀면 좋겠고 이 우정이 영원히 변치 않으면 좋겠다. 기분이 아주 좋다.

5월 13일 목요일

〈소풍날〉

학교에서 오늘 소풍 간다. 8시 30분까지 학교로 도시락, 과자, 음료수를 챙겨서 갔다. 우리는 걸어 걸어 연신내까지 가서 전철을 타고, 도착지인 경복궁에 도착했다. 나, 민영, 유진, 은주, 유경 5명은 이리저리 돌아다니다 그늘진 곳에서 도시락을 꺼내어 김밥을 먹고 `아이엠 그라운드'를 하며 놀았다. 경복궁 이곳저곳에는 궁전이 아주 많고 넓었다. 궁전 안으로 들어가 보려고 했는데, 햇빛으로 너무 더워 들어가지는 못하고, 그냥 국립민속박물관에 들어가 선생님이 나누어 준 종이의 물음에 답을 썼다. 이리저리 숨 가쁘게 뛰어다니며 빨리 쓰고나서 우리는 광화문까지 허겁지겁 뛰어갔다. 그런데 어떤 아저씨가 우리에게 다가와서는 목걸이를 사라고 했다. 나는 좀 더 돈을 주더라도 예쁜 걸 사는 게 맞다고 생각했다. 내 주위에 있는 애들은 거의 그 목걸이를 샀다. 나, 민영, 유진이는 돈이 아까워 안 사고 서로 과자만 나누어 먹었다. 과자는 조금만 먹고 음료수를 마셨는데, 그 이유는 아마 더워서 음료수를 먹은 것 같다. 과자는 애들이 줘서 맛있게 먹었다. 스노우 아이스크림을 먹으며 광화문 만남의 장소에 왔다. 우리는 인원을 확인하고 다시 또 걸어 전철을 타고 우리 동네에 도착했다. 나는 다리가 아픈 탓에 우리 집으로 곧장 갔다. 소풍은 아주 재미있었고 다음에도 또 가면 좋겠다.

5월 17일 월요일

〈운동장 (보라 시)〉

바람 불면 먼지가 휘날리며 얇고 굵은 모래가 있는 운동장! 점심이면 아이들 뛰놀고 그걸 받아 주는 나의 운동장에는 뛰노는 아이들의 웃음소리가 하늘에 닿아요. 함께 웃으니 내 마음도 두둥실 구름 위를 걷는 것 같아요.

5월 18일 화요일

〈선물 공개 식〉

어버이날이 지난 지도 벌써 일주일 하고 3일이 되었다. 그때는 돈이 없어 선물을 못 사고 카네이션과 편지만 드렸는데, 이번 6학년이 초등학교의 마지막이니 꼭 선물을 사드리겠다고 맹세한 날이 오래되었다. 물론 선물보다는 마음의 선물이 더 중요하지만 무언가 가족에게 해드리고 싶어, 용돈 받은 오늘 그 결심을 실천에 옮기려고 한다. 나는 성급히 용돈을 가지고 선물의 집으로 향하였는데 그 이유는 우리 가족 선물을 고르기 위한 거다. 한참을 걸어 드디어 예일 지점 선물의 집에 도착! 요리조리 둘러보다 예쁜 컵 잔을 보았는데 생각해 보니 언니에게 필요한 거 같아 거금을 주고 샀다.
그런데 엄마, 아빠 거는 별로 예쁜 게 없어 곰곰이 생각한 끝에 우리 동네 속옷 가게로 가서 아빠 양말, 엄마 팬티, 이렇게 예쁘게 포장해 집에 뛰어왔다. "어휴, 힘들어!" 내가 산 예쁜 선물들을 쇼핑백에 넣고 저녁때가 되기만을 손꼽아 기다렸다. 그날 기다리는 밤은 너무도 길었다고나 할까? 설레는 마음으로 기다린 결과 저녁 8시. 선물 공개 식! 짜자잔~ 엄마 아빠는 무지무지 좋아하시며 얼굴에는 웃음꽃이 피어나는 것 같은 화목한 분위기였다. 오늘에야 내 결심을 이루어 좋았고 엄마 아빠가 행복하셔서 내 마음도 기뻤다. 잠깐! 여기서… 엄마, 아빠의 사랑을 다시 한번 더 느꼈다.

5월 19일 수요일

〈할 일 없는 날(보라 시)〉

할 일 없는 날 방 안에만 콕 박혀 뭘 할까? 시간은 느릿느릿 구름처럼 흘러가지요. 할 일도 없고 친구도 없고 시간은 천천히 거북이걸음… 답답하고 무지무지 심심해 죽겠어요.

5월 20일 목요일

〈친척 동생들〉

학교 갔다 집에 와서 몇 시간을 기다리는데 "따르릉 따르릉" 한 통의 전화! 전화로 들리는 목소리의 주인공은 바로 내 친척 동생 다연이와 형섭이! 오늘 오겠다는 소리였다. 너무도 오래간만에… 그동안 얼굴을 본 지 3개월이나 지나서인지 무척이나 보고 싶었다. 시간이 흘러 흘러 이제 곧 다연이와 형섭이가 올 시간! 나는 부지런히 내 방을 깨끗이 닦고 모두 다 정리하니, 이제야 좀 내 방이 훨씬 나아진 것 같았다. 현재 시각 6시인데 조금 늦게 오긴 했어도 기분은 최고였다. "띵똥" 벨 소리에 나가보니 다연이와 형섭이가 와서 나는 곧바로 내 친척 동생들과 공놀이하였는데, 큰 공으로는 발로 차며 주고받고, 띵띵 볼로는 높이 튀기며 주고받기 놀이했다. 생각보다 훨씬 공놀이를 잘해서 칭찬해 주었다. 우리는 풍선을 불며 놀고 인형 놀이도 하며 재미있게 놀았다. 나와 내 친척, 우리 가족은 새로 생긴 찻길 건너 서울 뷔페에 갔다. 소인 3,000원, 대인 7,000원이라고 크게 쓰여 있었다. 나는 마음 놓고 배부르게 고기를 실컷 먹고 아이스크림, 수정과 등등 먹고 8시 30분쯤 나와서 다연이, 형섭이는 부모님 차를 타고 집으로 돌아갔는데, 조금 서운했지만 재미있는 하루였다. 다연이와 형섭이가 다음에 또 오면 좋겠다.

5월 21일 금요일

〈과외 선생님〉

나는 오래전에 내 친구와 함께 과외 학원에 다녔다. 그러다 선생님이 몸이 안 좋으셔 결국 못 가게 되었다. 그래서 내 친구와 스승의 날 가지 못해 '월요일 날' 가려고 선생님께 전화하니 "그날 바쁘니까? 오늘 오라고" 하셨다. 미리 내 친구 상은이와 영풍문고까지 가 선물을 '뭐 살까?' 하다가 4,500원 주고 예쁜 컵 잔을 세트로 사고, 오늘 상은이와 선생님께 드릴 편지와 장미꽃 선물을 준비하고 선생님 집으로 향했다. 큰길로 쭉 올라가 약도를 보고 드디어 찾으니, 우리는 서로 좋아 어쩔 줄을 몰라 하고 반가웠다. 선생님네 벨을 누르고 들어서자 선생님께서는 무척 반갑게 맞아 주셔 우리도 기뻤다. 상은이와 나는 준비해 온 선물을 드렸더니 선생님께서는 감동한 눈치셨다. 선생님께서는 과일 등을 주시며 먹으라! 고 하셨다. 나와 상은이는 선생님의 친구분이 계셔서 얘기는 많이 못 했는데, 주신 과일을 맛있게 먹고 강아지(요크셔테리어)와 함께 노니 재미있었다. 선생님 많이 기쁘시게 해드리고 싶은데 오히려 우리가 너무 신세를 많이 진 것 같다. 그냥 선물만 드리고 나오려고 했는데… 선생님이 나가셔야 해서 우리도 일찍 나가게 되었는데, 선생님 몸이 많이 나아지셔서 기분이 좋았다. 선생님께 정말 감사하고 빨리 몸이 회복되시면 좋겠다.

5월 22일 토요일

〈부처님 오신 날〉

오늘은 부처님 오신 날로 휴일이라 아침 일찍 엄마, 아빠, 언니와 함께 진관사 절로 택시 타고 갔다. 택시를 타고 가다 보니 석가탄신일을 기념하여 여기저기 긴 줄에 연등이 매달려 있었다. 연등을 보며 걷다 보니 벌써 진관사 입구였다. 요금을 내고 얼른 내려 조금 걸어가니 드디어 진관사 입구를 지나 절이 보였다. 우리는 잠시 쉬려고 어린이 법당으로 들어갔다. 띠용~ 아니 어린아이는 없고 `오늘 특별한 찻집'이라며 중학생 언니들이 차를 팔고 있었다. 차를 팔아 어린이들을 도와주려고 장사하는 거라, 식혜 2개를 사 언니와 나는 맛있게 먹었다. 엄마와 아빠도 커피를 팔아 주었다. 언니가 갑자기 약속이 있다고 해 나오면서 연꽃 컵 등과 솜사탕을 사서 집에 왔다. 분홍색 솜사탕을 언니와 나눠 먹었는데 오래간만에 먹는 솜사탕이라 그런지 달고 입에서 사르르 녹았다. 오다가 밖을 슬쩍 봤는데 오는 길이 막히고 가는 길은 뻥 뚫려 교통 순찰 아저씨들이 무척이나 힘드실 것 같았다. 부처님 오신 날을 맞이해 오래간만에 부모님과 진관사에 오니 좋고 즐겁다.

5월 23일 일요일

〈도형 (보라 시)〉

학교 숙제하는 마지막 날 도형이 뭐길래? 왜 이리 만들고 붙이기 힘들까? 사각기둥. 삼각기둥 만들어 점수 매긴다. 사각기둥은 꼭꼭 닫힌 집 같고 삼각기둥은 산꼭대기 같다. 만들고 보니 조금 지저분한데도 괜찮다고… 조금 지저분해도 좋다고 칭찬하며 나의 예쁜 작품을 칭찬한다.

5월 26일 수요일

〈비 (보라 시)〉

비 오는 날 학교 가는 데 물 튀기고 발이 젖고 옷도 젖어 싫어요. 똑똑~ 음악 소리처럼 리듬에 맞추어 빗방울이 내려와요. 내 친구인 우산은 나를 젖지 않게 지켜 주지요. 내리는 빗방울에 꽃들도 밥 준다고 행복한 미소 지어요.

5월 27일 목요일

〈미술 (보라 시)〉

미술 시간은 그림 그리는 시간! 나의 상상의 그림을 그리는 시간이지요. 종이 위에 그림이 꽃처럼 피어나고 색깔은 춤추며 붓은 내 마음을 담아 노래하지요. 미술 시간은 내게 행복의 바이러스를 주어서인지 나도 모르게 행복해지고 재미있어요.

5월 29일 토요일

〈컴퓨터 게임〉

나는 토요일과 일요일은 거의 상은이와 논다. 오늘도 1시 10분쯤 상은이 집에 가서 인사 드리고 상은이 방으로 들어갔다. '뭘 할까?' 궁리 끝에 준비물도 살 겸해서 우리 역촌초등학교로 가기로 했다. 역촌 초등학교에 들어가 시소 등을 타며 시간을 보냈다. 햇빛 아래 너무 오래 있는 것 같아서 다시 상은이 집에 가 컴퓨터 게임을 하기로 했다. 우리는 늑대 영웅 샤키를 하였는데 나무귀신 등이 나와 늑대 영웅 샤키를 죽이려 한다. 그에 맞서 나도 싸워 제일 끝 탄 5차 관문까지 가야 하는데 너무 어렵다.

컴퓨터 게임을 자꾸 하다 보니 눈이 어지럽고 좀 지루했다. 상은이 동생 경우는 자꾸 하고 싶다고 했다. 경우는 유치원에 다니며 내년에 1학년인 걸로 알고 있다. 경우도 제법 잘한다. 우리는 경우 뒤에서 도와주다 컴퓨터 게임을 그만하기로 했다. 상은이는 새로 컴퓨터를 사서 CD가 아주 많다. 알고 보니 컴퓨터 속에 게임이 저장되어 있어서인지 게임을 하기가 편하다. 우리 집에도 물론 컴퓨터가 있지만 상은이네 컴퓨터가 더 크고 좋으며 성능도 뛰어나다. 나도 이제부터 컴퓨터를 열심히 배워 잘하겠다. 컴퓨터 최고!

5월 30일 일요일

〈상은이와 놀다〉

아침 9시부터 상은이 아빠 차를 타고 충신교회로 갔다. 경우가 껌을 슈퍼에서 사 와서 우리는 껌을 씹으며 갔는데 충신교회에 도착하여 얼른 들어갔다. 10시쯤 예배를 마치고 역촌동이라고 쓰인 차를 타고 다시 집으로 향했다. 교회에 갔다 온 나와 상은이는 상은이 집에서 구슬을 실에 꿰어 예쁜 반지를 만들기로 했다. 상은이가 나에게 예쁜 반지를 만들어 주기로 했는데, 마지막에 실수로 구슬이 실 밖으로 다 나왔다. 이번에도 실패! 상은이의 반지가 결국 실패로 돌아갔다. 역시 보통 어려운 게 아니다.

상은이와 함께 우리 집으로 가서 물풍선을 만들어 놀고, 문구박사에도 가 손톱과 스티커 등을 사고 집에 와 다시 놀았다. 500원짜리 긴 손톱을 붙이니 예쁘고 재미있었다. 우리는 요 앞으로 나가 핀 파는 데서 상은이가 나에게 흰색 핀을 사 주었고, 나는 우리 문방구에서 묶는 예쁜 끈을 사 주었다. 역시 서로 만족한 표정이었다. 우리는 별거 아닌 일로 재미있게 놀며 괜히 기분이 좋았다. 아마 그건 상은이와 내가 절친한 친구이기 때문이다. 상은이와 오늘 하루종일 노니 기분이 좋다.

6월 일기

6월 1일 화요일 - 6월 29일 화요일

6월 1일 화요일
〈어머니께서 주신 선물〉

6월 2일 수요일
〈체육 시간〉

6월 4일 금요일
〈강아지 요끼〉

6월 5일 토요일
〈엄마 아빠에 대한 것〉

6월 6일 일요일
〈학교 가는 길 (보라 시)〉

6월 8일 화요일
〈저축 포스터〉

6월 9일 수요일
〈아이 졸려 (보라 시)〉

6월 10일 목요일
〈내년 초 지구촌 대 혼란〉

6월 11일 금요일
〈옛일 (보라 시)〉

6월 15일 화요일
〈물 (보라 시)〉

6월 16일 수요일
〈실과 시간〉

6월 19일 토요일
〈상은이와 스킬 (그림일기)〉

6월 20일 일요일
〈성필이 오빠가 한국에 오다〉

6월 22일 화요일
〈수박 (보라 시)〉

6월 23일 수요일
〈내일은 정기시험〉

6월 25일 금요일
〈6.25 전쟁 (보라 시)〉

6월 26일 토요일
〈농구공 소리〉

6월 27일 일요일
〈우표 수집〉

6월 29일 화요일
〈시? (보라 시)〉

7월 3일 토요일

〈우리 집 마당〉

우리 집은 단독 주택이라 그런지 앞에 마당이 있고 여러 종류의 꽃들이 있다. 이제부터 우리 집 마당을 소개하려고 한다. 우리 집 마당에는 잔디가 촘촘히 있으며 가운데 나무로 된 걸을 수 있는 다리가 있다. 대문 양옆에는 커다란 돌들 사이에 향나무가 둘러싸여 있으며 현관 입구에는 진달래, 패랭이꽃 등이 있으며 흰섬초롱꽃, 단풍나무 분재, 은행나무 분재 등이 있다. 그리고 담(벽) 앞에 있는 큰 나무를 '소개'할까 한다. 담 앞에는 단풍나무, 감나무, 모과나무, 대추나무가 있다. 또 마당과 마당 위에 있는 조그마한 땅(차고 위)에다 열무, 배추, 쑥갓 등을 심고 현관문 앞에는 짜르르 화분에 고추를 심어 주렁주렁 열렸다. 우리 집은 난도 아주 많다. 그리고 우리 가족은 무공해 상추를 먹는데, 벌레를 잡아주고 물도 주고 우리 개인 거라서 너무너무 좋다. 잔디 사이의 잡초는 수시로 뽑아 주는데 여름이라 그런지 나가면 너무 더운 탓에 하기가 싫다. 그래서 겨울에 잡초를 미리 뽑아야 힘이 덜 든다. 나는 우리 집이 2층 단독 주택이고 넓은 마당이 있어 너무 좋다.

7월 4일 일요일

〈이대 입구〉

뭘 할까? 걱정하는 일요일! 엄마가 언니와 함께 놀러 가자고 하시며 10시쯤 출발하니 어서어서 준비하라고 하셨다. 후다닥 준비 끝! 언니와 엄마, 나 셋이 엄마 차에 탔는데 기분이 왜 이리 좋지? 에어컨을 틀고 룰루랄라~ 콧노래를 부르며 이대 입구로 출발! 이대 입구를 가는 이유: 1. 엄마가 옷을 사시기 위하여. 2. 오래간만에 구경하기 위해서. 나는 그전에도 이대 입구는 엄마, 언니와 와 본 적이 있었다. 이대 입구의 자랑거리: 1. 값이 싸다. 2. 예쁜 것이 많다. 명동과 연신내도 물론 좋지만, 이대 입구가 다양하고 싸니 '이대 입구'를 많이 이용할 거다. 우리는 이리저리 구경하다가 엄마는 곤색 바지랑 벨트 그리고 티셔츠와 남방을 사셨다. 나는 흰색 칠부바지랑 티셔츠 2벌과 남방 이렇게 엄마가 사 주셨다. 언니는 티셔츠가 많다고 해서 안 사고 그 대신 바지 흰색깔 GUESS를 사 주셨다. 이래 봐도 GUESS 바지는 유명하고 81,000원이다. 우리 셋은 배가 고파서 분식집으로 결정했다. 분식점에 간 이유는 이대 입구 분식점이 유명해서인데 즉석 떡볶이, 오징어튀김, 감자튀김, 야채튀김, 김밥 2인분, 오뎅 3개, 국물은 보너스로… 이렇게 배불리 먹었다고나 할까? 오는 길에 베스킨라빈스 31에서 언니와 나는 후식으로 아이스크림을 먹었다. 그러나 엄마는 싫어하셔서 안 드셨다. 우리는 실컷 구경하고 쇼핑도 하고 맛난 것도 먹었다. 엄마, 언니, 내 얼굴에는 웃음꽃이 활짝~ 언제나 사랑과 행복을 주는 엄마께 감사하다.

7월 6일 화요일

〈일기 상장 (보라 시)〉

일기 상장을 나눠 주실 때는 나도 받고 싶어 기대해요. 그 순간 내 마음은 콩당콩당 뛰는 심장 소리가 들려와요. 선생님이 내 이름을 부르는 순간 나도 모르게 "만세" 소리와 함께 환호성이 하늘로 솟아요. 내 기쁨은 구름 위까지 쑥쑥 올라가지요.

7월 7일 수요일

〈재미있는 피구〉

수요일은 체육 하는 날! 체육 선생님께서 남자는 축구하고 여자는 피구를 하라고 하셨다. 피구라는 소리에 우리는 너무너무 좋았다. 어서 빨리 피구 줄을 긋고서 피구를 시작했다. 시작! 하는 소리에 땀을 뻘뻘 흘리며 서로 맞추느냐고 정신이 없었다. 우와~ 드디어 나만 남았다. 요리조리 피구 공을 피하고 패스한 끝에 우리가 끝내 이겼다. 땀은 쉴 새 없이 마구 흘렀고 마침내 체육 시간은 끝났다. 진짜 재미있었고 숨 막히는 순간이었다. 다음에도 피구를 또 하고 싶다. 왜? 피구는 왜 이렇게 재미있을까? 교실에 들어와 수옥이의 물을 먹고 다시 수업을 시작하였다. 역시 피구는 최고다.

7월 10일 토요일

〈상은이 생일〉

어제가 상은이 생일인데 생일 파티는 오늘 한다. 나는 학교에서 오는 길에 상은이 생일 선물을 사려고 문방구에 들렸다. 상은이 생일 선물로 우표 수집책을 사기로 하고 축하 카드와 번개 펜을 샀다. 정성을 담아 이쁘게 포장했는데 상은이가 좋아하면 좋겠다.
상은, 나, 지연이 셋이 명동을 가기로 하여 72번 버스를 타고 명동으로… 룰루랄라~ 콧노래를 부르는 사이 벌써 '명동'이다. 우리는 재빨리 내려 지하철로 내려가 다시 옆 건너로 나왔다. 나오자마자 명동이라는 기쁜 생각에 KFC에 가서 점심을 먹었다. 상은이가 사줬는데 비스킷 1인당 2개, 아이스크림 1인당 1개, 햄버거 1인당 1개를 맛있게 먹고 "진심으로 생일 축하해!"라는 얘기와 선물을 주었다. 상은이 얼굴에는 미소와 웃음이 가득 차 있었다. 상은이와 명동에 온 이유: 1. 상은이 생일이라서… 2. 상은이와 내가 우표 수집하는 중이라서… 우리는 명동의류 등을 구경하고 우표 문화의 거리에서 우표를 샀다. 우표가 너무너무 예쁘다. 여기저기 다니는 사이 시간이 자꾸 흘렀다. 나는 지연이에게 스누피 휴지통을 사 주고, 지연이는 상은이에게 벅스바니 분홍색 휴지통을 선물하고 음료수를 사서 마시며 다시 72번 버스를 타고 우리 집에 왔다. 아주 재미있었고 신난 하루다!

7월 11일 일요일

〈할 일 없는 날 (보라 시)〉

할 일 없는 날! 심심해서 하품만 하고 창밖을 쳐다봐요. 집에서 뭘 할까? 생각하다 전화 오면 누굴까? 누구지? 너무 기뻐 뛰어나가요. 친구의 전화 한 통이 오늘 하루를 기쁘게 만들어요. 보고 싶다고 놀고 싶다고… 전화선 따라 이야기꽃이 피어나요.

7월 13일 화요일

〈졸업 단체 사진〉

7월 13일 드디어 졸업 단체 사진을 찍는 날! 아침 일찍 일어나 '뭘 입을까?' 생각하다가 마침 오늘은 주번이라 언니 옷(파란 티셔츠)을 입고, 학교에 옷 3벌을 챙겨 '후다닥' 뛰어갔다. 현재 시각 8:00 학교에서 나는 주번이라 파란 티셔츠를 입었는데, 친구들이 흰색 남방으로 바꿔 입으라고 해서 바꿔 입었다. 그런데 선생님께서는 흰색은 사진이 잘 안 나온다고 하시며 환한 티셔츠로 다시 갈아입고 오라고 하셨다. '이를 어쩔까?' 파란 옷보다 흰 남방이 예쁜데… 할 수 없이 옷을 갈아입고 말았다. 나는 오늘이 내가 주번이라 북문으로 나가 걸린 애들의 이름을 적었다. 그런데 땡! 하고 종이 울려 얼른 우리 교실 6-10반으로 후다닥 뛰어왔다. 이를 어째? 갑자기 선생님께서는 오늘 졸업 단체 사진을 안 찍고 내일 찍는다고 하셨다. 내일은 진짜 진짜 예쁘게 입고 찍어야겠다.

7월 16일 금요일

〈설레는 방학〉

오늘은 설레고 설레던 방학! 기쁘고 설레는 마음으로 학교에 갔다. 왜 평소와는 다를까? 그건 어쩌면 나 스스로 너무 생각해서 그런 거일 수도 있다. 학교에 가니 이리저리 떠들썩 왁자지껄~ 떠드는 소리 역시 방학이니까? 시끄러운 것 같았다. TV 화면에서 방학식이 나오고 지금부터 "방학식 시작!" 선생님께서는 봉사활동 날과 수영 시간 등을 가르쳐 주시고 여러 이야기를 해주셨다. 그중 안타까운 것은 내가 선생님께 편지를 못 드린 것과 아이들과 인사를 제대로 못 했다는 것이다. 그 이유는 학교에 오자마자 아이들한테 먼저 편지 쓰느라고 어쩔 수가 없었다. 편지를 쓰긴 썼는데 시간이 계속 빠르게 지나가 선생님께 드릴 편지는 미처 쓰지 못했다. 정말 선생님께는 꼭 편지를 쓰고 싶었는데… "선생님 죄송하고요! 방학 잘 보내세요! 선생님 사랑해요!" 선생님께 성적표를 받고 자율학습 상장도 받았다. 성적표는 예상대로 수학이 조금 안 좋게 나왔는데 상장 덕분에 기분이 좋기도 했다. "2학기 때는 잘해야지"라는 새로운 각오를 한다. 아이들과 선생님이랑 방학 기간에는 못 만나 싫어도 즐거운 마음으로 인사하고 헤어졌다. 그런데 방학이 끝나면… 생각하니 조금 두려워진다. 왜냐면 이제 곧 중학생이 되기 때문이다. 그래도 방학 잘 보내야지요! -보라 씀-

7월 17일 토요일

〈송도 어린이 대공원〉

엄마, 아빠, 할아버지와 함께 인천에 구경하러 왔다. 배가 고파 헬로베이스볼 레스토랑에서 닭고기, 볶음밥, 피자를 간단히 먹었다. 할아버지는 볼일이 있으시다고 집에 일찍 가시고 엄마, 아빠, 나는 차를 타고 인천 어린이 대공원으로 갔다. 어린이 대공원은 주차비로 소형차 2,000원, 대형차 3,000원을 받고 입장료는 공짜다. 생긴 지 얼마 안 돼서 나무가 조그마하고 그늘이 별로 없다. 어린이 대공원 식물원을 들어가 보았다. 소인 200원, 대인 300원인데 식물원이 별로다. 가는 길에 내가 코코넛을 사달라고 해서 아빠가 사 주셨는데 약간 계피 맛이고 속이 이상해 가스 활명수와 소화제를 먹었다. 어린이 대공원을 나와 근처 킴스클럽에서 물감을 바꾸고 서예 도구와 붓을 샀는데 매장이 엄청 넓어 '내려갔다 올라갔다'하며 시간을 보냈다. 드디어 저녁 시간! 우리 가족은 유명한 `송도 갈비'집에서 갈비를 배부르게 먹고 나와 아이스크림을 맛있게 먹으며 차를 타고 집에 왔다. 너무너무 재미있고 신나는 하루다!

7월 18일 일요일

〈이모할머니 생신〉

룰루랄라~ 상쾌한 아침! 오늘은 무지무지 바쁜 날! 바로바로 '이모할머니 생신'이시다. 아침 일찍부터 언니와 화장품 가게로 가 생신 선물로 로션을 사고 걸어 걸어 집에 도착! 우리 가족은 밤이 되길 기다리며 먼저 선물 공개 식을 시작! 첫 번째: 이모할아버지는 레티놀, 두 번째: 언니는 파우더, 세 번째: 보라는 로션, 오빠는 자금이 없어 선물 없음.

시간은 흘러 흘러 밤입니다~ 요. 우와~ 드디어 밤이 되어 우리 가족은 생신을 맞이하여 여래향이라는 중국집으로 가서, 나는 짜장면 이모할머니는 잡채 볶음밥을 시켜 각자 먹고 탕수육도 먹었다. 다 먹고 나와서 오빠는 공부하러 가고 언니, 이모할아버지, 이모할머니, 나는 집에 와서 케이크를 꺼내 놓고 "생신 축하합니다. 생신 축하합니다. 사랑하는 이모할머니! 생신 축하합니다" 노래와 함께 촛불의 불은 꺼지고 폭죽을 터트렸다. 우리 가족은 케이크를 맛있게 야금야금 사르르 녹는 케이크를 순식간에 해치웠다. 오늘은 이모할머니의 생신을 기념하는 하루로 재미있었다. 이모할머니 진심으로 생신을 축하드려요!

7월 19일 월요일

〈광릉 수목원〉

학교에서 광릉 수목원을 가기로 하여 8시 30분까지 학교 앞으로 갔다. 관광버스를 타는데 유진이의 짝꿍이 안 왔다. 원래는 나와 혜수가 짝인데, 혜수가 유진이와 앉아서 나는 뒤에 혼자 앉았다. 약 1시간 뒤에 수목원 도착! 이곳에 처음 온 나는 여기저기 나무들로 둘러싸인 나무 사이에서 맑은 공기를 마셨다. 아름답고 좋은 곳인 것 같다. 우리 일행(유진, 보라, 혜수)은 박물관으로 들어가 보니 이름 모를 산돌배나무, 버즘나무, 느릅나무 등을 보았고, 이런 나무가 우리나라에 있다는 걸 오늘에야 처음 알았다. 화석 은행, 메두, 조사과, 하와이무궁화, 태사 꽃, 여러 곤충 장수하늘소, 검은물잠자리, 노랑망태버섯 등을 보았고 새소리도 들으며 많은 걸 배웠다. 박물관을 나와 피라미드 모양의 꽃 재배를 들어가 보았고, 선생님께서 나눠 주신 학습 내용들을 종이에 작성하고 점심을 먹고 놀다가 정문으로 갔다. 이 더운 날 걸어 걸어 또 걸어 드디어 정문에 도착! 아이들이 많이 모여 있었고 우리도 그중 한 사람이 되어 있었다. 다시 관광버스를 타고 3시쯤 학교에 도착! 으잉- 웬 비? 나는 조끼 뒤에 있는 모자를 쓰고 집으로 뛰어갔다. 오늘 날씨가 비록 덥기는 해도 자연을 사랑해야겠다는 생각이 들었다. 기분은 좋아도 너무 힘든 하루다!

7월 20일 화요일

〈부모님께 (편지글)〉

안녕하세요? 저 보라에요. 부모님은 IMF를 맞아 더욱 힘드시겠어요. 그런데 일은 잘되세요? 잘 되고 있다면 다행이네요. 일은 쉬엄쉬엄하시고 무리하지 않는 게 제일 좋대요.

저는 친구들도 많이 사귀고 친하게 지내고 있고 어제는 수목원에 갔었어요. 저는 처음 가봤는데 숲처럼 나무가 우거져 있고 좀 더 들어가면 박물관도 있었어요. 저는 수목원을 갔다 와서 자연을 보호하고 사랑해야겠다는 생각이 많이 들더라고요. 예전에는 그냥 무심코 넘어갔는데 이제는 아니에요. 7월 16일에 방학을 시작했어요. 아시죠? 어느새 시간이 흘러 흘러 벌써 7월 20일이네요. 요즘은 빨리빨리 방학 숙제를 끝내야 해서 아주 바빠요! 부모님은 지금 뭐 하세요? 또 어떻게 지내세요? 저는 잘 지내요. 오늘은 별로 쓸 말이 없네요. 다음에 또 쓸게요. 몸 건강히 안녕히 계세요. 부모님 사랑해요! -보라 올림-

7월 21일 수요일

〈여름 (보라 시)〉

무더운 여름! 햇빛이 금빛 물결처럼 쏟아져 사람들을 괴롭힌다. 거리에 나가면 모두 반바지, 티셔츠 차림! 올여름은 불타는 솥뚜껑처럼 뭐가 그리 무더운지! 바람이 숨을 멈춰 집에서 선풍기 틀고 아이스크림만 먹는다.

7월 22일 목요일

〈내 테두리 펜〉

내 테두리 펜을 소개합니다. 이 펜은 이모할머니 생신날 샀는데 색깔이 무지무지 예쁘다. 은색에서 지우면 분홍색으로 바뀌며 비싼 700원이지만 색깔이 예쁘고 아주 좋다. 나에게는 펜이 거의 다 시티펜, 줄루펜 등 이런 세트고 비싼 건 5개밖에 없다. 그중에 비싸면서도 예쁜 건 테두리 펜이고, 그냥 예쁜 건 Jell-peocnl 펜인데 조금 밖에 없어 속상하다! Jell-peocnl 펜! 과 Tedoori 펜! 밑에는 잘 지워지는 Hr METAL 볼펜! 너무 잘 나오는 스마일 펜! 어때요! 내 5개 펜요. 그 외에도 더 있지만 비싼 것으로 뽑아서 놓았는데 예쁘죠? '펜'을 사고 새롭게 결심한 건데… 아무리 예쁜 펜이라도 앞으로는 돈 낭비 안 하도록 펜을 더 이상 안 사겠습니다. 왜냐면 쓸데없는 짓이라서… 우리 모두 돈 낭비하지 맙시다! 이 세상에서 내 테두리 펜이 제일 예쁘다! 너무 좋아~ 나의 테두리 펜이여!

7월 23일 금요일

〈유진이랑 지혜랑 유나랑〉

따르릉따르릉~ 여보세요? 나 유진이! 왜? 아니… 오늘 지혜랑 같이 피구 하자고 혜수도 같이… 혜수 전화 안 받아? 없던데… 한 번 더 연락해 봐? 어… 이따 놀이터로 3시까지 꼭 나와! 알겠어… 빠이빠이~ 유진이와 전화를 끊고 후다닥 갈 준비했다. 현재 시간 3시라서 유진이네로 출발! 지혜까지 오다니… 유진이 동생 유나랑 지혜, 유진이와 함께 놀이터로 가 흙에다 금을 긋고 피구를 시작했다. 유진이는 보라 편, 지혜는 유나 편. 으잉~ 뛰어다니니 땀이 많이 흘렀다. 이리저리 피하느라 정신이 없는 보라와 유진은 땀이 왜 이리 비 오듯이 흐르냐? 휴~ 힘들어라. 결국 지혜와 유나에게 지고 말았는데 너무 아쉬웠다. 지혜와 유나가 멈추지 않고 계속 나만 공격하니 너무너무 지쳤다.

우리는 유진이네로 갔다. 웬 개? 유진이 강아지는 암컷 푸들인데 아주 사납다. 베란다에 가둬 놨는데 문이 고장 난 탓에 강아지가 나와, 처음 본 나를 물으려고 했다. 우리는 공기도 하고 TOP 노래를 부르며 신나게 놀았는데, 유진이 개 때문에 더 이상 못 놀고 밖으로 나왔다. 지혜는 자주 와서인지 개가 안 물어서 유나, 유진, 지혜 셋만 놀고, 나 혼자만 집으로 갔다. 유진이 개 때문에 많이 못 놀아 속상하다. 다음에는 꼭 많이 놀고 싶다. 나는 어릴 적에 삐삐 강아지를 키운 후 강아지를 좋아하게 되었고 도베르만처럼 큰 개도 안 무섭고 좋아하는데, 유진이 강아지는 예쁘긴 한데 너무 사나워 무섭다. 기분이 영 아니다.

7월 24일 토요일

〈민혜와 놀았다〉

오늘은 민혜와 '영풍문고'를 가기로 한 날! 바쁘게 바쁘게 준비하고 있는데 민혜한테 전화가 왔다. "언니 지금 갈게!" 하는 반가운 목소리! 민혜가 우리 집에 와서 같이 띵띵 볼을 가지고 이리저리 튀기며 재미있게 놀고, 민혜에게 우표 수집책을 보여 주었다. 민혜는 이렇게 많이 모았냐면서 부럽다고 하였다. 아니! 갑자기 밖에서 민혜 할머니의 목소리! 민혜가 잠깐 나갔다 오더니 오늘 영풍문고를 못 간다고 말했다. 그래서 민혜랑 TV 보고 이렇게 저렇게 놀다가 저녁밥을 먹고, 학교 이야기하다 민혜는 집으로 갔다. 재미있고 마냥 즐거웠다. 하지만 민혜가 영풍문고를 가기로 하고서 안 가서 기분이 영 아니다.

7월 25일 일요일

〈재치 호치 책을 읽고 (독후감)〉

친구네서 우연히 '재치 호치' 책을 읽었다. 재치와 호치는 둘도 없는 친구 사이인데 매일 투덕투덕 잘 싸운다. 둘은 매일 다투기는 하지만 재치가 호치를, 호치가 재치를 싫어한 적은 한 번도 없다. 재치와 호치는 끼가 있으며 어린이날, 현충일, 크리스마스를 모두 함께 보내는 진짜 친한 친구다. 재치는 엄마의 심부름에도 늘 호치를 데리고 간다. 나에게도 이렇게 친한 친구가 있으면 좋겠다. 물론 친한 친구는 있는데, 만약 나에게도 재치와 호치 같은 친구가 있다면 매 순간 항상 깔깔깔 웃으며 재미있을 것 같다. 나중에 재치와 호치가 이사 갔는데, 그 동네에는 개구쟁이 두 명이 이사 와서 내 생각에는 무척 시끄러울 것 같다. 함께 이사 간 재치와 호치는 지금쯤 무엇을 하고 있을까? 또 뭐 하고 놀까? 아직도 사이가 좋은지 궁금하다. 나도 이런 재미있는 친구를 사귀어서 함께 놀면 좋겠다.

7월 26일 월요일

〈내 저금통 (보라 시)〉

내 저금통은 매일매일 꼬르륵꼬르륵 밥 달라하지요. 동전 밥과 지폐 반찬을 용돈 타서 넣어 주면 내 저금통은 딸랑딸랑 웃음소리 내며 너무 좋아하지요.

7월 27일 화요일

〈일산 이마트〉

오래간만에 마음을 잡고 공부하려던 순간 이모할머니께서 일산 이마트에 가자고 하셔서 얼른 준비하고 정은이 아줌마네로 갔다. 띵동~ 소리와 함께 아줌마께서 나오셨다! 정은이 아줌마 차를 타고 일산 이마트로 빨리 향했다. 여기는 일산 이마트! 쇼핑하며 오늘 저녁때 먹을 반찬을 사기 시작했다. 김, 쥐포 등을 사느라 이리저리 다녔는데 정은이 아줌마께서 갑자기 내게 참치를 선물로 주셔서 너무너무 감사했다. 세제를 사고 이리저리 구경하던 중 정은이 아줌마와 이모할머니께서 신발을 구경하시더니 슬리퍼를 사셨다. 그전에 신던 신발은 그 자리에서 버리시고 두 분은 새 슬리퍼를 신으셨다. 서로 똑같은 슬리퍼를 신고 나란히 걸어서인지 더욱 예뻤다. 오늘은 이마트를 다녀와 재미있었다.

7월 28일 수요일

〈미주와 유진이〉

'따르릉~ 따르릉~ 여보세요? 나 미주! 왜? 아니, 오늘 놀자고… 너가 올래? 어… 내가 갈게… 안녕! 미주가 조금 후 우리 집에 왔다. 미주와 나는 조금 있다가 유진이 집에 가기로 하고 우선 우리 집에서 놀기로 했다. 우리는 1인 1 탐구 하기로 하고 A4용지에다 먼저 ①주제를 맨 앞장에다 정하고 ②이름과 반을 썼다. 보고서는 서로 각자 갔다 와서 미주와 쓰기로 약속하고 7월 30일에 다시 만나기로 했다. 우리는 컴퓨터를 하려고 켰는데 용량이 이미 꽉 찼고 컴퓨터가 486 윈도우 95도스 5.0이라 아무것도 안 된데다 마우스까지 고장 나 결국 못하고 유진네로 갔다. 유진이 집에는 마침 유진이 사촌동생 서희(3살)가 있어 유진이 동생 유나와 숨바꼭질했고, 유진이 사촌 동생 서희 목욕도 시켜줬다. 물을 싫어하는지 목욕하는데 꽥꽥~ 소리쳤다. 우리는 10초 안에 영어 단어를 돌아가면서 하기 게임을 해 못하면 춤추기로 했다. 너무너무 재미있게 놀다가 우리 집에 왔다. 다행히 유진이 개를 방에 넣어서 물지는 않았는데 간이 조마조마했다. 넘넘~ 재미있었다!

7월 29일 목요일

〈실수 장을 만들자〉

실수는 누구나 하기 마련이다. 특히 어린이들은 더 많이 한다. 실수를 자꾸 한다는 것은 이상한 일이다. 그건 가면서 전봇대에 박고 오면서도 박는 것과 같다고나 할까? 왜 의외로 사람들은 실수를 많이 할까? 참 신기한 일이다. 실수 장을 안 만드는 애가 있는데, 실수 장을 만들고 거기에 일일이 다 기록하면 실수를 다시는 안 할 것이다. 실수 장을 만들려면 먼저 ①종이가 필요하다. ②실수 장이라고 적고 이름도 함께 쓴다. ③칸을 치거나 해서 기록할 것을 만든다. ④꾸민다. ⑤실수 날짜 시간과 그 일을 자세히 기록한다. 이렇게만 한다면 실수 장은 다 만든 거 아닌가? 실수 장을 어렵게 생각하는 사람도 있지만 알고 보면 아주 쉽다. 어떤 아이는 실수를 많이 해 날마다 실수 장에 실수한 일을 적었다. 한참이 지난 어느 날 그 아이는 실수 장을 안 쓰기 시작했다. 그 이유는 실수가 점점 줄었기 때문이다. 실수 많이 하시는 분들! 나처럼 실수 장을 꼭 만드세요!

7월 30일 금요일

〈신사임당을 읽고 (독후감)〉

신사임당 하면 모두가 떠들썩하게 알고 있는 조선의 여류 문학가가 아닌가? 나는 신사임당에 대해 잘 몰랐다. 하지만 이제는 아니다. 내가 알기로는 신사임당은 둘째 딸로 태어난 것으로 알고 있고, 집안이 넉넉해 사랑을 듬뿍 받았으며, 부모님께서 미술도구를 많이 사 주셨다고 한다. 나도 신사임당처럼 되고 싶다. 왜냐면 신사임당은 그림을 너무 잘 그려 닭이 그림을 쪼아먹을 정도였고 거기에다 마음씨가 예뻐 착한 일을 많이 하여 모두가 좋아하기 때문이다. 하지만 내 생각에는 이해가 안 가는 점이 딱 두 가지가 있다. 그건 왜 훌륭한 신사임당이 이원수처럼 별로인 사람과 결혼했다는 것이고, 또 한 가지는 왜 조선 시대에는 훌륭한 사람이 많다는 것이다. 신사임당은 너무 착해서인지 좋은 길몽을 꾸고 4남 3녀를 낳았는데, 어머니 노릇을 엄격히 하면서도 자식들을 잘 가르친 신사임당은 정말 훌륭한 어머니다. 아니~ 신기하게도 좋은 꿈을 꾸고 태어난 사람이 뒷날 대학자가 된 율곡 이이일 줄이야? 남편 이원수는 신사임당 덕분에 위기를 모면한 적이 있었고, 신사임당은 늙으신 부모님을 항상 생각하는 효녀라고 할까? 언제 봐도 또 봐도 신사임당은 너무 훌륭하고 대단하다. 나도 그녀의 성품과 그림 실력을 본받고 싶다. "짝짝짝"

7월 31일 토요일

〈하나로 뭉쳐 한 곳에〉

'하나로 뭉쳐 한 곳에'라는 말은 우리 반 친구들이 우리 동네에 사는 애들과 만나 신나게 논다는 뜻이다. 물론 공부하며 시간을 함께 보낸다는 소리다. 누구네 집이냐면… 유진이네 집이다. 유진이네 와 보니 미주와 지혜가 미리 와 있었다. 미주와 지혜는 잠시 낮잠을 자고, 유진이와 나는 1인 1 탐구를 싹 끝냈다. 우리 넷은 술래잡기하고 귀신 놀이했더니 땀이 흐른다. 뛰어다녀서 그런지 무지무지 덥다. 유진이 방이 너무 좁아 유나 방에서 신나게 놀고 만화책을 보았다. 나는 16권 '짱구' 책을 보고 지혜와 미주는 '짱구는 못 말려' 만화책을 보았다. 우리는 자두를 먹고 공기도 하며 놀았다. 과자를 사러 가는데 모두 귀찮아해 따라오지 않아 유진, 유나, 나는 화가 나서 오는 길에 다 먹고, 유진이는 '세레나데' 만화책을 빌려 왔다. 우리는 입을 싹 닦고 들어가 그냥 즐겁게 놀았다. 그리고 나는 지혜를 졸라 끝내는 '핫 드링크' 무료 티켓을 받았다. 맥도날드 것인데 12/1~12/31로 넘넘 기쁘다. 지혜, 미주 몰래 과자 먹은 거는 미안하지만 쌤통이다. 여기서 내가 만든 속담은 "게으른 자는 행운을 얻지 못한다." 유진이는 항상 집에 있어 놀러 가기 편해서 좋다.

8월-9월 일기

8월 1일 일요일 - 8월 31일 화요일

8월 1일 일요일
〈이모할머니, 이모할아버지께 (편지)〉

8월 2일 월요일
〈컴퓨터〉

8월 3일 화요일
〈선풍기 (보라 시)〉

8월 4일 수요일
〈산에서 배드민턴을 쳤다〉

8월 5일 목요일
〈알쏭달쏭 수수께끼 책〉

8월 6일 금요일
〈봉숭아 물들이기〉

8월 7일 토요일
〈상은아, 놀자〉

8월 8일 일요일
〈근정이 언니〉

8월 9일 월요일
〈강아! (보라 시)〉

8월 10일 화요일
〈이본의 볼륨을 높여라!〉

8월 11일 수요일
〈공부 열심히 하자〉

8월 12일 목요일
〈엄마께 (편지글)〉

8월 13일 금요일
〈색동옷 입은 선비 (이순신)〉

8월 14일 토요일
〈대전 외할머니 집〉

8월 15일 일요일
〈보령석탄박물관과 엄마 별장〉

8월 16일 월요일
〈우표 수집〉

8월 17일 화요일
〈봉사활동〉

8월 18일 수요일
〈내가 다니는 학원〉

8월 19일 목요일
〈수영장〉

8월 20일 금요일
〈풀 (보라 시)〉

8월 21일 토요일
〈남대문 시장〉

8월 22일 일요일
〈팔찌 만들기〉

8월 23일 월요일
〈가을은 (보라 시)〉

8월 24일 화요일
〈현대화마트〉

8월 25일 수요일
〈이제 곧 개학〉

8월 26일 목요일
〈부모님께 (편지글)〉

8월 28일 토요일
〈세계 공포 체험전〉

8월 30일 월요일
〈강 (보라 시)〉

8월 31일 화요일
〈숙제를 (보라 시)〉

9월 1일 수요일 - 9월 29일 수요일

9월 1일 수요일
〈잠이 오면 (보라 시)〉

9월 2일 목요일
〈새 신발〉

9월 4일 토요일
〈지는 해 (보라 시)〉

9월 5일 일요일
〈잔디 (보라 시)〉

9월 8일 수요일
〈TV (보라 시)〉

9월 9일 목요일
〈긴 줄넘기〉

9월 11일 토요일
〈낙엽 (보라 시)〉

9월 12일 일요일
〈정희 집 오다〉

9월 15일 수요일
〈혜수네〉

9월 16일 목요일
〈가을 (보라 시)〉

9월 18일 토요일
〈미주와 연신내로〉

9월 19일 일요일
〈변덕쟁이 비 (보라 시)〉

9월 20일 월요일
〈혜수 생일〉

9월 22일 수요일
〈추석 (보라 시)〉

9월 24일 금요일
〈추석을 맞이하여〉

9월 28일 화요일
〈감기 (보라 시)〉

9월 29일 수요일
〈아침 (보라 시)〉

10월 5일 화요일

〈코스모스를 보며 (보라 시)〉

들길을 가다가 바람 따라 춤추며 인사하는 코스모스를 보았다. 하얀색, 분홍색, 붉은색 빛깔이 서로 다른 그들만의 정다운 친구가 되어 준다. 코스모스는 서로 마주 보며 웃음 짓는 친구가 되어 바람 따라 살랑살랑 서로를 향해 반갑다고 인사한다.

10월 6일 수요일

〈이모할아버지 생신 (편지글)〉

오늘 59세를 맞으신 이모할아버지 생신이다. 아침부터 정신없이 '뭘 살까?' 고민하고 집에 왔는데 마침 엄마가 오셔서 함께 케이크를 제일 큰 걸로 사고, 엄마 생신 선물 손수건과 이모할아버지의 속옷 선물을 예쁘게 포장했다. 기대하고 기다린 이모할아버지의 생신을 축하하는 어두운 밤이 되어 저녁밥을 얼른 먹고 생신 파티를 시작했다. 빵~ 하는 소리와 함께 선물이 이모할아버지에게로 가고 모두의 얼굴에는 미소가 흐뭇~ 맛있는 케이크를 자르고 먹으며 얘기하느라 생신 파티는 금방 끝나고 재미있었다. 이모할아버지! 생신 축하해요! -보라 올림-

10월 9일 토요일

〈예쁜이 유경이에게 (편지글)〉

안녕, 유경아! 나 보라라고 해. 정말 오래간만에 쓰네. 너는 필리핀에서 잘 있니? 궁금하다. 아마 6학년 1학기 때였어. 너는 공주병으로 아주 유명했었지. 그때 너를 잘 알지 못하고 시간이 점차 흘러 내가 혜수·유진·민영·지혜와 친해지려고 했을 때, 처음으로 너와 친해지려고 하는데 네가 필리핀으로 가더라. 너는 내 생각이 나니? 너 필리핀으로 간다는 얘기 거짓말인 줄 알았는데 사실이라 많이 놀랐어. 필리핀 갈 때 주소·전화번호 가르쳐 주고 가지, 그냥 가는 게 어딨니? 편지도 못 하고 이젠 소식도 없냐? 지금 친구들 너 많이 보고 싶어 해. 그러니 빨리 오든지 아니면 연락해 주길 바란다. 그리고 진심으로 잘해주지 못해 미안해. 언제나 예쁜 유경이 웃음 잃지 마! 유경, 싸랑한데이♡ -보라가-

10월 10일 일요일

〈미주 학급문집〉

월요일에는 학급문집 내는 날! 그래서 오늘 미주와 함께 학급문집을 만들려고 한다. 미주한테 전화해서 2시에 우리 집에서 만나기로 하고 기다리니, 딱 2시에 우리 집에 와서 감자 칩을 먹으면서 미주와 학급문집을 만들고 컴퓨터를 하며 시간을 보냈다. 막상 학급문집을 하려고 하니 쉽지는 않았지만 재미있었다. 다음에도 미주랑 놀자고 약속했다!

10월 11일 월요일

〈수옥이네〉

수옥이와 나는 학교에서 처음 만나 알게 된 '나의 친구'라고 할 수 있다. 학교가 끝나고 우리 집에 와 벨을 누르고 또 눌렀지만 아무도 없었다. 나는 '어디 갈까? 고민하다가 마침 수옥이 동생 현진이를 만나 수옥이 집으로 갔다. 수옥이 집은 처음 가서 좀 어색했는데 집이 아주 근사하고 멋져서 좋았다. 그런데 수옥이가 미술 학원에 가고 없어서 수옥이는 못 보고, 함께 갔던 수옥이 동생 현진이와 컴퓨터 '너구리 게임'을 하다가 3시 30분쯤 우리 집에 오니 이모할머니가 계셨고 나는 곧바로 학원으로 갔다!

10월 12일 화요일

〈으뜸 왕〉

나·지혜·가영·정희는 6학년 4반 후프 부이다. 그래서 오늘 준비물인 후프를 들고 넓은 운동장으로 나가 줄을 일자로 쭉 섰다. 아니! 웬일이지. 후프 하는 사람이 무진장 많아 잘할 수 있을까? 하는 마음에 몹시 불안했고, 뭘 할지 생각이 안 났다. 줄넘기가 끝나고 이제 '후프'를 시작하는데 다행히 남자가 먼저다. 안경을 쓴 어떤 이름 모를 삐리리 남학생은 후프를 허리로 돌렸는데 손이 후프를 위로 하더니 허리에서 목으로 갔다. 또 한 손을 이용해서 다시 팔 쪽으로 가는 것이다. 정말 신기한 묘기다. 나는 아무리 해도 안 돼요~ 이제 여자 후프 차례로 두근두근 시작! 어떤 걸 할까? 후프가 이리저리 다니니 실수한다. 나는 그냥 허리 쪽으로 돌리다 후프를 줄넘기처럼 깡충 뛰어넘었다가 팔로도 돌리고… 결국 망쳤다. 엉엉엉~ 진짜 그 남학생이 볼거리 있는 묘기였다. 우와~ 신기 그 자체였다. 눈이 휘 동글해질 정도였다니… 정말 재미있고 즐거웠다! '후프 부란? 후프를 가지고 자기만의 동작을 익히고 만들어 묘기를 하는 부이다.' 힘들겠죠? 다시 하면 잘할 텐데 정말 아쉽군요.

10월 14일 목요일

〈지금보다 더 기쁠 때 (보라 시)〉

이 세상 사람들 모두가 자기 삶에 만족하며 살고 있을까? 지금 이 순간보다 나중에 더 기쁠 때가 있을까? 아니야, 내 삶에 만족하고 살다 보면 지금보다 더 기쁠 때가 오겠지! 친구랑 웃으며 뛰어놀 때만은 내 마음이 햇살처럼 반짝이고, 걱정은 바람처럼 살랑살랑 지나가니 바로 이 순간이 지금보다 더 기쁠 때이겠지!

10월 23일 토요일

〈수련회를 다녀온 후〉

10월 20일 우리는 수련회를 관광버스 타고 속리산으로 갔다. 너도나도 할 것 없이 가방 속에는 옷·도시락·필기도구·세면도구·과자 등이 꽉 차 걱정할 필요가 없었다. 내 짝은 이은주로 은주와 나는 가방 속에 있던 캐러멜을 꺼내 오물오물 씹으며 노래를 들었다. 우리는 배가 고플 때마다 자기가 가져온 과자를 함께 먹고 뒤·옆의 아이들에게도 나누어주며 먹다 보니 어느새 속리산에 도착했다. 우리는 2박 3일 동안 뜻있는 나날을 보냈다. 예절교육·레크레이션·캠프파이어 등을 하며 놀았는데, 장기 자랑 때는 여자아이들과 이정현의 '와'를 틀어놓고 테크노 댄스를 신나게 추며 즐겁게 흔들었다. 그중 유진이만 앞으로 나가 자기의 실력을 마음껏 보여줬다. 이렇게 짧은 시간 동안 아이들과 공동으로 생활하는 방법과 질서를 배우고 많은 걸 느꼈다. 2박 3일 동안 얼마나 힘들었는지 오늘은 무지무지 졸린 날이다. 다행히 학교에 와 우리 반 6-10반 아이들을 보니 기분이 좋았고 이제야 좀 진정이 되는 것 같았다. 수련회를 통해 내가 잘못한 일 등을 많이 깨우친 것 같은 느낌이다. 정말 평생 잊지 못할 추억일 것 같고 너무 좋았다. 비록 힘들고 피곤하긴 했어도 너무너무 즐거웠다. 수련회 다녀온 후 많은 걸 배우고 느낀 계기가 된 것 같다.

10월 25일 월요일

〈겨울 (보라 시)〉

차차 가을이 가면 추운 겨울이 오겠지. 호호~ 불면 공기는 모락모락 피는 겨울! 나도 모르게 내 옷은 벌써 두꺼운 옷 입고 이리저리 다닌다. 바람은 내 얼굴을 스쳐 지나가고 코끝은 빨간 딸기처럼 변한다. 내가 좋아하는 유자차 한 모금에 내 마음이 포근해진다.

10월 28일 목요일

〈청국장〉

특히 오늘은 실과 '방 꾸미기'를 가지고 오느라 허겁지겁 학교로 뛰어왔다. 나는 평소와 다름없이 책을 펴고 수업했다. 열심히 하다 보니 어느덧 점심시간이어서 배고픈 마음에 우리 7조 차례를 기다렸다. "아니! 이게 무슨 냄새!" 하고 보니 내가 좋아하는 청국장이어서 얼른 받아먹었는데 맛이 있었다. 그래도 우리 이모할머니 청국장 음식 솜씨가 최고다.

11월 일기

11월 1일 월요일 - 11월 30일 화요일

11월 1일 월요일
〈2000년도 달력〉

11월 5일 목요일
〈간절한 마음 (보라 시)〉

11월 6일 금요일
〈재시험〉

11월 7일 토요일
〈전학 가는 지영이〉

11월 9일 화요일
〈합창부〉

11월 10일 수요일
〈시간 (보라 시)〉

11월 12일 금요일
〈내 마음 (보라 시)〉

11월 13일 토요일
〈나는 어떤 사람인가?〉

11월 17일 수요일
〈창의의 샘〉

11월 19일 금요일
〈별 (보라 시)〉

11월 20일 토요일
〈체육 시간〉

11월 23일 화요일
〈혜수 다이어리 봤냐?〉

11월 24일 수요일
〈아니, 어제 합창부에서〉

11월 26일 금요일
〈과학경진대회〉

11월 30일 화요일
〈시는 (보라 시)〉

1999년 12월-2000년 1월 일기

12월 1일 수요일 - 12월 31일 금요일

12월 1일 수요일
〈옷 (보라 시)〉

12월 3일 금요일
〈내일 떡볶이 파티〉

12월 4일 토요일
〈HELLO 엄마〉

12월 7일 화요일
〈음악감상 부 오늘 우리 차례〉

12월 8일 수요일
〈날씨가 바뀌면 (보라 시)〉

12월 9일 목요일
〈읽기 시간에…〉

12월 10일 금요일
〈미술 시간 휴지 걸이 만들기〉

12월 13일 월요일
〈밤이 오면 (보라 시)〉

12월 14일 화요일
〈지선이 집 가다〉

12월 15일 수요일
〈사랑(♡) 술 (시)〉

12월 17일 금요일
〈바보 (시)〉

12월 18일 토요일
〈나의 계획은요?〉

12월 21일 화요일
〈겨울 방학식〉

12월 22일 수요일
〈꼬꼬마 지연이네〉

12월 23일 목요일
〈아니! 엄마가…〉

12월 24일 금요일
〈화이트 크리스마스〉

12월 25일 토요일
〈Merry christmas〉

12월 26일 일요일
〈나무는 (보라 시)〉

12월 27일 월요일
〈배치고사?〉

12월 28일 화요일
〈우리 학원에 등록한 지연이〉

12월 29일 수요일
〈DDR 게임〉

12월 30일 목요일
〈내 친구 지연이〉

12월 31일 금요일
〈망년회〉

2000년 1월 1일 토요일 - 1월 6일 목요일

1월 1일 토요일
〈새해 각오〉

1월 2일 일요일
〈유선방송〉

1월 3일 월요일
〈부모님께 (편지글)〉

1월 4일 화요일
〈어린 왕자 (독후감)〉

1월 5일 수요일
〈편지〉

1월 6일 목요일
〈세련된 엄마〉

1월 7일 금요일

〈연신내 액세서리 구경〉

오늘은 지연이와 연신내로 가는 날! 학원이 끝난 나와 지연이는 각자 집에 가서 연신내에 갈 준비를 하고 다시 만나기로 했다. 지금 시간은 2시로 우리는 걸어서 연신내까지 갔다. 우선 우리는 '헤이데이'라는 곳으로 들어가 예쁜 물건들을 구경하고 지연이는 거기서 Mr. k를 사고 나와, 액세서리 전문점으로 들어가니 너무 예쁜 액세서리가 많아 눈이 부셨다. 반짝반짝~ 지연이는 춥다고 그냥 살 거만 사고 가자고 했지만, 나는 더 구경하고 싶어 지연이를 설득했고, 그래서 우리는 자꾸 위쪽으로 구경하면서 갔다.
이야! 여기는 사진을 파는 곳. 우리는 무작정 들어가서 SES, 조성모 사진 등을 구경했는데 별로 사고 싶은 건 없었고 그저 구경만 하고 나왔다. 아~참! 여기는 가수와 탤런트의 소지품이 있어 호기심 발동으로 마음껏 봤답니다. 그리고 사고 싶은 소지품도 많았는데 소지품은 비싸 그만 못 샀답니다. 우리는 마지막으로 내 귀고리 뒤 꼭지 한 개를 1,000원 주고 사고 다시 걸어 걸어 집으로 왔답니다. 오늘 날씨가 정말 추웠어요.

1월 8일 토요일

〈수도꼭지 (보라 시)〉

수도꼭지가 나를 찾으며 애원해요. 졸졸졸 소리 내며 놀아달라 하네요. 수돗물은 내게 세수하자고 양치하자고 아낌없이 주겠다고 말해요. 자기 몸을 태우는 남을 위한 양초같이 수도꼭지도 아낌없이 나를 위해서 물을 틀어 주지요.

1월 9일 일요일

〈각오〉

누구나 마음속으로 굳게 다짐하는 각오는 있을 것이다. 나는 우선 '각오'에 대한 내 생각을 말하려고 한다. 먼저 정하고 그걸 실천하는 것이 각오가 아닌가? 만약 각오가 없다면 실천도 없으니, 각오는 우리에게 소중하다고 생각한다. 나의 각오는 시간을 헛되이 보내지 않고 뭐든지 열심히 하려고 한다. 그 이유는 1999년에는 공부를 소홀히 하고 노는 데 시간을 많이 소비해서, 2000년에는 그걸 고치려고 생각 중이다. 내가 각오를 생각한 것은 다름이 아닌 이제 중학생이 되고 또 2000년이 되니까? 무언가 각오를 정해놓고 실천하려고 하는 굳은 다짐이다. 나의 계획도 각오와 마찬가지랍니다. 과연 내 각오가 잘 지켜질까? 생각 중이다. 내 각오가 잘 지켜지길 바라며 말보다 실천하는 사람이 됩시다!

1월 10일 월요일

〈서울지방경찰청 견학〉

나는 지연이와 지연이 아빠를 따라 서울지방경찰청에 갔다. 이곳 서울지방경찰청은 다른 기존의 경찰청과는 달리 훨씬 크다. 나와 지연이는 지연이 아빠(즉, 아저씨)를 따라 서울지방경찰청에 들어가 의자에 앉았다. 지연이 아빠는 무언가 중요한 일이 있으신지 하시고, 의자에 앉은 나와 지연이는 옆에 있는 종이를 차근히 보았다. 종이를 보던 지연이의 갑작스러운 말, "야! 저 언니 예쁘다." 서울지방경찰청에 일하는 언니는 그 말을 듣더니 쑥스러운지 밖으로 나가서 음료수를 마셨다. 우리는 그 모습에 피식~ 웃고 넘겼다.

우리가 보던 종이에는 '교통사고 처리 안내서'에 대하여 쓰여 있었다. 교통사고 처리 안내서는 '형사처분을 받은 사고, 사망사고, 뺑소니 사고, 중요 10개 항 위반 사고는 보험에 가입하였거나 피해자와 합의하였더라도 피해 정도, 죄질, 합의 여부 등 사안을 종합적으로 판단하여 사안에 따라 구속 또는 불구속됩니다.'라고 쓰여 있었다. 막상 견학을 다녀오니 우리는 서울지방경찰청이 바쁘고 일이 많다는 걸 알게 되었고, 추운 날씨에도 불구하고 국민의 지팡이로 최선을 다하는 경찰의 노고에 고마움을 새삼 느꼈다.

1월 11일 화요일

〈학원 친구들과 서울랜드〉

오늘은 학원에서 서울랜드를 가기로 한 날로 아침 일찍 일어나 들뜬 마음으로 준비하고 혹시나 돈이 필요할지 몰라 5,000원을 가지고 갔다. 나 또한 다른 아이들과 같이 10,000원을 학원에다 미리 냈기 때문에, 학원에서 점심을 주고 차도 제공하며 썰매와 놀이 기구도 몇 개 탈 예정이다. 우리는 관광버스를 타고 서울랜드로 출발! 원래 중1, 중2 언니, 오빠들과 함께 가는 건데, 갑자기 변경되어 2학년, 5학년, 6학년, 선생님 등만 가서 관광버스 안이 텅텅 비웠답니다.

드디어 서울랜드에 도착~ 우리는 자유이용권을 끊고 들어갔는데, 손목에다가 무언가를 붙여 주는 걸 보니 이것만 보여 주면 다 탈 수 있나 보다~생각했다. 우선 놀이 기구 중 이름은 잘 모르겠지만 천천히 앞으로 갔다 뒤로 가는 놀이 기구를 탔는데 엄청 어지러웠다. 그리고 우리는 박치기 차를 기다린 후에야 탈 수 있었는데, 나는 박치기 차를 타고 승제, 정의, 미진, 지연이 타고 있는 차를 일부러 세게 박았다. 물론 나도 다른 차로부터 많이 박혔답니다. 그리고 해적 소굴에서 나, 미진이는 배를 타고 가면서 앞에 있는 가짜 총으로 목표물을 맞히니 나의 점수는 110점, 미진이는 170점 나왔다. 다음 차례로 바이킹을 탔는데 처음 탈 때는 어지럽고 속이 거북했는데, 그중에 놀이 기구가 제일 재미있었다.

현재 시간 12시 30분이라 우리는 로데오라는 음식집에서 다 같이 짜장밥을 시켜 먹었다. 배고플 땐 짜장밥도 무진장 맛있답니다. 짜장밥을 다 먹은 후 우리는 착각의 집을 들어갔는데 '착각의 집'이란 이름처럼 사람을 착각하게 한다. 놀이 기구는 잠시 후 타기로 하고 우선 썰매장으로 갔다. 우와! 사람이 억수로 많데이~ 우리는 썰매를 들고 저 위까지 올라가 썰매를 타고 내려왔다. 처음에는 위에서 밑을 보니 무서웠는데 한번 타고나니 하나도 안 무섭다. 나는 썰매를 지겹도록 계속 탔으며, 잠시 내려가 2,000원짜리 구슬 아이스크림을 먹었고, 미진이와 돈을 보태 즉석 오뎅을 먹은 후 다시 썰매를 탔다.

썰매장을 나온 우리는 마지막으로 놀이 기구 2개를 더 타고 음료수를 마셨다. 그물 같은 게 여기저기 있는데도 구경했고, 88 열차 보다는 안 무서운 88 열차 놀이 기구까지만 탔다. 승제, 영어 선생님, 5학년 어떤 여학생은 무서움을 안타 88 열차를 2번이나 탔다. 나도 무서워 못 타는 걸 타니 참 대단하다는 생각이 들었다. 집으로 가기 위해 올 때 탔던 관광버스를 다시 타고, 도란도란 얘기하면서 집에 왔다. 오늘 계기로 아이들과 더욱 친해진 것도 같고 너무나 재미있었다. 다음에 올 기회가 있으면 또 오고 싶다~

1월 12일 수요일

〈이모할머니, 이모할아버지께〉

이모할머니, 이모할아버지 안녕하세요? 저, 보라에요. 드디어 1999년이 가고 2000년이네요. 2000년이 되고 처음으로 편지를 쓰는 거예요. 2000년에는 특별히 하고 싶으신 거 있으세요? 저는 2000년은 새로운 마음으로 뭐든지 다 열심히 하고 싶어요. 열심히 하면서 앞으로의 계획을 생각하고 실천하려고 해요. 저는 이모할아버지께서 이번에 행정사를 차리셔서 너무 좋아요. 손님은 많이 오시나요? 이모할아버지 파이팅! 우리 이모할머니는 책을 좋아하시나 봐요. 저도 본받아 책을 많이 읽고 공부도 많이 하며 말씀도 잘 들을게요. 믿어 주세요. 올해 2000년에는 좋은 일이 있으시길 바라며… 만수무강하세요. 그럼 이만.

1월 13일 목요일

〈선물의 의미〉

선물의 의미를 먼저 말하기 전에 선물에 대해 말하려고 한다. 내가 받은 선물은 셀 수 없이 많아도 내가 남에게 준 선물은 별로 없어 아쉽다. 나는 내가 받은 선물 중 크리스마스 때 받은 선물을 얘기하려고 한다. 내가 크리스마스 때 지연이 집에서 잤기 때문에 그다음 날 오빠한테 카드와 키티 로션 그리고 건전지와 전선으로 연결된 LOVE라는 글자의 장식용품과 이모할머니, 이모할아버지한테 피카츄 인형을 받았다. 피카츄 인형을 사서 차에 놓으니 차가 흔들릴 때마다 "피카츄"라고 해 깜짝 놀란다. 오빠, 이모할머니, 이모할아버지 고맙데이~ 잠깐 여기서 선물의 의미를 알아보자~ 껌: 오래 사귀고 싶다. 양초: 당신을 생각합니다. 앨범: 당신과 헤어질 수 없어요. 손수건: 이별과 만남. 거울: 나를 이해해 주세요. 노트: 당신의 순수함. 장미X1: 우정. 장미X3: 사랑. 반지: 영원히 나의 것이 되어 주세요. 만년필: 당신의 성공을 빌어요. 라이터: 불타는 사랑. 일기장: 나의 일부가 되어 주세요. 담배: 난 당신이 싫어요. 꽃: 마음을 드립니다. 사탕: 귀여운 친구라고 생각합니다. 장갑: 더 솔직하세요. 나무 인형: 당신의 마음을 모르겠어요. 책: 당신의 생각을 믿습니다. 초콜릿: 달콤한 사랑. 시계: 당신과 있고 싶어요. 편지: 당신을 그리워합니다. 이야! 어때요? 이게 다 선물의 의미랍니다. 역시 선물은 받는 거보다 주는 게 더욱 좋아요.

1월 14일 금요일

〈엄마와 2박 3일 보령 별장에 갔다〉

엄마한테서 갑자기 전화가 와서 오늘 시간이 있으니 이따가 보령에 있는 별장에 다녀오자고 말씀하셨다. 지연이에게 보령에 있는 엄마 별장에 함께 가자고 설득한 결과 함께 가기로 약속했다. 빠라 빠라밤! 엄마가 오셔서 엄마 차를 타고 보령 별장으로 출발~ 너무 배가 고파 휴게실에 들려서 우동, 충무김밥, 감자튀김을 꿀꺽 먹고 나니 벌써 보령 별장이다. 이곳의 입구는 다른 차들이 들어오지 못하게 2층 높이 위에 마당이 있고, 앞은 보령댐 물이고 뒤는 깊은 산이라 마치 설악산에 온 것 같은 느낌이고 경치가 끝내줘요. 마당은 1,500평이지만 잔디는 600평만 되어 있는데, 엄마 혼자서 잔디 심고 가꾼 거예요. 마당에는 그네와 커다란 연못이 있고 4층 높이의 거대한 폭포도 있답니다. 집은 아주 예쁘지는 않아도 집안은 그림과 조각들이 가득해서 아늑한 카페 같은 별장이랍니다. 우리는 마당에서 나무, 신문지 등에 불을 붙여 바비큐 그릴에 고기를 구워 맛있게 먹었다. 밖이라 조금은 추웠는데 밤하늘의 별이 쏟아질 듯한 마당에서 마당 전체를 환하게 비추는 가로등 불빛 사이의 경치는 아주 아름다웠고, 불타는 장작불을 보니 재미있고 행복했다.

1월 15일 토요일

〈오늘은 뭘 할까?〉

보령 별장에 온 지도 벌써 하루가 지났다. 나는 어젯밤 너무 많이 먹은 탓인지 오늘 새벽에 소화가 안 돼 토하고 난리가 났다. 그 바람에 엄마가 이불을 빠느라 고생하시며 잠을 제대로 못 잘 수밖에 없었다. 엄마 죄송합니다! 나와 지연이는 마당에서 배드민턴을 치고 맑은 공기를 마시며 신나게 뛰어다니며 놀았다. 우리는 산에서 나무들을 주었고 마당 한쪽에다 많이x2 놓고 캠프파이어를 하며 즐겁게 놀았다. 나는 아직 소화가 안 돼 손을 따고 약국에서 산 약을 먹었다. 피가 검정 비슷한 붉은 피다. 아이, 아파라~ 오늘은 TV 고치는 아저씨도 안 오고… 약속을 안 지키는 날 같다!

1월 16일 일요일

〈보령 별장의 마지막 날〉

보령 별장의 마지막 날이 왔다. 오늘은 어제 약을 먹고 자서 그런지 속이 괜찮다. 열도 안 나 아침밥을 많이 먹었다. '놀러 와서 아프니 웬 고생이람!' 우리는 아침 일찍 일어나 밥을 먹고 엄마를 도와드리기 위해 그릇을 치우고 청소하고 정리를 깨끗이 했다. 그 바람에 일이 일찍 끝났다~ 나의 속이 다 나서 지연이와 과자, 과일 등을 많이 먹은 뒤 석탄박물관으로 갔다. 우리 셋이 석탄박물관으로 입장하는데 관람권은 330원으로 다 석탄에 관한 곳이다. 이곳은 년도 별로 석탄이 발견된 시기, 그때 쓰인 기구 등이 있었고 엘리베이터로 지하 깊숙이 내려가 석탄광에서 일하던 사람들의 모습을 봤다.

그리고 다시 나와 무량사로 갔는데 여기의 관람권은 800원으로 '대한불교 조계종 만수산 무량사라는 절이고, 매월당 김시습이 21세에 스님이 되시고 49세에 무량사에서 주석하시다가 59세에 열반하셨다. 유품으로 사리 1개와 자화상이 현존해 있다.'라고 쓰여 있다. 무량사에 들어가니 5층 석탑이 있고, 절 안에는 매우 크신 부처님 3분 계셨다. 나는 부처님께 절을 하고 나왔는데 부처님 3분 크기를 보고 놀라지 않을 수가 없었다. 우리는 나오는 길에 허락 없이 종을 치다 스님께 혼난 사람들을 보았다. 또 우리는 돌 위에 돌을 놓으며 소원을 빌었고 다시 별장으로 왔다. 별장에 온 우리는 짐을 챙기고 차에 옮겼다. 서울집에는 밤늦게 도착했는데 오늘 너무 재미있었다. 기회가 되면 다음에 또 오고 싶다.

1월 17일 월요일

〈부모님께〉

엄마, 아빠 안녕하세요? 저, 보라에요. 엄마! 어제 엄마네 보령 별장에 가서 캠프파이어도 하고 무량사, 석탄박물관도 갔다 오고… 너무 재미있었어요. 아빠도 함께 오셨으면 좋았을 텐데… 아쉽네요. 아빠는 회사 일 때문에 바쁘신가 봐요? 전화만 하시지 말고 가끔 오세요. 엄마, 아빠! 제가 재미있는 거 하나 가르쳐 드릴게요. ♡은 소주처럼 맑고, ♡은 막걸리처럼 순하고, ♡은 양주처럼 진하고 ♡은 맥주처럼 풍부하대요. 그래서 ♡은 술이고 ♡표시는 사랑을 뜻해요. 엄마, 아빠! 날씨가 추우니 옷 따뜻하게 입으시고요, 올해는 일이 더욱 잘되시길 바랄게요. 몸 건강히 안녕히 계세요. 그럼, 이만… 엄마, 아빠 파이팅!

1월 18일 화요일

〈나 자신〉

오늘은 나 자신을 생각해 보고 반성하려 한다. 나 스스로가 한 약속도 못 지키면서 과연 남과의 약속을 지킬 수 있을까? 남들보다 나 자신과의 약속이 제일 힘든 것 같다. 지금의 나는 오래전 나쁜 습관을 잊고 새천년이 온 지금 새로운 무언가를 꼭 하고 싶다. 나의 나쁜 행동들을 없애고 뭐든지 열심히 잘하고 싶은데 그게 잘 안된다. 이런 것들을 실천하고 싶고 꼭 실천할 것이다. 하지만 나 자신조차 다스리지 못하니 이게 다 무슨 소용인가? 이것이 나의 걱정이다. 나 자신을 생각한 데는 다 계기가 있다. 맨날 빈둥빈둥 집에서 놀고 있는 나! 나는 나의 나쁜 행동들을 누구보다 더 잘 알고 있고 고치는 방법도 알고 있는데, 실천이 안 되니 그건 나의 하기 싫은 마음 때문이다. 언젠가 나의 바람이 꼭 이루어진다면 올바르게 생활하고 좋은 방향으로 나아가도록 노력할 거다.

1월 19일 수요일

〈PC방〉

지연이가 갑자기 나에게 PC방 가자고 했다. 나는 처음이라 호기심도 생기고 가고 싶어서 지연이 보고 가겠다고 했다. 현재 나는 돈이 없어 지연이가 돈을 내기로 하고, 우리는 환타지아 오락실을 지나 옆에 있는 PC방으로 들어갔다. PC방에 와서 보니 어른들 생각처럼 PC방이 나쁘진 않았다. 그냥 자기가 각자 하고 싶은 걸 하는 것뿐이었다. 나와 지연이는 12번, 13번 컴퓨터로 가서 각자 앉았다. 처음에는 아무것도 몰라 어리둥절해 지연이에게 물어보곤 했다. 나는 어떤 프로그램에 들어가 스타에 대한 정보를 보았는데 우선 조성모에 대해 보고, 김혜수가 경매에 내놓은 운동복을 보고 김민희에 대한 프로필을 봤다. 역시 스타에 대하여 나온 글들은 너무 재미있어 자꾸 보게 되는데 PC방 컴퓨터라서인지 컴퓨터 화면 시간이 너무 느리다. 우리는 거의 1시간이 다 될 때쯤 PC방 아저씨의 도움으로 게임을 시작했는데 게임이 잘 안되어 다른 컴퓨터로 게임을 했다. 이름은 '어므니'로 하고 암호를 만들었다. 인물과 나라 그리고 때를 설정하다 보니 끝날 시간이 되어 게임을 많이 하지는 못했는데 재미있었다. 아마 다음에는 숙제 때문에 또 PC방에 올 것 같다.

1월 20일 목요일

〈바보 (시)〉

내가 널 알았을 때 너는 날 몰랐고 내가 널 좋아할 때 너는 날 알았다. 내가 널 사랑할 때 너는 날 좋아했고 내가 널 떠났을 때 너는 날 떠났다

1월 21일 금요일

〈교보문고〉

학원 수업이 끝난 지연이와 나는 오늘 교보문고에 가기로 했다. 사실 어제 가기로 했는데 날씨가 너무 추워서 할 수 없이 오늘 가기로 한 거다. 우리 집에서 지연이와 함께 점심밥을 먹고 TV를 보다가, 1시 30분쯤 집을 나와 152번 버스를 탔다. 영풍문고에서 내린 우리는 길을 건너 교보문고로 들어갔다. 이야! 평일인데도 사람이 많았다. 팬

시점에 들어가 옷의 영어가 이상할 때 그걸 가리기 위해 만든 투니버스 모양이 있는 걸 2,500을 주고 샀다. 내 옷의 영어가 마음에 들지 않아 그걸 가려서 입고 다니면 더 예쁠 테니까…

그리고 중학교 문제집을 사러 갔는데 여기는 셀 수도 없을 만큼의 문제집들이 많이 있다. 지연이는 테이프는 없고 두꺼운 책으로만 된 중학 영어책을 샀고, 나는 영어 문제집에 테이프가 없어 2,500원짜리 영어 테이프를 사고 아이스크림을 먹었다. 우리는 사고 싶은 것을 다 사고 그냥 여기저기 돌아다니며 스타 사진, 책, 문제집, 액세서리, 학용품 등을 구경했다. 지금 시간이 6시라 일단 집에 전화하고 갈증으로 인하여 음료수를 사 마셨다. 실컷 구경한 우리는 교보문고를 나와 152번 버스를 타고 집에 왔다. 비록 여기저기 오랜 시간 돌아다녀 다리가 아프기는 했어도 신나고 재미있었다.

1월 22일 토요일

〈엄마가 준 예쁜 컵〉

아니! 엄마가 웬일? 엄마가 오늘 시간이 있으시다며 나를 보러 오셨다. 엄마가 오셔서 나는 너무 반갑고 좋았다. 거기에다 엄마는 쇼핑백에서 예쁜 컵 잔들을 꺼내셨다. 노란색의 컵 잔 5개로 3개는 사자 무늬, 2개는 고양이 그림. 노란색 컵 잔에 깜찍한 동물 그림들이 너무 눈이 부실 정도로 환하고 귀엽다. 엄마가 주신 예쁜 컵 잔을 부엌에 놓고 보니 크기는 보통인데 이쁘고 편하다. 앞으로는 이 컵만 쓸 거야~ 엄마! 무진장 감사합니다.

엄마는 오랫동안 난로 앞에서 이모할머니와 뻥튀기를 드시며 얘기하시고, 내가 모르는 것도 많이 가르쳐 주셔서 공부에 많은 도움이 됐다. 날씨가 추운데 이모할머니, 엄마랑 이렇게 난로 앞에 오순도순 모여 있으니 너무 좋아 기절하겠네! 엄마는 다시 회사로 출근하러 그만 가시려는데, 나는 얼른 엄마 차에 타고 요 앞까지 함께 갔다. 엄마는 나에게 필요한 거 사라고 10,800원 주시고 가셨는데 나는 문방구로 Go~ 엄마 Bye Bye~

1월 23일 일요일

〈방학 숙제〉

이제 8일만 있으면 1월이 가고 곧 개학이다. 학교에 간다는 설렘보다 숙제를 다 해야 한다는 걱정이 더 크다. 나는 그동안 6학년이 마지막이라는 핑계를 대고 TV를 보며 아무 걱정 없이 실컷 놀았다. 너무 놀아 걱정이지. 그동안 너무 편하고 좋았다. 그렇다고 후회는 안 한다. 이제까지 실컷 놀았어도 지금부터라도 뭐든 하면 되니까? 나 또한 방학 숙제는 조금 했고 다른 아이들도 같을 거라고 예상한다. 숙제, 숙제란 말만 들어도 괜히 어려운 걸 해야 한다는 생각이 들어, 숙제가 싫지만 할 수밖에 없는 게 숙제다. 현재 나에게 남은 숙제는 스킬, 문제집, 독서 카드다. 이 숙제를 학교 가기 전에 부지런히 해서 편하게 쉬고 싶다. 또 숙제를 다 한 후 남부럽지 않게 떳떳이 나아가고 싶은 소망이다.

1월 24일 월요일

〈152번 종점〉

우리 집에서 제일 가까이 있는 곳은 연신내 종점이다. 오늘은 언니, 나, 이모할머니와 함께 종점으로 가기로 했다. 왜냐고요? 바람도 쐴 겸 구경도 할 겸 152번 버스를 타고 가니 금세 종점이다. 그것도 눈 깜박할 사이에…(농담) 이모할머니와 언니는 나에게 긴 잠바를 사 준다며 리틀브렌으로 데리고 가셨다. 리틀브렌에 나에게 딱 맞는 옷이 있었는데 왠지 아동복 같아, 옆의 숙녀복 파는 데로 들어가니 거기에 흰 잠바가 있었다. 그런데 그 흰 잠바는 나에게 안 어울려 옆의 검정 잠바를 입어 보았다. 아무 무늬 없고 어깨가 딱 ㄱ자로 되었는데 이게 제일 낫다고 생각되어 사려고 하던 참에, 옆에 예쁜 검정 잠바가 눈에 띄어 입어 보니 오우! 길이가 무릎까지 오는 잠바를 너무 예뻐서 샀다. 우리는 택시를 타고 연신내로 이동했는데 우와! 예쁜 옷이 너무 많아요. 이모할머니는 지퍼가 달린 편하고 예쁜 검은색 신발을 샀는데 이모할머니 얼굴에도 웃음꽃이 피었다.

1월 25일 화요일

〈옷과 양말〉

이모할머니께서는 어디 잠시 나가셨다가 방금 들어오셨다. 그런데 갑자기 쇼핑백에서 옷을 꺼내시더니 "이 옷 어떠니?"라고 말씀하셨다. 나는 아주 예쁘다고 말씀드렸다. 이 옷은 목까지 오는 검은색과 흰색 폴라티다. 이모할머니께서 이 옷 2개와 검정 양말 3켤레를 내 거라고 하셨을 때 나는 좋아 입이 벌어졌다. 나는 속에 입는 폴라티가 딱 맞아 몇 달 후에는 못 입을 것 같았고, 내 검정 양말은 이게 처음이다.

내 양말은 거의 다 흰 양말인데 검정 양말이 생겨 정말 좋다. 나에게 필요한 옷과 양말인 줄 어떻게 아셨지? 이 옷을 입어 보니 조금 크지만 편하고 따뜻하다. 물론 양말도 재질이 정말 좋고 편하다. 옷과 양말이 이루 말할 수 없을 만큼 예쁘고 아주 좋다. 우리 이모할머니 최고! 이모할머니 어제와 오늘 주신 선물 감사하고요. 잘 입을게요. 그리고 꼭 제가 크면 뭐든지 다 사 드리고 효도할게요. 고맙습니다~

1월 26일 수요일

<봉사활동>

오늘은 학교 봉사활동이 있는 날! 수옥이와 나는 8시 35분쯤 만나서 학교에 가기로 했다. 나는 아침 7시에 일어나 준비하고 수옥이를 기다렸다. 내가 이렇게 일찍 준비하고 기다린 것은 아마 태어나서 처음일 것이다. 띵동~ 소리에 재빨리 나갔고 수옥이를 오래간만에 보니 너무 좋고 반가웠다.

학교에 가니 우리 반 여자아이들 몇 명이 있었다. 우리는 교무실로 들어갔고 물걸레를 맡았다. 우선 물걸레를 깨끗이 빤 후 복도를 먼저 밀었다. 복도가 미끄러워 넘어지는 아이도 있었다. 아니! 세상에… 복도가 아니라 교무실을 미는 것이었다. 우리는 다시 교무실로 가 바닥을 깨끗이 밀었다. 아까 엉뚱하게 복도를 물걸레로 민 것이 후회되었다. 아~ 드디어 청소 끝. 우리는 청소가 끝나 사탕을 빨아 먹으며 가벼운 마음으로 집으로 갔다.

1월 27일 목요일

<청소>

누구나 방이 어질러지면 청소하기 마련이다. 나 또한 마찬가지다. 오늘 내 방에는 먼지가 좀 있었다. 나는 내 방을 닦는다고만 말했지, 며칠을 안 했다. 왜냐면 이모할머니께서 내 방을 걸레로 닦아주시는 걸 알고 있었기 때문이다. 오늘 자세히 보니 먼지가 있어 걸레로 문부터 방 끝까지 다 닦았다. 컴퓨터 밑까지 구석구석 닦았다. 거의 안 닦은 데가 한 군데도 없다. 오우! 벌써 걸레를 2번씩이나 빨았네! 열심히 청소하고 나면 왠지 깨끗하고 기분이 좋아진다고나 할까? 깨끗해진 내 방을 보니 너무 흐뭇하다. 아~ 청소하면서 어질러진 물건도 예쁘게 정리했다. 한꺼번에 정리하면 힘드니 매일 꾸준히 정리한다. 내일은 대정리와 대청소를 할 거다. 두고 보세요. 우선 숙제부터 끝내 놓고… 내 방이 반짝반짝!

1월 28일 금요일

〈부모님께 편지〉

엄마, 아빠 안녕하세요? 저, 보라에요. 오래간만에 편지를 쓰는 거 같네요. 이제 1월이 다 가고 나면 2월이에요. 2월이 되면 설날이 있어 신나게 놀 수 있어서 좋은데 곧 개학이라 좀 그러네요. 이제 곧 학교에 가야 하니 집에서는 많이 못 놀아요. 그전에 숙제를 끝내 놓으려고 생각 중이에요. 엄마, 아빠는 항상 바쁘시겠어요. 좀 쉬시면서 일하세요. 건강이 최고랍니다. 저도 공부 열심히 하도록 노력할게요. 그리고 말도 잘 듣고요. 엄마, 아빠 앞으로 우리 많이 놀러 가고 모든 일이 잘 풀리시길 바라며 그럼 이만… 안녕히 계세요^^

1월 29일 토요일

〈백조 접기〉

나는 겨울방학 과제 계획 중 특별, 취미 활동에 뜨개질해서 목도리 만들기라고 써넣었다. 그런데 아직 목도리가 덜 되어 목도리 만들기를 지웠다. 며칠 전 엄마가 종이 인형을 가지고 오셨는데, 큰 여자 종이 인형과 조그마한 종이 인형 2개가 있었다. 나는 그 종이 인형이 너무 예뻐 그걸로 만들어 학교에 내기로 했다. 나는 문방구에 가서 4,000원 주고 재료를 샀는데 추가로 백조 접기와 스킬 실 몇 개를 1,500원을 주고 샀다. 지연이가 가르쳐 준다는 말에 지연이 집에 와서 보니 백조 접기가 많이 있었다. 지연이는 백조 접기를 나한테 줄 걸 깜빡했다고 말했고 나는 후회가 되었다. 그런데 지연이가 산 종이 인형은 남자였다. 나는 그제야 내 종이 인형이 여자이고 여자와 남자가 각각 있는지 알았다. 아~ 그냥 남자 종이 인형을 살걸… 나는 백조 접기를 다 접은 후 다시 남자 종이 인형을 사서 만들기로 했다. 지연이 말로는 백조 접기 안에 들어 있는 종이를 100개 정도 접어야 하니 부지런히 해야 한다고 했다. 배우고 나니 조금은 쉽다. 부지런히 열심히 할 거다~

1월 30일 일요일

〈슬픈 Story〉

1시간 30분을 기다렸습니다. 그러나 괜찮습니다. 그대가 나타나 주었으니까요. 하늘을 날 것 같습니다. 그대가 미안하다고 말해 주었으니까요. 그대가 다른 여자와 손을 잡고 걸어갑니다. 그러나 괜찮습니다. 그대는 장갑을 꼈으니까요. 그대는 다른 여자와 결혼합니다. 그러나 괜찮습니다. 나는 죽었거든요. 하늘을 날 것 같습니다. 영원히 그댈 내려다 볼 수 있으니까요.

1월 31일 월요일

〈지연이네서 잠을〉

학원 수업을 마치고 평소대로 우리는 지연이 집으로 가는 길에 소라 슈퍼를 들렀다. 거기에는 아저씨(지연이 아빠)가 계셨다. 우리는 열쇠를 받고 쥐포를 사 먹으려는 순간, 슈퍼 아줌마께서 아저씨한테 돈 받는다고 그냥 가져가 먹으라고 하셨다. 우리는 지연이 집에 들어와 쥐포를 각자 3개씩을 먹었다. 쥐포를 먹으며 우리는 TV를 보고 또 백조 접기를 가져와 열심히 접었다. 우리는 조그만 통을 갖다 놓고 백색 종이를 접은 후 그 통 안에다 넣었다. 오우! 아줌마(지연이 엄마)가 오셨다. 우선 짐을 들어드린 후 다시 마루에 앉았다. 아줌마께서 피자 2조각을 가지고 오셔 우리는 맛있게 먹었다. 밤에 잘 때 우리는 플래시를 켜고 계속 백조 접기를 했는데 드디어 통 안에 백색 종이 접은 걸로 가득 찼다. 그래도 오늘 하루가 비록 특별한 것은 없었더라도 재미있었다.

2월 1일 화요일

〈2월이네~〉

이제 1월이 다 가고 2월이 왔다. 별로 한 일도 없는데 시간과 세월이 눈 깜빡할 사이에 지나간 것 같다. 이제야 어른들의 말씀이 이해가 간다. 2월의 첫 아침을 지연이네서 보냈는데, 우리는 아침밥을 미역국과 같이 먹고 TV를 조금 보다가 아줌마의 연락받고 후다닥 나갔는데 여기는 아줌마네 미용실! 우리는 미용실에서 백조 밑받침을 본드로 붙여 만들고 서서히 몸통 밑을 만들었다. 가게에 오랜 시간 있다가 쥐포를 사 먹으며 걸어가니 벌써 지연이네 집이다. 우리는 지연이 집 TV에서 좋은 걸 발견했는데 노래방 채널 30번, 35번에서 빠른 곡만 DDR이 되는 것이다. 우리는 아줌마가 사 오신 피자 3조각과 콜라 그리고 딸기 아이스크림을 먹으며 DDR을 했다. 그런데 역시 이정현 노래가 제일 어렵네요~

2월 2일 수요일

〈부모님께 (편지)〉

엄마, 아빠 안녕하세요? 저, 보라에요. 별일 없으시죠? 저는 지금 학교 숙제로 바쁘답니다. 이제 곧 학교에 가니 숙제를 빨리해야 해서 몸이 2개라도 모자랍니다. 아참~ 이제 내일모레가 설날이네요? 설날 때는 문산 이모할아버지 형님네 가려고 생각 중이에요. 그리고 이번에 중학교 배정이 나왔어요. 애들이 학교에 찾아가서 중학교 배정을 알았다고 해서 저도 학교에 전화하니 2월 7일에 가르쳐 준다고 하더라고요. 엄청, 떨리고 기대돼요. 제발 좋은 중학교로 배정되면 좋겠어요. 이제 곧 중학교 가니 공부 열심히 하도록 노력하고 선생님 말씀 잘 들을게요. 앞으로도 열심히 일하시고요, 안녕히 계세요. 그럼 이만…

2월 3일 목요일

〈우리 학원〉

오늘은 우리 학원에 대해 말하려고 한다. 우리 학원은 이데야 학원인데 현대화 마트 2호점 건물에 위에 있다. 6학년 총인원은 정의, 승제, 지연, 미진, 나 5명이다. 우리 학원은 영어와 수학을 전문으로 가르치는 학원인데, 학생 수가 적어 공부가 더 잘 되는 게 우리 학원의 좋은 점이다. 학원에 오는 시간은 4시로 월요일은 수학과 영어가 같이 있어 6시 35분에 끝나고 평소에는 5시 20분에 끝난다. 월요일은 영어, 수학하고 화요일은 수학, 수요일은 영어, 목요일은 수학, 그리고 금요일은 영어다. 선생님들은 재미있으시고 잘 가르쳐 주신다. 내일은 설날로 당연히 안 가니 좋은데 숙제가 많아 좀 그렇다. 학원 끝나고 선생님들께 "새해 복 많이 받으세요"라고 인사하고 학원을 나왔다. 우리 학원 최고!

2월 4일 금요일

〈종이 인형 만들기〉

오늘은 쉬는 날! 그래서 문방구가 열까? 걱정하다 현대화 마트 2호점에 있는 문방구로 갔다. 우와! 다행히 문방구가 열었다. 내가 여기 문방구까지 온 이유는 이 문방구가 30% 싸게 해주니까 온 것이다. 나는 집에 여자 종이 인형 만든 게 있어 남자 종이 인형을 샀고, 스킬 실 10개에 700원과 인형 재료를 2,800원 주고 샀다. 원래 스킬 실 1개가 100원이고 인형 재료가 4,000원인데, 이 문방구에서 너무 싸게 샀다. 나는 지연이와 남자 종이 인형 재료를 꺼내서 만들었다. 지연이 남자 종이 인형은 초록색이고 내 거는 파란색인데 만들기가 너무 재미있고 쉽다. 아니 벌써 거의 다 만들었네! 결국 고민 끝에 백조 접기는 다 못 끝내, 백조 접기나 남자 종이 인형 중 빨리 끝나는 걸로 학교 숙제로 낼 거다.

2월 5일 토요일

〈설날〉

오늘은 즐거운 설날! 우리 가족은 아침 일찍 일어나 문산 이모할아버지 형님네 갈 준비를 하였다. 문산과 우리 집은 30분 거리로 도착하자마자 마주친 것은 다연네 가족이다. 다연이가 이제 1학년이 된다는 소식을 듣고, 연필 한 다스와 음악 공책을 선물하니 너무 좋아해 나도 기분이 좋다. 우리는 재빨리 방에 들어와 숙제하고, 방 밖에서는 상을 피고 음식을 만들고 제사를 지낸다. 설날 분위기가 물씬 풍긴다. 아~ 드디어 세배하는 시간. 나는 어른들께 "새해 복 많이 받으세요~"라고 세배했다. 그래서 30,000원 받았다. 아참~ 집에서 이모할머니께 세배하고 5,000원도 받았어요. 나는 맛있는 음식을 많이 먹고 식혜도 마셨다. 오늘은 세뱃돈도 받고 친척 동생들이랑 오락실에서 노느라 정신이 없었다.

2월 6일 일요일

〈내일은 개학〉

내일은 2월 7일 개학이다. 개학이 바로 내일이다 보니 왠지 불안하다. 남은 숙제를 오늘 다 끝내야 한다는 생각에 내 어깨가 더욱 무거워진다. 내일이 개학이니 수옥이에게 전화해 내일 함께 가자고 했다. 내일 학교에 가면 내 자리를 저절로 알 텐데… 지금은 생각이 안 나 걱정이다. 학교에 가기 전에 숙제를 잘 마무리하고, 아침 일찍 일어나 준비하고 수옥이와 함께 갈 생각이다. 오늘은 늦게 자더라도 확실하게 끝내 놓을 생각이다. 지금 열심히 숙제하고 있다. 언제 끝날지는 몰라도 최선을 다할 생각이다. 내일이 기대된다. 친구들을 볼 생각하니 왠지 떨리고 설렌다고나 할까? 내일이 빨리 오면 좋겠다.

2월 15일 화요일

〈중학교 교복〉

나는 오래전에 엄마와 함께 구산 중학교 등록하러 가면서 지연이와 교복을 맞췄다. 그런데 오늘 오후에 가지러 오라고 전화가 왔다. 한 5일은 걸린 것 같다. 지연이와 나는 에이스 학생복으로 들어갔다. '이보라'라고 이름을 말하니 위에 걸려 있던 교복을 꺼내 주셨다. 이야~ 예쁘다. 아줌마 2분께서는 옷이 맞나 안 맞나 입히시더니 딱 맞네! 교복은 딱 맞고 안으로 조금 길게 해서 집어넣었다. 이걸 중 3까지 입을 수 있을까? 나는 나의 교복을 들고 집으로 왔다. 집에 와서 정식으로 교복을 입고 가족들에게 자랑하였다. 모두 예쁘다고 칭찬해 주셨다. 내가 보기에는 곧 머리를 잘라야 해서 싫은데, 거울에 비친 교복 입은 내 모습은 단정하면서도 예쁘게 보인다.

2월 16일 수요일

〈선생님께〉

선생님 안녕하세요? 저, 선생님의 제자 보라예요! 와~ 이게 얼마 만에 쓰는 편지인지 모르겠어요.(I don't no~) 선생님! 그동안 잘 지내셨어요? 정말 1년이란 세월 동안 여러 가지 일들이 많았던 것 같아요. 그중 수련회에 가서 선생님과 함께한 시간이 가장 오랫동안 즐겁고 재미있었던 것 같아요. 한편으로는 그때로 다시 돌아가고 싶은 생각이 들기도 하고요. 선생님! 이제 곧 2월 18일이 되면 졸업이에요. "세월 참 빠르구나" 하시는 어른들 말씀이 이제야 조금 이해가 가네요. 선생님! 제가 말씀 잘 안 들은 건 죄송하고 이때까지 열심히 사랑으로 가르쳐 주셔서 얼마나 감사한지 몰라요. 저는 선생님의 고마움을 생각하며 오늘 밤 얼마나 울었는지 몰라요. 지금도 하염없이 눈물이 나네요. 선생님! 저는 아이들과 선생님과도 헤어지고 싶지 않아요. 정말로 내게 다시 기회가 주어진다면 그때 선생님을 처음 만난 그 시간으로 다시 돌아가고 싶어요. 선생님! 저 중학교 가서도 공부 열심히 할 테니 너무 걱정하지 마시고, 중학교 가서도 자주 찾아뵐게요. 선생님은 아이들에게 공평하게 대해 주시고, 특히 저에게 친절히 잘해 주시고 용기와 희망을 주신 분이라서 더욱 잊지 못할 거예요. 선생님! 만수무강하시고 잘 지내시길 바라며 우리 잊지 말고 꼭 다시 만나요. "선생님 사랑해요~" 그럼 이만 안녕히 계세요. -제자 보라 올림-

2월 17일 목요일

〈내일은 졸업〉

내일은 졸업식 날이다! 그래서인지 내일이 걱정되고 궁금하기도 하다. 나는 내일 수옥이와 만나서 함께 학교에 가기로 했는데, 선생님과 친구들과 헤어질 생각에 왠지 기분이 썩 좋지는 않다. 내일이 되면 친구들과 선생님하고는 이제 bye bye 안녕~이다. 왠지 걱정도 되고 싫기도 하다. 졸업식을 하루 앞둔 나의 마음은 허전함이 이루 말할 수 없다. 오늘은 왠지 1년 동안의 일들이 내 머릿속에 필름처럼 스쳐 지나간다. 1년 동안 참 많은 일들이 있었다. 그때는 마냥 좋기만 했는데 지금은 아쉬움이 남아 후회도 되고, 기회가 되면 그때 그 시간으로 다시 돌아가고 싶다. 그럼 더 잘할 수 있을 텐데… 이제부터는 앞으로 나 자신이 후회하는 행동은 절대 안 하며 살 거다. 두고 보시라. 내일이 오면… 생각만 해도 심장이 뛰고, 싫다는 기분이 자꾸자꾸 든다. 나는 이겨내야 한다. 나는 중학교에 가고 고등학교에 가고 앞으로 더 넓은 세계를 향하여 달려가야 한다. 그래도 "졸업 NO~"

2월 18일 금요일

〈초등학교 졸업〉

오늘이 졸업! 하루가 빠르게 벌써 졸업식 날이다. 미처 생각지도 못한 날이 오고야 말았다. 평소와는 달리 가방 안은 텅텅 비고… 이제야 졸업이 실감 나고 너무나 아쉽다. 누가 나의 마음을 알기라도 할까? 지금 내 마음은 허전함이 이루 말할 수 없다. 그동안 아이들에게 잘못해 준 것이 후회되었다. 학교에 와서 우리 반 아이들에게는 일일이 편지를 못 써서 많이 미안한데, 그래도 우리 담임 선생님께만은 편지를 드렸다. 하지만 선생님께 선물을 못 드려 너무 죄송한 마음이다. 나는 제27회 졸업장, 졸업 앨범, 한자책을 받았는데, 그때만 해도 내 주위에 있는 애들과 장난치며 재미있는 얘기로 웃음이 나왔고 반 분위기가 좋은 편이었다.

복도의 창밖에는 엄마, 아빠, 언니, 이모할머니가 계셨고 엄마는 열심히 사진을 찍어 주셨다. 졸업식이 끝나고 나는 선생님과 함께 사진을 찍었다. 그런데 선생님은 울음을 터뜨리셨다. 나는 슬프기는 했어도 울음은 나오지 않았다. 선생님! 저희를 위해 그동안 많이 애쓰셔서 정말 감사해요. 정말 잊지 못할 거예요. 아~ 이제 아이들과 선생님하고 마지막이란 말인가? 너무 슬프다. 우리 인연이 되어 언제 한번 꼭 다시 만나요. 선생님! 제가 인터넷 매일로라도 편지 꼭 보낼게요. 몸 건강하시고 잘 지내세요. "선생님, 친구들 사랑해~"